U0574394

本书受华南师范大学"211"工程经济学重点学科
和华南市场经济研究中心经费资助

杨 清 著

中国跨国公司成长研究

人民出版社

目　　录

1　绪论 ……………………………………………………… 1

　　1.1　研究的基本问题 …………………………………… 1

　　1.2　研究状况综述 ……………………………………… 5

　　1.3　本书的结构及创新之处 …………………………… 23

2　跨国公司理论及评析 …………………………………… 28

　　2.1　跨国公司主流理论 ………………………………… 28

　　　　2.1.1　垄断优势理论 ……………………………… 29

　　　　2.1.2　内部化理论 ………………………………… 32

　　　　2.1.3　国际生产折中理论 ………………………… 35

　　　　2.1.4　产品生命周期理论 ………………………… 39

　　　　2.1.5　比较优势投资论 …………………………… 42

　　2.2　有关的 FDI 学说 …………………………………… 45

　　　　2.2.1　垄断优势论的发展 ………………………… 45

　　　　2.2.2　FDI 动因说 ………………………………… 49

　　　　2.2.3　投资诱发要素组合理论 …………………… 53

　　　　2.2.4　货币区域优势理论 ………………………… 54

　　　　2.2.5　战略选择权理论 …………………………… 56

        2.2.6　跨国公司战略联盟理论 ……………… 58

    2.3　发展中国家的 FDI 理论 ………………… 60

        2.3.1　发展阶段论 …………………………… 61

        2.3.2　小规模生产技术理论 ………………… 62

        2.3.3　技术地方化理论 ……………………… 64

        2.3.4　技术创新和产业升级理论 …………… 66

    2.4　对 FDI 理论的整体评述及思考 ………… 68

3　中国跨国公司的成长条件分析 …………………… 84

    3.1　中国跨国公司的发展过程及状况 ……… 84

        3.1.1　中国跨国公司发展的阶段 …………… 84

        3.1.2　中国企业跨国直接投资的基本状况 … 95

        3.1.3　中国跨国公司成长的基本特点 ……… 101

    3.2　中国跨国公司成长的客观条件分析 …… 105

    3.3　中国跨国公司成长的企业条件分析 …… 118

4　中国跨国公司成长点分析 ………………………… 144

    4.1　成长点 1：具有垄断优势的企业 ……… 147

    4.2　成长点 2：企业集群 …………………… 150

    4.3　成长点 3：具有经营特色的中小型企业 … 164

    4.4　成长点 4：具有边际产业特征的企业 … 171

5　中国跨国公司成长的基础与路径研究 …………… 173

    5.1　中国跨国公司成长的基础论 …………… 173

    5.2　中国跨国公司成长的阶段论 …………… 189

    5.3　产业转移极限论：中国跨国公司成长与产业结构

        问题 ……………………………………… 197

5.4 中国跨国公司成长的后发优势 …………………… 201

5.5 制度优势论：跨国公司成长中的制度因素 ……… 206

6 中国跨国公司成长与宏观影响因素及相关宏观经济变量的关系分析 ……………………………………… 211

6.1 中国跨国公司成长的宏观促进机制分析 ………… 211

6.1.1 政策机制——政府行政的影响机制 ………… 213

6.1.2 法律机制——权威的保障机制 …………… 222

6.1.3 金融支持机制——起步的扶持机制 ………… 224

6.1.4 财政税收支持机制——促进有效经营机制 …………………………………………… 228

6.1.5 保险支持机制——经营风险防范机制 ……… 230

6.1.6 服务支持机制——经营效率促进机制 ……… 232

6.2 中国 FDI 流出量与有关宏观经济变量 ………… 237

6.3 中国企业跨国经营的文化适应性分析 ………… 250

7 中国企业跨国直接投资状况、能力、意向的问卷调查分析 ……………………………………………… 261

7.1 样本的合理性分析 ……………………………… 261

7.2 调查问卷的结构和内容 ………………………… 262

7.3 问卷分析 ………………………………………… 263

7.3.1 企业跨国状况与跨国准备评估 …………… 263

7.3.2 中国跨国公司发展及跨国意向分析 ……… 268

7.3.3 中国企业跨国能力分析 …………………… 275

7.4 基本结论 ………………………………………… 280

8 研究结论 ·· 282

附录 ·· 287

    附录 1　企业跨国程度与跨国准备评估表·········· 289

    附录 2　中国跨国公司发展及跨国意向问卷·········· 293

    附录 3　中国企业跨国能力评估问卷 ·············· 298

参考文献 ·· 302

后记 ·· 318

1 绪 论

1.1 研究的基本问题

本书以中国跨国公司（TNC）为研究对象，力图探讨中国跨国公司成长的有关问题。

本书中的中国跨国公司是指在中国大陆之外区域进行直接投资并控制其生产经营的中国企业。这是一个相对而言非常宽松的定义，与邓宁（John H. Dunning）教授 20 世纪 70 年代的关于跨国公司的定义基本一致。本书研究的是中国大陆的跨国公司，港、澳、台地区的跨国公司当然也是中国的跨国公司，但不属本书的研究范围。虽然主观上大陆在港、澳等地投资的企业不在考察范围，但所用资料却难以将这部分企业划出，好在这并不影响本书的分析。本书以制造业的跨国行为为研究对象，这是由于，一方面，制造业的企业具有较完整和典型的所有权优势和内部化优势的效果，这符合跨国公司的客观实际，也与跨国公司研究惯例一致；另一方面，我国 2005 年的对外直接投资中，流向制造业的比重首次超过资源类行业，占对外直接投资总额的 29%，达 11.78 亿美元，通过对我国制造业跨国公司成长的研究，可以较全面深入地认识中国跨国公司成长的一般问题。

本书是基于经济全球化已然成为客观现实，中国经济的进一步改革开放，以及随着我国从经济大国向经济强国转变，中国必然成长起一批自己的跨国公司并进入国际市场参与国际竞争，以体现和提高我国的国际竞争力的宏观背景。中国的企业成长为跨国公司、对外进行直接投资是我国政府提出的"走出去"战略的重要组成部分，也是维护我国经济安全、保证经济持续发展、积极应对经济全球化带来的挑战、及时抓住经济全球化带来的机遇、主动参与国际分工、积极利用好国际国内两种资源、主动占有国际国内两个市场的重要举措。中国跨国公司的成长必然会对国内的经济结构、能源等基础战略、国际竞争力、对外开放的深入发展及其形式等产生重大影响。由于中国跨国公司的发展处在起步阶段，这项事物与国家的宏观经济状况和特征、科技水平、对外经济关系、企业的经营管理特征及人才战略等都直接相关，并且中国跨国公司的成长是在中国特有的国情背景下进行的，这就决定了其具有特定的成长规律。因此，研究探讨中国跨国公司成长不仅具有非常重要的现实意义，而且具有非常重要的理论意义，这是一个新的研究领域，也是一个重要的研究领域。

经济全球化已经成为一个客观事实，也是当今世界经济的最根本的特征。贸易的活动、金融的机制无一例外地将世界各国纳入全球经济体系中，这是生产力超越国界，生产要素在全球范围内自由流动和优化配置，跨国公司利用广阔的国际市场促进生产力的增长和利益分配的结果。国际货币基金组织在《世界经济展望》中指出，"经济全球化是指跨国商品与服务交易及国际资本流动规模和形式的增加，以及技术的广泛迅速传播使世界各国经济的相互依赖性增加"。可以说，这是一个以知识为基础、以科学技术为条件、以跨国公司为主体的时代。跨国公司在经济全球化的过程中起着推动和促进的作用，它既是技术、资金流动和商品服务交易的载体，又是文化、信息和知识交流的使者。

对于跨国公司，从国家的角度看，它是有效地利用国际资源和国际市场、提高国家的国际竞争力的重要手段，从企业的角度看，它是扩大企业利益来源、进一步拓展生存发展空间、强大自身的有效途径。中国自 2001 年 12 月 11 日正式加入 WTO 以来，已在 WTO 框架下与成员国平等地开展经济贸易活动，也为发展自己的跨国公司创造了有利的条件。无疑中国的跨国公司目前在国际上处于弱势地位，无论是规模还是创造能力都不能与发达国家的跨国公司相比。中国跨国公司的发展只经历了短短的二十多年的时间，其发展与中国的整体经济发展速度和经济总量相比显得滞后。2007 年，我国的 GDP 总量为 23 万亿元，已进入世界前四位，对外贸易总额位居全球第三位，国家的外汇储备达1.53 万亿美元（2007 年 12 月末），居世界第一位，我国许多产品的生产量位居世界第一位，已初步赢得"世界工厂"的声誉。但是，我国的企业进入世界市场、参与国际竞争的步伐滞缓。随着我国经济的发展壮大，我国企业竞争能力的提高，中国跨国公司的快速成长和崛起是一个必然的趋势。因此，我们必须研究和思考中国跨国公司成长的问题，这关系到中国企业在国际舞台上的地位，也最终影响我国的国际竞争力。

本书研究的基本内容有：（1）中国跨国公司成长的条件，包括对宏观条件和微观条件的分析。通过对宏观条件的分析，指出了中国跨国公司成长的背景和环境；通过对微观条件的研究，分析了企业成长为跨国公司的能力和基础。（2）对中国跨国公司的成长进行理论的分析，探讨中国跨国公司的成长阶段、成长基础、促进机制、与产业转移的关系、制度影响和文化适应性等。（3）分析中国跨国公司的成长点。（4）对跨国公司理论进行一些思考和分析，提出自己的一些想法和质疑。（5）用中国的对外直接投资及相关的宏观经济指标构建一个时间序列分析模型，对各相关因素进行结构分析。（6）对120家企业进行实际调查，对调查问卷进行深入的分析。本书的研究，旨在分析中国跨国公司成长和发展的阶段和背景，揭示中国跨国公司成长和发展的条件和机制，力求提出中国跨国公司成长发展有关现象的理论解释，对充实和完善跨国公司理论做出些努力。本书不做战略研究，因为战略研究需要有更广泛的研究资源和信息，需要了解宏观层面的战略趋向，而不应该是在某种理论假设前提下做出某种战略规划。战略研究是宏观决策团队所进行的研究工作，超出了个体研究的能力和范围。本书也不做中国跨国公司的跨国模式研究，因为各种跨国直接投资模式的创新和实施是企业（投资主体），而且其模式可能层出不穷，有极大的创新空间，而仅仅做出几种基本的模式的归纳，其价值不大。

本书的研究方法主要有：（1）理论研究。在明晰所探讨范畴的基础上，主要运用跨国公司理论对中国跨国公司成长的有关问题进行分析，这个过程还涉及产业组织理论、竞争理论、企业成长理论、制度经济学理论以及其他相关的分析工具。对目前跨国公司理论中事实上存在的模糊和逻辑的缺陷进行了思辨和修正。（2）实证研究。首先，这种分析是以定量分析为主体，并且与理论的分析交叉进行，运用大量的资料描述中国跨国公司的成长发展特点和状态，证明理论分析的有关结论；其次，本书建立了一个与中国对外直接投资相关的共 6 个宏观经济变量的向量自回归模型，对模型进行了较充分的结构分析；最后，笔者设计运用了3 份企业调查问卷："我国跨国公司发展及跨国意向问卷"、"中国企业跨国能力评估问卷"和"企业跨国程度与准备评估表"，利用自己多年在高校工作的条件，成功地获得了容量为 120 家企业的样本资料，并进行了深入具体的分析。(3) 比较研究。主要是分别从纵向（动态）和横向（静态）两个方面，比较中国和中国的企业与其他国家和地区及其企业的特征和状态。这种比较分析，一方面可以展示发达国家和地区的跨国公司的水平和态势；另一方面可以清楚、具体地判定中国跨国公司成长发展的差距，再深入地分析出其内在的原因。

1.2　研究状况综述

目前对跨国公司或对外直接投资的研究，已有大量的成果，研究者甚众。这主要是因为跨国公司对世界经济及经济全球化的重要影响力和联合国贸易发展会议每年定期发布的《世界投资报告》的分析导向以及其中的大量的资料。尽管学术界对跨国公司或对外直接投资的研究成果不少，但对中国跨国公司及其对外直接投资的研究极其有限，这也可能是因为中国跨国公司对世界经济的影响，甚至对中国经济的影响没被意识到，或事实上其影响甚微有关，也和中国对外直接投资的资料非常有限有关。

研究中国跨国公司或对外直接投资的研究者，首先必然会感觉到的是资料的困境，中国政府关于对外直接投资最权威的统计资料，是从 2005 年 1 月 1 日开始执行由国家统计局和商务部发布的《对外直接投资统计制度》。而在这之前相关的信息资料散见于商务部发布的"中国对外经济合作"的有关报告中，《中国商务年鉴》也有公布，海关总署亦发布相关信息，但与商务部的资料口径不一致，以至于出现较明显差异。《中国统计年鉴》根本不提供这项资料。而商务部、海关总署所公布的资料也是非常概略，没有行业的分布资料，没有结构的资料，没有绩效资料，没有各省（市、自治区）资料。这给相关的研究者带来极大的困难，即使意识到该领域的研究价值，也常常因缺乏资料而难以深入探讨，甚至退出研究。

目前，国外学者对中国跨国公司的研究极为鲜见，研究较多的是外国跨国公司对中国的直接投资的效应、影响、作用等。根据笔者的有限检索，近几年国外发表的论文中，完全是研究中国对外直接投资的文献只有邓平（Ping Deng，2004）的《中国跨国公司的对外投资：动机与意义》①。该论文根据中国 1982—2001 年对外投资的特点，归纳分析了中国对外直接投资的五个动机，即资源寻求、技术寻求、市场寻求、多元化经营和战略资本寻求，并从独特的视角归纳出中国的对外直接投资所具有的特征：一是中国政府在对外直接投资形成的结构中起着关键作用；二是中国的对外直接投资与发达国家和新兴工业化经济的对外直接投资是由一些因素"推进"FDI 相反，它是由一些因素"拉动"进行，这些因素主要有：对关键资源的保证供给的需要、高涨的外汇收入、避开东道国的贸易壁垒、渗透新的市场和获取先

---

① Ping Deng, May-June, 2004, "Outward Investment by Chinese MNCs: Motivations and implications", *Business Horizons*, pp. 8-16.

进技术和管理经验等；三是效率寻求（即成本最小化）不是中国企业海外投资的动机；四是以对外直接投资作为出口平台（Export-Platform）对大多数中国跨国公司而言并不是重要的。邓平的论文主要是从宏观层面对中国对外直接投资的现象作了分析和研究，并预计中国会有更多的企业进入《财富》杂志 500 强的名单中。

虽然国外学者研究中国跨国公司成长的成果不多，但关于跨国公司成长发展的理论却比较丰富，其中最重要的具有代表性的跨国公司理论有：海默（S. H. Hymer）的垄断优势论、巴克利（Peter J. Buckley）和卡森（Mark C. Casson）提出的内部化理、邓宁（John Dunning）的国际生产折中理论、弗农（R. Vernon）的产品生命周期理论、小岛清（K. Kojima）的边际产业转移理论，以及威尔斯（Louis T. Wells）的小规模生产技术理论等。这些理论从不同的角度论述了跨国公司成长的机理、过程和特点，对解释中国跨国公司的成长具有理论意义。本书在第 2 章会对有关的跨国公司理论做较详细的综述和评析。

国内学者对中国跨国公司的研究相对于国外学者的研究要丰富得多，但是相对于对国外跨国公司对中国的直接投资的研究而言又显得不充分。根据笔者对中国期刊全文数据库的检索，以经济与管理为查询范围，查询了宏观经济、经济理论及经济思想史、经济体制改革、经济统计、工业经济、企业经济、文化经济、服务业经济、贸易经济、财政与税收、金融、证券、投资、管理学、市场研究与信息、领导学与决策学、科学研究管理等领域的研究成果，方法是用"中国跨国公司"和"中国对外直接投资"为检索词，以 2000 年 1 月至 2007 年 12 月为检索的时间范围，分别对论文的关键词和篇名进行检索，结果如下：

	中国跨国公司		中国对外直接投资	
	篇名	关键词	篇名	关键词
论文数（篇）	890	8772	334	2137

注：以上检索是用模糊匹配方式，检索时间跨度是 2000 年 1 月至 2007 年 12 月。

这是从全国 1000 多份刊物上，时间跨度为 8 年检索的结果，考虑到其中约 10％为科普性或工作型而非学术性论文，同时考虑到论文的篇名和关键词两个角度的检索会出现重复，估计这 8 年中全国发表的关于中国跨国公司（或中国对外直接投资）的论文在 5000—6000 篇左右，这种研究的规模和数量算不上繁荣。

在现有的研究成果中，研究者大都对中国跨国公司的发展状况有一个客观的分析，认为中国目前的跨国公司规模小、竞争力弱，但是发展较快（王志乐[1]，鲁桐[2]，杨清[3]，高敏雪[4][5]，胡景岩和王晓红[6]）；对中国跨国直接投资的动因分析认为主要是资源寻求、技术寻求、市场寻求及战略资产寻求（魏东和王璟珉[7]，林谧[8]，

[1] 王志乐：《走向世界的中国跨国公司》，中国商业出版社 2004 年版。

[2] 鲁桐：《中国企业跨国经营战略》，经济管理出版社 2003 年版。

[3] 杨清、刘思峰：《中国跨国公司成长的客观条件分析》，载《中国软科学》2003 年第 9 期，第 80—83 页。

[4] 高敏雪：《对外直接直接发展阶段的实证分析——国际经验与中国现状的探讨》，载《管理世界》2004 年第 1 期，第 55—60 页。

[5] 李静萍、高敏雪：《中国外国直接投资的现状、差距与潜力》，载《经济理论与经济管理》2005 年第 7 期，第 16—19 页。

[6] 胡景岩、王晓红：《新形势下的中国企业对外直接投资》，载《宏观经济研究》2005 年第 7 期，第 3—8 页。

[7] 魏东、王璟珉：《中国对外直接投资动因分析》，载《东岳论丛》2005 年第 5 期，第 33—35 页。

[8] 林谧：《中国大陆对外直接投资与跨国企业发展状况的实证分析》，载《中共福建省委党校学报》2004 年第 8 期，第 26—29 页。

徐卫武和王河流①等）；有不少研究对中国跨国公司发展的战略意义和发展战略进行了探讨（章玉贵②，兰天，盛亚和单航英③等）；有的研究则把视角放在中国跨国公司成长的宏观条件和微观条件上，认为中国跨国公司成长的宏观条件已经具备，但企业自身的条件尚存在较大差距（杨清④）；有的研究分析了中国跨国公司成长的重要形式：海外并购的条件、时机、风险控制等（胡峰和殷德生⑤，Marshars⑥，蒋兰陵⑦等）；有的研究侧重将中国对外直接投资与国外直接投资进行比较，认为中国的对外直接投资在时间、背景、条件、规模和目标以及方式等方面都与发达国家有很大的不同（许海峰）⑧；有的则关注中国对外直接投资与贸易的关系，认为某一产业的对外直接投资与该产业出口水平呈正相关关系，即对外直接投资与出口贸易是相互促进的（张凤玲和席大伟）⑨；有的认为中国对外直接投资会促进中国对东道

① 徐卫武、王河流：《中国高新技术企业对外直接投资的动因分析》，载《经济与管理》2005 年第 2 期，第 69—72 页。

② 章玉贵：《中国跨国公司对国家经济发展的战略意义》，载《商业时代》2005 年第 3 期，第 56—59 页。

③ 盛亚、单航英：《中国企业跨国成长战略研究》，载《甘肃社会科学》2006 年第 1 期，第 48—52 页。

④ 杨清、王玉荣：《中国跨国公司成长的企业条件分析》，载《宏观经济研究》2004 年第 12 期，第 43—49 页。

⑤ 胡峰、殷德生：《论中国企业海外并购中的风险控制》，载《甘肃社会科学》2006 年第 1 期，第 52—56 页。

⑥ Marshars：《中国企业海外并购时机成熟》，载《国际融资》2006 年第 2 期，第 40—43 页。

⑦ 蒋兰陵：《跨国并购——中国对外直接投资新的实现途径》，载《商业研究》2004 年第 17 期，第 62—63 页。

⑧ 许海峰：《中国对外直接投资与美国、日本比较》，载《黑龙江对外经贸》2005 年第 4 期，第 7—8 页。

⑨ 张凤玲、席大伟：《中国对外直接投资行业分布的贸易效应》，载《北方经贸》2004 年第 12 期，第 65—67 页。

国的出口，对从东道国进口也有替代效应（项本武）①；有的则按不同的行业对对外直接投资与贸易之间的替代或互补关系进行了分析（鹿朋）②；有的学者对中国对外直接投资的产业选择进行了分析，认为中国的对外直接投资重点要放在资源开发、劳务密集型和成熟适用产业、服务业和高科技产业等（宋伟良）③；有的学者对中国跨国公司的成长趋势进行了深入细致的研究，认为中国跨国公司的成长随着我国经济的发展会有较快的发展（江小涓）④；有不少研究者采用一些模型及定量分析的方法研究中国对外直接投资问题，使研究手段上变得更为丰富，程惠芳、阮翔采用了引力模型分析中国对外直接投资的区位选择，得出东道国与投资国的经济总量、人均 GDP 和双边贸易量与两国间的FDI 流量呈正相关系，并计算出样本国与中国国际直接投资的引力系数，以此来作为中国对外直接投资的区位选择依据⑤；李优树则用国际投资利益分配模型进行分析，认为中国在吸引外资的同时，也要大力发展对外直接投资⑥；林谧用聚类分析、模糊识别的方法对中国目前对外直接投资的发展状况进行了识别和定位，并在 OIL 范式下用相关和线性回归方法对中国对外直接投

---

① 项本武：《中国对外直接投资的贸易效应》，载《统计与决策》2005 年第 24 期，第 42—44 页。

② 鹿朋：《论中国对外直接投资与国际贸易的关系》，载《合肥学院学报（自然科学版）》2004 年第 6 期，第 62—65 页。

③ 宋伟良：《论中国对外直接投资的产业选择》，载《经济社会体制比较》2005 年第 3 期，第 50—53 页。

④ 江小涓：《我国对外投资和中国跨国公司的成长》，载《经济研究参考》2002 年第 73 期，第 19—31 页。

⑤ 程惠芳、阮翔：《用引力模型分析中国对外直接投资的区位选择》，载《世界经济》2004 年第 11 期，第 23—30 页。

⑥ 李优树：《中国对外直接投资的利益分析》，载《生产力研究》2004 年第 4 期，第 66—67 页。

资的动因进行了分析[①]；毛中根和唐振龙对中国目前国内大规模储蓄和外资大量流进并存、国际收支表现为双顺差和巨额外汇储备，而与此同时又出现大规模国内资金外流的现象进行了分析，认为这种背景下，对外直接投资是一种好的选择[②]；张如庆用协整理论、误差修正模型等考察中国的对外直接投资与进出口额之间的关系，认为出口与进口分别与对外直接投资存在单向因果关系（即进出口分别是对外直接投资变化的原因）[③]；高敏雪等则分别用模型分析了中国对外直接投资所处的阶段[④]，并对中国对外直接投资的现状、差距和潜力进行了较翔实的定量分析[⑤]；有的研究者则对中国跨国公司发展作了冷静思考，认为目前并不是中国企业大举"走出去"的最好时机（邱立成，于李娜）[⑥]。

中国的学者对中国跨国公司作了系统的研究，这些成果主要体现在所出版的一系列相关著作方面，由于著作的容量比论文要大得多，因而这些成果对中国跨国公司的研究就更为深入和全面。由于对中国跨国公司的研究尚处在初级阶段，因而形成学术流派的特征不明显，从研究的侧重点看，主要体现在以下几个

---

①　林谣：《中国大陆对外直接投资与跨国企业发展状况的实证分析》，载《中共福建省委党校学报》2004 年第 8 期，第 26—29 页。

②　钟根、唐振龙：《开放经济下资金供求非均衡与中国对外直接投资》，载《中央财经大学学报》2005 年第 3 期，第 33—37 页。

③　张如庆：《中国对外直接与对外贸易的关系分析》，载《世界经济研究》2005 年第 3 期，第 23—27 页。

④　高敏雪：《对外直接直接发展阶段的实证分析——国际经验与中国现状的探讨》，载《管理世界》2004 年第 1 期，第 55—60 页。

⑤　李静萍、高敏雪：《中国外国直接投资的现状、差距与潜力》，载《经济理论与经济管理》2005 年第 7 期，第 16—19 页。

⑥　邱立成、于李娜：《中国对外直接投资：理论分析与实证检验》，载《南开学报（社会科学版）》2005 年第 2 期，第 72—77 页。

方面：

（1）对中国跨国公司的理论探讨。①李雪欣的研究在简评跨国公司理论和回顾中国跨国公司发展过程的基础上，分析了中国跨国公司直接投资的动因、经营主体、经营环境、经营模式、市场运作和组织制度等，研究自成体系，但许多地方抽象的分析过多，对有关的理论作的评议冲淡了分析的主题，有些涉及发达国家跨国公司的做法和经验对中国的企业又不具有实际意义①。②宋亚非对现有的跨国公司理论作了较为详细的评述、比较甚至质疑，所用篇幅较长，继而对中国企业 FDI 实践和理论、竞争战略、市场进入战略、营销战略、海外融资战略等进行了分析，其特点是偏重理论的抽象，具体资料和案例不多②。③吴先明的《中国企业对外直接投资论》是国家社科基金项目"经济全球化条件下中国企业对外直接投资的动因和条件"的最终研究成果。该成果从整体上对中国跨国公司的发展进行了较深入的研究，提出了中国企业对外直接投资的动机是寻求新的市场机会、绕开贸易壁垒、跟踪先进技术、获得短缺原材料四项动因。该成果的理论创新在于，提出中国企业对外直接投资的动因与发达国家企业和其他发展中国家企业具有明显不同，现代跨国公司理论也很难贴切地解释中国企业对外直接投资的行为。因为中国对外直接投资的企业并不具备垄断优势，甚至不具备寡占优势，故建立在垄断优势基础上的跨国公司理论很难解释；中国企业的竞争优势与一般发展中国家企业的竞争优势有很大差别，具备大规模制造的条件和能力，故威尔斯和拉奥的小规模生产技术和技术地方化理论难以解释；中国企业的对外直接投资不是一种产业传递的过

---

① 李雪欣：《中国跨国公司论》，辽宁大学出版社 2002 年版。
② 宋亚非：《中国企业跨国直接投资研究》，东北财经大学出版社 2001 年版。

程，故弗农的产品生命周期理论和小岛清的边际产业扩张理论难以解释。在此基础上指出，中国企业的对外直接投资不仅仅是利用现有优势，更为重要的是通过对外直接投资来形成新的竞争优势。其本质的含义有三点：一是中国企业对外直接投资的主要动力不是竞争优势，而是全球化的竞争压力；二是中国企业对外直接投资以提高核心竞争力为导向，以获取创造性资产为主要目标；三是跨国公司应该成为大多数中国优势企业的发展方向。这些观点无疑都具有独到之处。该成果还对中国跨国公司的进入和当地化策略、建立对外直接投资的政策支持系统、完善公司治理结构以及建立母子公司的协调的控制机制进行了研究。但是，该成果也有明显的不足甚至纰漏：一是把跨国公司理论绝对化解释，如把垄断优势理论中的"垄断优势"理解为取得垄断地位。事实上，在经典作家的论述中，垄断优势即特定优势（Specific Advantage），是企业的跨国发展能力和优势，这些优势具有独特性和难以模仿的特征，而非一定取得垄断地位。例如，威尔斯的小规模生产技术理论，确实能较容易地解释发展中国家中小型企业的跨国直接投资现象，而中国也确实有许多中小型企业实现跨国直接投资，它只是不能解释中国的大型企业的跨国直接投资。因为该理论只适合解释中小型跨国公司现象，而非发展中国家的跨国公司现象（本书对此也提出了自己的观点，见后文）。二是对小岛清的边际产业扩张理论的"边际产业"理解成是丧失"国际竞争"的产业，并由此推出小岛清的理论不能解释中国跨国公司的成长和发展。三是该成果的一个非常重要的观点是："在与国际跨国公司争夺国内市场的过程中，中外企业之间的实力极为悬殊"，中国"企业局限于国内发展是无法守住国内市场的"，因此，中国的优秀企业只有将自己发展成为跨国公司，才能最终守住国内市场这一战略基地。这显然存在逻辑上的问题，因为企业在国际上的成长发展的难度和风险必然会大于在国内的发展，企业不会先成为跨国公司再来完成国内市场的争夺①。④有的学者用产业经济的理论分析跨国公司的成长发展问题，这是一个特定的视角，主要有：吴永林用产业经济的理论对跨国公司的形成、行为和特点进行了分析和评述，对中国跨国公司成长面临的问题、市场行为、组织制度、创新机制、文化等作了较详细的理论分析，其中对海尔集团、联想集团和微软公司作了较简单的实证分析②。⑤邓洪波从产业经济的角度分析企业"走出去"的动机、行为和过程，构造出了相对比较完整的企业对外直接投资的产业分析体系，分别从产业理论、产业现实和产业选择三个角度（或"模块"）进行分析并把它们连接起来，还把企业"走出去"的产业需求上升为一种产业成长理论和投资理论的核心，以此形成自己的理论框架，把产业需求视为企业"走出去"的内在动力。但是，该成果中的核心"产业需求"，其内容就是企业的市场需求、要素需求和结构需求，实质上这并没有超出跨国公司理论体系中的动因学说的范围，只是这里把"结构需求"纳入需求范围，但是产业结构实际是宏观层次的范畴，企业的任何行为一般都不会考虑产业结构调整或优化的需要。另外，该成果将"走出去"企业的进入策略、企业的经营策略和管理策略纳入体系显得不合题③。⑥吴先明的另一个成果，侧重对与中国跨国公司经营管理直接相关的跨国公司治理——股份制形式下的跨国公司管

---

① 吴先明：《中国企业对外直接投资论》，经济科学出版社 2003 年版。

② 吴永林：《缔造强者——中国跨国公司成长的现实选择》，经济管理出版社2000 年版。

③ 邓洪波：《中国企业"走出去"的产业分析》，人民出版社 2004 年版。

理模式进行深入的探讨，提出区别于国内一般公司治理的跨国公司治理中作为超国家性主体面临的三个共同问题：一是缺乏适用于跨国公司治理的法律框架；二是国内（东道国）部门无力监管跨国公司的内部关联交易；三是对跨国公司的社会责任缺乏有效的监控机制。同时，对跨国公司的母子公司的协调与控制机制进行了探讨，对美、日、欧跨国公司的母子公司治理和母子公司关系的特点进行了分析，归纳了不同的特点和适应性。笔者对该成果关心的是，研究者对中国跨国公司治理结构的分析，是根据我国跨国公司直接投资的主体仍是国有和国有控股企业的事实，明确指出了这种所有者与经营者的关系未能理顺，导致了非常严重的代理问题，指出要促进我国的对外直接投资必须打造市场化的企业，并提出了三项建议：股份多元化、改造公司董事会、建立对经理人员的激励与约束机制。然而，该部分的分析明显存在以下问题：一是所探讨的并非是中国跨国公司所特有的问题而是国有企业改革的共性问题；二是股份多元化可能是另一种形式的公有制，同样可能导致低效率，这一点亚当·斯密（Adam Smith）在《国富论》中早有叙述；三是改造董事会与股份多元化（或股份制改造）是直接相关的，而不应该是一个独立的问题①。

（2）对中国跨国公司的实证研究。①鲁桐在其成果中，首先综述了跨国公司理论或 FDI 理论和企业国际化理论，接着对中国企业的跨国经营作了较为具体的分析。其特点是具体分析了一部分企业的跨国经营过程和特点，具体有首钢集团、中国远洋运输集团、海尔集团、广东格兰仕集团（公司）、康佳集团股份有限公司、创维集团、四川长虹电子集团公司等②。②司岩的研究直

---

① 吴先明：《跨国公司治理》，商务印书馆 2005 年版。
② 鲁桐：《WTO 与中国企业国际化》，中共中央党校出版社 2000 年版。

接分析了中国企业的跨国经营问题，其特点是从中国企业跨国经营的战略要素及其配制、跨国经营模式、跨国经营能力等几个方面实证分析了中国企业，其中以对海尔集团的剖析为主，还涉及联想集团、广东格兰仕集团、浙江万向集团等多家企业的国际化经营的分析，较为深入的调查与有较多的企业实际资料是其特色①。③王志乐以经济全球化的三次大浪潮分析为背景，认为中国20世纪70年代末开始的改革开放恰逢第三次经济全球化浪潮的兴起，中国抓住了此次全球化带来的机遇，并认为中国的和平崛起的基础是经济的崛起，"而中国跨国公司的崛起则是经济崛起的必要条件"，把中国跨国公司的发展放置在中国发展崛起的战略高度。该成果对中国跨国公司的发展阶段作了划分，并从治理管理结构、跨国经营战略、跨国经营步骤和跨国经营模式等方面概括中国跨国公司发展的经验，该书的一大特点是引用了大量的案例并进行了分析，同时国内几位著名的研究中国跨国公司的专家各自写了研究报告，构成该成果极具特色的内容。但该书是以大型企业为主要研究对象，探讨的是规范的跨国公司成长问题②。④赵伟从宏观的层次、战略的视角分析了中国企业"走出去"的状况、存在的问题以及并购的特点、可行性和主要障碍，政府的政策取向是该成果的主要内容，该成果分别以两个附录作为直接投资环境和跨国并购的理论分析，还选择了一些案例（以并购案例为主），进行了较为规范的分析。但从整体上看，该成果的分析显得非常概略，不够深入③。⑤《中国企业跨国研究报

---

① 司岩：《中国企业跨国经营实证与战略》，企业管理出版社2003年版。

② 王志乐：《走向世界的中国跨国公司》，中国商业出版社2004年版。

③ 赵伟：《中国企业"走出去"——政府政策取向与典型案例分析》，经济科学出版社2004年版。

告书》编辑委员会、中汉经济研究所跨国企业研究部的《中国企业跨国发展研究报告》，是一部大型的研究成果，全书共 152 万字，这是第一部较系统地反映我国企业跨国经营发展状况的研究报告，共五篇，涉及中外跨国企业现状比较、企业跨国经营环境分析、加入 WTO 对我国企业跨国发展的行业影响分析、企业战略与实务分析及有关建议，该成果的特点是按行业详细分析了我国企业的状况和跨国经营的现状，使用了大量的实际资料，是典型的实证分析，由于分析涉及三大产业的二十多个行业，因此总体分析相对而言较为宏观，缺乏对企业的具体分析①。

（3）对中国跨国公司有关的定量分析。主要是根据部分经济指标，建立有关计量模型，对中国跨国公司的对外直接投资进行定量的分析。①项本武的《中国对外直接投资：决定因素与经济效应的实证分析》是使用计量模型的研究方法对中国对外直接投资分析的较少成果之一。该项研究是以中国的对外直接投资为因变量（用 2000 年和 2001 年两年的数据），以东道国的 GDP、中国对东道国的出口量（或东道国从中国的进口量）、东道国的汇率和东道国的人均国民收入（东道国工资水平的代理变量）4 个变量为自变量进行回归，使用 49 个东道国的 1999 年、2000 年、2001 年的截面数据（其中东道国的 GDP 是用 1999 年和 2000 年的数据，其他三个变量是用 2000 年和 2001 年的数据），对影响中国对外直接投资的决定因素进行分析。回归的结果是：东道国的 GDP 增长与中国对东道国的 FDI 是负相关，东道国的汇率与中国对东道国的 FDI 是负相关，中国对东道国的出口与中国对其

---

① 中汉经济研究所跨国企业研究部：《中国企业跨国发展研究报告》，中国社会科学出版社 2002 年版。

FDI 正相关，东道国的工资水平与中国对其 FDI 是负相关。最终的结论是：对东道国的出口和东道国的工资水平是中国对外直接投资的决定因素。从方法上讲，该项研究的样本资料使用不当可能是导致解释的混乱的一个重要原因。因为对外直接投资的结果不具有样本意义上的随机性特征；同时，样本资料年份上的交叉使用必然影响其结果。以中国的对外流出 FDI 为因变量，却以东道国的相关变量为自变量，这种变量性质上的明显差异决定了这样的回归具有伪回归的嫌疑。研究者对中国的 FDI 流出的经济效应作了分析，实际只是用引力模型对中国的 FDI 与进出口之间作了实证研究，其得出的一个结论不具有普遍性（中国对东道国的 FDI 促进了中国对东道国的出口，但却抑制了从东道国的进口）；另一个结论却是模型本身的结论（高出口密切度表明中国 FDI 的出口创造更大，高进口密切度表明中国 FDI 的进口替代效应越小）[1]。②程惠芳的课题是对中国的民营企业进行研究。其具有创新的内容涉及：一是中国民营企业国际化管理的所有权控制、知识控制和市场控制等问题，其中对中国民营企业在跨国投资过程中企业制度创新和组织结构设计问题进行了重点的分析；二是对中国民营企业的对外直接投资区位分布特点作了研究，其方法是建立和运用计量模型（引力模型等）进行分析；三是对中国对外直接投资进行了长达近 50 年的预测，其方法是预测中国达到人均 5000 美元的时候，再构造直接投资与人均 GNP 的回归模型，预测中国到 2050 年的对外直接投资规模；四是对跨国公司与东道国之间的博弈进行了分析，提出了"优惠政策偏好型"（发展中国家跨国公司偏好）和"环境偏好

---

① 项本武：《中国对外直接投资：决定因素与经济效应的实证研究》，社会科学文献出版社 2005 年版。

型"（发达国家跨国公司偏好）两种对外直接投资类型。该成果的每一个独立研究内容都体现出规范的学术研究模式，先对大量的相关研究进行综述，再进行自己的探讨，在研究方法上也与国际接轨，尽量模型化。但是该成果冠以"中国民营企业"的对外直接投资研究，其内容大都是中国企业共同面临的问题，成果并没有根据民营企业的投资特征研究其跨国直接投资问题，而中国的民营企业跨国直接投资问题确实是一个值得研究的专门问题。该成果很注意较先进的研究方法和表现形式，但却很少给人一个明确的概念，或一圈之后得出一个已经有的结论；该成果对中国（而非民营企业）的 FDI 的预测意义不大，且不论该成果使用一个最简单的一元线性回归模型进行长期预测是不妥当的，即便用更复杂的模型作长达 50 年的预测，这在预测领域也被认为是价值不大的，何况 FDI 具有复杂的影响因素并有博弈主观性特征。总之，该成果特别注重方法论，突出"学术味"[①]。

（4）中国跨国公司发展的战略研究。①刘文纲从国家领导人提出的"走出去"战略出发，对中国企业国际投资区位和进入方式、国际战略联盟、本土化战略和中国企业的国际化关系进行了分析，该成果总体上是以理论探讨为主，最后附了两个企业研究报告"中国石化集团公司国际化经营况状及战略选择"和"同仁堂集团国际化经营状况、问题及对策"，但没作相应的提炼和归纳[②]。②邵祥林对中国企业的跨国直接投资作了较全面的研究，其研究的较大特色在于对中国企业的跨国直接投资作了特定的两

---

① 程惠芳：《中国民营企业对外直接投资发展战略》，中国社会科学出版社 2004 年版。

② 刘文纲等：《中国企业"走出去"战略》，中共中央党校出版社 2002 年版。

组分类，一组是把对外直接投资分为以整合资源、提高企业国际竞争力为目的的第一类跨国直接投资，和以扩大市场、拓展产品海外销售业务为目的的第二类跨国直接投资；另一组是把企业的经济水平高于本国（母国）的经济体对东道国的跨国直接投资称为前向直接投资，把经济发展水平低于本国（母国）的经济体对东道国的跨国直接投资称为后向直接投资。并用数学模型对第一组的分类进行了详细的分析，对第二组分类作了一般性分析。对跨国直接投资的分类不仅仅是一种投资类型的划分，而且是表明研究者观察问题的视角，可以反映研究者的敏锐程度。第一组分类实际上是把企业对外直接投资的动因作了一个整合，将资源寻求型、战略资产寻求型和技术寻求型等归为第一类直接投资，这类投资均是以提高企业竞争力为目的；而将市场寻求型等归为第二类直接投资，其目的是扩大市场份额，获得经营利润。这样将问题简单化便于模型分析。笔者认为，该项研究的前向投资和后向投资划分更有新意，确实是研究企业跨国直接投资的新视角，而且可以得出更多的研究结论，可该项研究对这方面的分析过于简单。该成果对中国跨国公司的研究显得泛化，涉及中国跨国公司的发展阶段和现状、经营的取向和发展战略等。由于研究者的经历，使得该项成果的其他实证性研究的内容更具有一定的权威性[①]。

此外，中国的学者在研究跨国公司或国际直接投资的专著中，大都会涉及中国跨国公司发展问题，主要有：分析对外直接投资与中国经济发展的关系（李东阳[②]），探讨中国企业跨国发

---

① 邵祥林：《"走出去"跨国经营——中国经贸强国之路》，中国经济出版社2005年版。

② 李东阳：《国际直接投资与经济发展》，经济科学出版社2002年版。

展的过程和跨国经营优势（卢馨[①]，刘海云[②]），研究中国企业跨国直接投资战略、经营模式和组织结构等（吴文武[③]，秦斌[④]，李尔华[⑤]，彭迪云和甘筱青[⑥]，张笑宇[⑦]），探讨中国企业跨国直接投资模式（杨先明）[⑧]，研究中国企业跨国直接投资的风险及风险防范（熊小奇）[⑨]。另外，康荣平和柯银斌的《华人跨国公司成长论》对华人的跨国公司成长和发展进行了深入的研究，尽管其中涉及的中国大陆企业只是少数，但由于华人同宗、同源、同文化，该成果无疑可以作为中国跨国公司成长发展的参考，该成果以案例分析为主，选择了 24 家跨国公司为案例，其中 6 家是大陆企业。其对华人企业跨国发展成功经验和有关教训的总结，可以作为中国大陆企业跨国发展的借鉴[⑩]。

综上所述，现有的对中国跨国公司的研究，从论文方面看，涉及面比较广，有的研究也有一定的深度，有的具有自己的观察视角，但是存在的问题也较明显：一是不少研究还是处于对中国对外直接投资的重要性和战略意义的分析，显得表面化，而且重复研究的现象较多；二是涉及企业对外直接投资关键因素研究的不多，如企业所有权优势的形成和壮大、区位优势的特点和形成

---

① 卢馨：《构建竞争优势——中国企业跨国经营方略》，经济管理出版社 2003 年版。

② 刘海云：《跨国公司经营优势变迁》，中国发展出版社 2001 年版。

③ 吴文武：《跨国公司新论》，北京大学出版社 2000 年版。

④ 秦斌：《一体化国际经营：关于跨国公司行为的分析》，中国发展出版社 1999 年版。

⑤ 李尔华：《跨国公司经营与管理》，首都经济贸易大学出版社 2001 年版。

⑥ 彭迪云、甘筱青：《跨国公司发展论》，经济科学出版社 2004 年版。

⑦ 张笑宇：《跨国公司秘笈》，中国商务出版社 2005 年版。

⑧ 杨先明：《发展阶段与国际直接投资》，商务印书馆 2000 年版。

⑨ 熊小奇：《海外直接投资风险防范》，经济科学出版社 2004 年版。

⑩ 康荣平、柯银斌：《中国企业海外扩张模式比较》，《环球企业家》2005 年版。

等；三是对跨国公司理论的贡献不大，宏观上极少涉及对外直接投资与产业结构、中国跨国公司成长的宏观机制和条件、对外直接投资与相关宏观经济变量的关系等。微观上，未充分探讨企业的对外直接投资与产权的关系、跨国公司成长的自身条件、跨国经营的文化适应性的关系等，极少有对跨国公司理论的完善、补充和创新的观点；四是在研究方法方面，以定性分析为主，而定量研究中大多数所选择的变量数量偏少，资料所涵盖的时间范围偏窄，使模型的使用略显勉强。从研究著作看，对中国跨国公司的研究有分量的成果和进行深入探讨的成果不多，主要表现出以下特点：一是许多研究集中在对中国企业进行跨国直接投资的必要性和重要意义的研究，以及对中国跨国公司发展阶段及现状描述等方面，处在一个认识和描述的层次；二是有不少研究是对中国跨国公司发展的战略进行研究，包括跨国模式和区位选择的战略，这部分研究由于大都是研究者个体的分析，尽管有其合理性，但显得空泛和雷同；三是有不少成果很关注案例研究，这是一个很好的研究方向，但其中的相当部分成果案例的选择只具有典型性，缺乏普遍性，或只是做案例的描述，深入的分析挖掘不充分；四是现有的研究，对中国跨国公司成长的条件分析不充分，对中国跨国公司成长所需要的促进机制研究不深入，根据对中国跨国公司成长和发展的研究来充实完善跨国公司理论的成果更是少之又少，更没有发现对跨国公司理论的突破和创新的成果；五是从研究方法上，大多是使用面上资料和定性的演绎，有部分研究使用了案例分析，但案例分析对于宏观层次的对外直接投资经济问题理论探讨贡献不大，它更适于微观层次的管理学范畴的深入剖析。限于条件，运用计量模型和实际调查的成果只是极少数。

1.3 本书的结构及创新之处

本书共八章，其基本的顺序是，在明确了本书研究的基本问题和意义的基础上，对现有的跨国公司理论作了较为详细的梳理，并对有关的理论提出了自己的思考和认识；接着从中国跨国公司成长的基本问题出发，分析了中国跨国公司成长的条件，以此为基础，分析了中国跨国公司的几个成长点，从理论上分析和探讨了中国跨国公司成长的问题，随后对影响中国跨国公司成长的宏观因素进行了较详细的分析，并对中国 FDI 流出量、GDP、进出额等 6 个宏观经济指标进行了计量模型分析，还分析了中国企业跨国经营的文化适应性等，随后还对笔者所组织的关于中国企业跨国直接投资的认识、能力和意向等问题的实际调查进行了整理和分析，最后对所研究的基本观点进行了总结。具体情况如下：

第 1 章，提出了本书研究的基本问题，包括本书所研究的基本范畴、研究意义、基本的研究内容和现实背景；对目前国内外研究者对中国跨国公司研究的情况作了综述。指出，在经济全球化的客观现实条件下，随着中国由经济大国向经济强国的转变，随着中国总体经济实力和竞争力的增强，中国必然会成长起一批自己的跨国公司，因此研究关注中国跨国公司的成长具有现实的意义，研究中国跨国公司成长的过程、规律和特点，对于丰富、完善跨国公司理论也具有重要的理论意义。但目前鲜见国外学者对中国跨国公司的研究成果，国内学者的研究也未形成热度，有影响的研究成果极少。

第 2 章，跨国公司理论及评析。本章较为详细地梳理了现有跨国公司理论，按各理论的影响力和特点，分为主流的 FDI 理论、相关的 FDI 学说和发展中国家的 FDI 理论三大块，进行归纳，在此基础上，笔者进行了有关评述并提出了自己的思考。

第 3 章，分析和论述了中国跨国公司的成长条件，主要论述了改革开放以来中国跨国公司的发展过程和发展状况。分析了中国跨国公司成长的宏观条件，主要有：经济全球化为中国跨国公司成长提供了机会，各国的投资开放政策为中国跨国公司成长提供了进入条件，各种国际直接投资机会为中国跨国公司成长提供了行动条件，中国经济发展和战略为跨国公司成长提供了支持条件。这一章还分析了中国跨国公司成长的微观条件，这主要涉及中国企业自身的跨国竞争能力，主要有：企业的经营规模、技术、品牌和管理水平，以及信息、人才和资本条件等。

第 4 章，中国跨国公司成长点分析，较详细地分析了中国跨国公司成长的几个方向及各成长点的特点、根本原因和方式。其中，对企业集群作为跨国公司成长点的分析是一大特点。

第 5 章，中国跨国公司成长基础与路径研究。论述了中国跨国公司成长的基础和路径等，并进行了有关的理论思考。主要有：（1）中国跨国公司成长的基础论，涉及跨国公司成长的体制基础、企业制度基础、经济转型及企业能力基础等；（2）中国跨国公司成长的阶段论，用具体资料对中国跨国公司与部分发达国家的跨国公司成长阶段进行对应，因而明确了中国跨国公司成长所处的发展阶段，在现有的文献中，这种研究尚属少见；（3）产业转移极限论，论证了跨国公司引起的产业转移是有条件的和有限度的；（4）制度优势论，在邓宁的 OIL 范式基础上提出了制度优势变量，作为该范式的完善，以更合理地解释中国跨国公司的成长；（5）中国跨国公司成长的后发优势论，论述了其后发优势的存在、形式及作用。

第6章，中国跨国公司成长与宏观影响因素及宏观经济变量的关系。主要有：（1）关于中国跨国公司成长的宏观促进机制，对政府的相关政策、中介服务以及相关的保障机制等进行较全面的分析；（2）中国对外直接投资的模型分析，选择了6个变量和23年的时间序列资料，建立 VAR 模型，对各变量进行结构分析；（3）中国企业跨国经营的文化适应性分析，应用霍夫斯蒂德的国际文化元素分析法，分析了中国企业在一些主要区域进行跨国经营的文化适应的特点和规律。

第7章，对中国企业对外直接投资的现实状况、能力、意向和准备程度的调查分析。笔者就有关问题组织了实地问卷调查，论述了样本的特点和合理性以及问卷设计的思路和问卷的结构，重点是用 SPSS 软件对问卷调查的实际资料进行了翔实具体的分析，以此可对中国企业的对外直接投资的状况、能力、意向及准备程度有个充分全面的了解和把握。

第8章，研究结论。对本书的主要观点进行归纳，并提出相关问题。

本书可能的创新点有：

（1）对经典的跨国公司理论中的内部化理论进行了补充和修正。本书提出了跨国公司内部化理论需解决内部化程度和内部化方向的问题。内部化程度与跨国公司的所有权优势相关，所有权优势越强的企业，内部化程度也会越高。本书构造了一个表达内部化程度思想的表达式；内部化方向与跨国公司的 FDI 实现形式相关，本书提出了前向内部化与后向内部化的概念来区别跨国公司的内部化的不同方向。本书指出，在邓宁的 OIL 范式中，内部化优势并不是企业进行 FDI 的必要条件，内部化只是企业进行 FDI 的理由，也是完成 FDI 的一个自然结果，跨国公司在进行 FDI 之前一般难以确认内部化优势的存在，更无法将这种优势量化以进行相关比较。

（2）提出了以投资目的为标准来定义 FDI 的观点。现有的 FDI 定义几乎都是关于跨国公司投资行为的定义，受其影响，国家统计局和商务部颁布的《对外直接投资统计制度》中对 FDI 的定义也与跨国公司的概念直接联系在一起，强调对投资对象"控制"的要点。本书分析并指出这种定义与 FDI 的实践有客观差距，事实上许多国际直接投资并没有对投资对象实现控制，按此定义进行统计必然会造成对 FDI 统计的遗漏和口径不一致。本书提出了一个以投资目的为标准的定义，并论证了这个定义的合理性，它理论上既可区别于间接投资，实践上又能实现统计口径一致、避免遗漏。

（3）提出了关于中国等发展中国家跨国公司成长的有关理论。①提出了制度优势论，由于中国特殊的背景，中国跨国公司的成长，无不受着具体的制度因素的影响，故应在 OIL 范式中增加"制度优势"变量（S），并由此构造出适合中国企业的跨国成长的一般模型：$FDI=S_1+(O+I)S_2+L$；②提出了产业转移极限论，论证了 FDI 的产业升级功能不会无限传递下去，在发达国家通过 FDI 完成产业转移并使产业升级之后，在中国这样的国家 FDI 的产业转移功能不会传递下去。其政策含义在于，中国的产业政策必须面对第二产业的比重将保持相对较高水平的事实。

（4）提出并分析了企业集群跨国发展的问题。第一次就企业集群的跨国成长进行了分析探讨，结合一个实际的企业集群案例，用跨国公司基础理论分析了其跨国成长的可能性和条件。由于中国的企业集群发展较快，而且已成规模，但企业集群的跨国现象在国际上较为少见，而企业集群发展的逻辑结果应该是跨国经营，本书认为这是中国跨国公司一个新的成长点，就此所作的分析引出了对跨国公司理论的深度思考。

2 跨国公司理论及评析

中国跨国公司的成长有其具体的条件和背景，进而表现出自己的成长特点。但是作为跨国公司，其成长和发展具有一般的发展规律，理论上可以作出一般的解释。

2.1 跨国公司主流理论

以 20 世纪 60 年代海默的垄断优势论的提出为标志，开创了现代国际直接投资理论。随着跨国公司和国际直接投资实践的发展，FDI 理论也在不断发展。但是，FDI 理论的研究主要着重于将现有的理论逐渐形成 FDI 的行为模型，因而至今尚未形成一个公认的、系统的分析框架及清晰的结构形式[①]。

主流的 FDI 理论是指在 FDI 理论研究中具有重要影响力，确立了各自明确的研究思路和理论框架，有重要代表性和特点的理论。这些理论的提出经过不断发展，正逐渐完善，并广为引用。

---

① Markusen J. R. ,1991, *The Theory of the Multinational Enterprise : a Common Analysis Framework* ,Westview Press.

2.1.1　垄断优势理论（Monopolistic Advantage Theory）

20 世纪 60 年代美国经济学家海默在他的博士论文《国内企业的国际经营：对外直接投资研究》中，首次提出了垄断优势论，在理论上开创了以 FDI 为研究对象的新的研究领域[①]。在 20 世纪 70 年代中期，经海默的导师金德尔伯格（Charles P. Kindleberger）的修正和发展，形成了现代对外直接投资理论的基石——垄断优势理论[②]。该理论首次论证了对外直接投资与对外间接投资（对外金融资产投资）的区别。该理论明确指出，大企业到国外进行直接投资的主要原因在于其拥有特定优势，这种"企业特定优势"（Firm-Specific Advantage）就是企业进行国际化经营的垄断优势。该理论的分析指出，现实的市场具有不完全性特征，企业实行集中经营，可使其他企业难以进入相应市场，处于竞争的劣势，而集中经营的企业形成一定的垄断，从而获得垄断利润，又可减少因竞争造成的损失。该理论认为，市场的不完全竞争是跨国公司进行国际直接投资的原因，而跨国公司所拥有的垄断优势是实现对外直接投资利益的条件。

市场的不完全性主要表现在：（1）产品和要素市场的不完全。一方面，在要素市场上，尤其是在技术和知识市场上，由于信息不对称是必然现象，使得技术拥有者在技术转让中风险提高；另一方面，特定要素的拥有者可以使其在市场竞争中处在优

---

①　S. Hymer,1960,"International Operations of National Firms:A Study of Direct Foreign Investment",*Doctoral Dissertation*,Massachusetts Institute of Technology.

②　C. P. Kindleberger,1969,*American Business Abroad : Six Lectures on Direct Investment*,New Haven,Yale University Press.

势地位，技术要素可使跨国公司的产品与众不同，又可限制竞争者的市场进入，使跨国公司对产品的价格和销售量进行一定的控制，从而巩固其垄断地位。资本要素优势可使跨国公司以较低的成本更多、更快地筹集到资金，进行大规模投资，而较好的信誉和较强的偿债能力使得跨国公司得以巩固其竞争优势地位，导致要素市场不完全。在产品市场上，主要是少数买主或卖主通过控制产量和购买量来影响市场的价格，也就是跨国公司通过拥有产品特异化能力、商标、营销技术或其他特殊途径和能力以及价格联盟等控制价格，导致产品市场不完全。（2）由规模经济引起的市场不完全。规模经济是一种随着生产规模的扩大，单位产品成本下降、边际收益提高的现象。跨国公司为谋求规模经济而投入巨额的初始资本，使得那些加入市场而又达不到足够规模的中小企业被挤出在外，使自己处于垄断地位，导致市场的不完全。（3）政府干预导致的市场不完全。东道国政府和母国政府在市场准入、关税、利率、汇率、进出口管制等方面进行倾向性的干预，这种干预把人为因素带入市场，并且有强制性，因而打破了市场的完全性，并对跨国公司的直接投资产生重要影响，有些跨国公司可从政府提供的有关政策优惠、补贴、税收减免、贷款优先等干预措施中获得某种垄断优势。正是市场存在以上种种不完全性才构成了跨国公司拥有垄断优势的社会经济基础或前提，而跨国公司拥有的垄断优势则是它们进行对外直接投资的决定因素或条件。

跨国公司的垄断优势主要有：（1）技术优势。这是跨国公司所拥有的最重要的垄断优势。这种优势的最实质性的部分是新产品开发的技术和能力。保持这种优势并使其在内部长期运用，有助于保持其垄断地位，获得长久的垄断利润。一方面，这种优势可通过专利等手段防止其新工艺、新技术为同行所利用；另一方面，这种优势又非常有利于产品的异质化，使其既可避免同行仿造，又可扩展原有的优势。（2）雄厚的资金优势。跨国公司除了自身具有雄厚的资金实力，并能从其各子公司之间快速灵活地调动巨额资金外，还能在国际资本市场上利用其良好的资信记录低成本地筹集资金。这是跨国公司投资最有利的条件之一，从而也是其获得高额利润极为重要的优势。（3）先进的管理优势。跨国公司除了有成熟的管理机制和经验外，还拥有一批受过良好教育和严格训练并且有丰富经验的管理人员，使得企业能够高效运行、熟练应对复杂多变的国际市场，跨国公司通常都掌握着一套适应现代化生产过程的先进管理技术，能极大地优化企业的生产经营活动并有效地配置企业资源。（4）规模经济优势。规模经济有内部规模经济和外部规模经济两类，通常，大型跨国公司具有实现内部规模经济的倾向和能力，使企业自身获利能力提高。而内部规模经济会导致同行业在地域上的集聚，形成专业分工，进而实现外部规模经济。

现实的市场上，垄断的存在导致市场的不完全竞争，不完全竞争又必然导致商品和要素市场的不完全，使产品的供需在国际市场上难以正常实现；政府的经济政策和法规对市场的干预，导致国际市场的不完全，使得有条件（具有垄断优势）的企业可以选择国际直接投资的方式来克服市场不完全带来的风险。同时，由于市场的不完全性，导致各国在商品和要素的市场容量、供求关系、价格水平等方面出现差异，这又为国际直接投资开辟了空间。垄断优势理论的重要贡献在于它把国际直接投资与国际间接投资区别开来，第一次把资本国际流动的研究从流通领域转向国际生产领域，开创了国际直接投资理论的研究领域。该理论把跨国公司看成是国际生产主体，而不仅仅是国际流通的主体，这是垄断优势理论与古典贸易和投资理论的最大区别，并指出跨国公司进行跨国生产的必备条件之一是"企业的所有权优势"，这一分析思路对国际直接投资理论的研究产生了深刻的影响，直至现在仍然是国际直接投资研究的基本模式。它"摆脱了后古典贸易金融理论在思想上的束缚，把对跨国公司的研究引入产业组织理论的分析之中"。

2.1.2 内部化理论（Internalization Approach）

内部化理论是 20 世纪 70 年代中期提出的，其主要代表人物是英国里丁大学的巴克利、卡森[①]。该理论用交易费用的概念分析跨国公司形成的机理，成为 20 世纪 70 年代以来跨国公司理论发展的主要方向。

内部化理论的基本分析逻辑是：随着生产方式和技术的进步，企业经营的内容和范围都发生了较大的变化，中间产品由传统的以原料、半成品为主，变为以技术、专利等信息产品为主；由于中间产品的特殊性质和市场失灵（Market Failure）现象的存在，使得外部市场缺乏交换中间产品的定价机制与交易机制，导致企业交易成本上升，降低了企业的生产协调能力和经营效率。为了达到企业利润最大化的目标，通过对外直接投资，把原来在外部市场交易的业务转变为在公司所属企业之间进行，形成一个内部市场，跨国公司就是市场内部化跨越国界的产物。

内部化理论是根据中间产品（主要指知识产品）的特殊性与市场机制的矛盾来分析内部化的必要性，内部化的目标就是为了

---

① P. J. Buckley and M. Casson，1976，*The Future of the Multinational Enterprise*，London，Macmillan.

消除外部市场不完全的消极影响。市场不完全（Market Imperfection）是指市场失灵，即由于现实的市场使得企业在让渡自己的中间产品时无法保障自己的权益，也无法通过市场来配置其资源，因而不能保证企业利润最大化的实现。而中间产品不仅仅包括半加工的原材料和零部件等中间投入物，更主要的是指专用技术、专利、商标、商誉、管理技能、知识、信息等知识产品。这些知识产品具有研发投入大、耗时长的特点，其应用在一定时期内具有"自然垄断"性；知识产品在其实现的过程中，其转让、出售很难确定可能获得的价值；知识产品具有公共品（Public Goods）的性质；知识产品市场存在买方不确定性（Buyer's Uncertainty）。知识产品的这些性质决定了歧视性定价或差别定价是知识产品实现其价值的主要形式，而由于知识产品定价困难，且在外部市场由于信息不对称产生的买方不确定性，而使交易难以进行。另外，由于知识产品具有公共性，而公共产品在消费方面存在外部"经济性"，使得技术泄露的风险很难避免，因而威胁到企业的技术垄断；而且，知识产品的交易转让的只是其使用权而非所有权，买卖双方都有继续扩散的机会和权利，都将造成对双方利益的损失。所有这些都表明，将知识产品内部化是保障知识产品拥有者利益、避免各种风险的必要方式。

巴克利和卡森指出了影响企业交易成本的四个因素：一是行业因素，包括中间产品特性、市场结构和规模经济等；二是地区因素，包括地理位置、社会心理和文化差异等；三是国家因素，包括东道国的政治制度、法律制度和经济制度等；四是企业因素，包括组织结构、管理经验、控制和协调能力等。巴克利和卡森同时提出了内部化成本的概念，传承了科斯的新厂商理论，指出，当企业的内部交易成本低于外部市场的交易成本时，将外部市场内部化才是有利的，并且指出内部转移价格是实现中间产品内部交易的重要手段。"……企业的内部价格（或计划价格）润滑着这一机制，使内部市场足以像潜在的（未能实现的）正常市场一样发挥作用。"

内部化理论进一步分析了内部化的得益，这些得益主要来自于：一是形成内部市场，以统一协调相互依赖的各项业务，可以避免外部市场不完全造成的生产经营活动的"时滞"，避免外部市场因价格信号失真带来的负面影响，同时还可以降低谈判成本；二是建立歧视性价格体系，在内部市场上运用歧视性内部价格，运转调动中间产量，可以保护自身利益，提高经济效益；三是消除买卖不确定性，通过内部化，使中间产品的交易在内部市场上，买卖双方统一于一个跨国公司内部，使买卖合同关系长期而稳定，避免了在外部市场上买方的不确定性带来的风险；四是减少政府干预的影响，在外部市场上，跨国公司很难避免东道国政府的干预，而在内部市场上，则有条件运用转移价格，在市场规则的范围内逃避税收，转移资金，避免外汇风险和政治风险；五是有效保持技术优势，通过内部化，使自己的知识产品，尤其是专有技术，保证在企业内部转移使用、创造价值，可以避免技术机密外泄，阻断竞争对手快速仿制的途径，降低了知识产品优势失散的风险，确保自己在技术上的优势地位。巴克利和卡森在论述跨国公司内部化优势的表现时指出，这种优势表现在："（1）对以前投资于研究与开发设施（创造技术上的优势）的报酬，（2）把发明紧紧结合在一起的一组技能（它能创造出大于个别技能总和的收益）的报酬和（3）创造信息网络的报酬。这种网络不仅可以使它的较低的成本在企业内部转移（1）和（2）的优势，而且可以保护这些信息（包括市场知识在内）不被外人染指。"

内部化理论从不同于垄断优势论的视角分析了跨国公司对外直接投资的动机和决定因素，分析了中间产品的特点，并用市场失灵的概念扩充了市场不完全概念的内涵，可以说，内部化化理论是国际直接投资理论的一个重要进步。但是，至此，内部化理论仍然存在明显的不足，它没有回答内部化的程度问题，内部化理论很重要的一部分是解决所有权优势如何保持在企业内部的问题，而所有权优势有程度上的区别，因此内部化也必然有程度上的问题，并且这又与投资的形式有关；在交易成本的分析上，它也是仿照科斯的新厂商定理的静态均衡模型，但事实上动态性是市场的根本特征，环境、制度等因素的变化对市场成本也会必然产生影响，静态均衡的解释力有限；它不能解释资源导向型和一部分市场导向型的跨国公司对外直接投资现象。这些都表明这种理论的局限性。

2.1.3 国际生产折中理论 (Eclectic Theory of International Production)

国际生产折中理论（也称OLI范式）由英国里丁大学教授邓宁于 20 世纪 70 年代提出。1976 年邓宁发表了代表作《贸易、经济活动的区位与多国企业：折中理论探索》，初步形成了跨国公司国际生产折中理论[①]，1981 年他将自 20 世纪 70 年代以来撰写的一系列阐述折中理论的论文汇编成《国际生产与跨国公司》一书出版，进一步将国际生产折中理论系统化、理论化[②]。

---

① John H. Dunning, 1977, *Trade, Location of Economic Activities, and the MNE:A Search for an Ecletic Approch, in B. Ohlin ed. International Allocation of Economic Activity*. Holms&Meier.

② J. Dunning,1981,*International Production and the Multinational Enterprise*, George Allen and Vnwin Ltd.

国际生产折中理论认为，企业必须同时具备以下三个条件方能进行对外直接投资：一是拥有所有权优势（Ownership Specific Advantage），即企业拥有优于其他国家企业的优势；二是实现内部化优势（Internalization Incentive Advantage），即企业将其所有权优势内部化后的获益超过把这些优势出售或出租给外国企业的得利；三是利用区位优势（Location Specific Advantage），即企业选择的投资场所比其他投资场所更为有利。

所有权优势，是一企业拥有或能够获得的其他企业所没有或无法获得的资产及其所有权。所有权优势的具体形式有：（1）技术优势，包括专利、专用技术、管理经验、销售技巧、研究与开发能力等；（2）企业规模优势，表现为研发能力和规模、全球化经营规模等；（3）组织管理优势，即组织人才优势、组织的协调管理优势等；（4）金融与货币优势，即因企业知名度、良好的企业形象、优良的资信记录而产生的融资信用优势和融资成本优势。邓宁指出，所有权优势只是企业能够对外直接投资的必要条件而不是充分条件。

内部化优势，此处内部化优势是指企业克服市场失灵的能力。国际生产折中理论认为，跨国公司强大的生产能力主要来自技术优势的内部化，这种内部化使企业可以按共同的战略目标配置技术资源，企业所拥有的垄断优势才能够充分发挥作用。邓宁认为，跨国公司将各种所有权优势内部化的动机在于避免外部市场的不完全性对企业产生的不利影响，而外部市场对中间产品和最终产品都是不完全的，都存在各种各样的障碍。邓宁把市场失灵分为两类：一类是结构性的市场失灵（Structure Market Failure），即由非完全竞争市场所导致的市场缺陷，具体表现为东道国政府的限制，如关税壁垒引起的市场失灵等，这是促使跨国公司将原先在国内生产出口变为对外直接投资以绕过各种贸易壁垒的主要原因；此外，知识资产的特殊性影响了外部市场的形成和发育，也造成了结构性市场失灵。另一类是交易性市场失灵（Transactional Market Failure），即外部市场因交易渠道不畅，为实现交易而需付出高昂的费用。信息成本高、交易方式僵化，降低了交易的效率，不履约风险太高。邓宁认为，企业进行内部化，主要是为了避免交易成本和谈判成本，避免为保护知识产权所需的成本，买者的不确定性，不允许价格歧视存在，需要卖方保证产品质量，弥补市场失灵的缺陷，防止政府干预（如配额关税、价格歧视、税收歧视等），控制市场范围等。邓宁认为，非股权安排是跨国公司发挥内部化优势的重要方式。

区位优势，即东道国所固有的、不可转移的要素禀赋优势、政治法律制度优势和市场条件优势，具体包括两个方面：一是东道国由要素禀赋所产生的优势，如自然资源、地理位置、人口及其结构、潜在的市场规模、收入水平、基础设施等；二是东道国的政治法律制度、经济政策、教育水平、文化特征等。

区位优势不属于母国，也不属于跨国公司，主要属于东道国，这种优势是相对于母国的区位而言。故跨国公司不能控制和支配投资区位因素，而只能选择、适应和利用这些区位因素，以取得区位优势。而且区位优势没有共同的标准，会因跨国公司的特征和投资经营目标而各有不同。

国际生产折中理论的三个优势与实现对外直接投资的关系可用（2.1）式表示：

$$FDI = O + I + L \tag{2.1}$$

若企业拥有较强的所有权优势，则将这些所有权优势内部化的可能性也越大，同时也会积极寻求区位优势，以实现对外直接投资；若企业拥有所有权优势，且有将其内部化的价值，但难以找到投资的区位（即无从实现区位优势），则可以选择出口战略，这时其产品也有竞争力；若企业拥有一定的所有权优势，但没有将其内部化的必要，更无须寻找区位优势，这时可作出许可证安排，进行无形资产的有偿转让。

邓宁的国际生产折中理论，首次同时分析了跨国公司实现国际直接投资的主观条件——拥有所有权优势、内在动机——内部化优势的实现，以及投资的客观条件——区位优势的存在、相互关系和对 FDI 的影响，使得该理论对 FDI 现象具有更强的解释力，并且更具综合性、全面性和概括性。其中，所有权优势来源于海默的垄断性优势论，内部化优势来源于巴克利和卡森等的内部化理论，区位优势则是由邓宁自己提出并予以论证的理论，是邓宁的重要理论贡献之一。自 20 世纪 90 年代以来，邓宁根据跨国公司经营环境的变化和跨国公司发展过程中出现的新的形式，对其国际生产折中理论作了相应的补充和完善。邓宁根据企业战略的重要意义，把企业战略纳入 OLI 范式，将其置于所有权优势的范畴，并进行动态化分析；通过对日益普遍的跨国公司战略联盟行为的考察，又把企业的战略联盟行为整合到 OLI 范式中①。邓宁注意到外部资源对跨国公司竞争优势的影响，这除了技术发展和制度变迁外，中小企业的作用及大企业与中小企业的合作日益重要，集群经济的实现以及产业网络的迅速发展，这些相关的战略联盟理论、企业网络理论等的成果也被吸纳到 OLI 框架中；他还注意到了现实中以并购的形式进行对外直接投资的现象，把并购纳入到 OLI 模型的解释之中，对 OLI 范式做了必

---

① J. H. Dunning, 1995, "Reappraising the Eclectic Paradigm in the Age of Alliance Capitalism", *Journal of International Business Studies*, 26(3), pp. 31-43.

要的修正[1][2]。

尽管 20 世纪 90 年代以来邓宁不断吸纳各有关的研究成果（如基于资源观的跨国公司组织理论、企业的演化理论、经济集聚理论、经济一体化理论、知识获得和分享理论等）对 OLI 范式进行动态化分析，使得跨国公司的 FDI 理论在一定程度上反映了近些年来的发展趋势和特征，"经过拓展，一个增加了动态内容的折中范式，把与资产增加型（Asset Augmenting）和战略联盟行为相关的跨国投资活动纳入到理论框架中，作为检验国际生产决定因素的一个主要分析框架，其理论地位得以加强"[3]。但是，折中理论毕竟只是一个微观的基于产业组织的 FDI 理论，不能对企业实现 FDI 的全部条件和机理做出必要分析。事实上，所有权优势是企业进行 FDI 的主观条件，是实现对外直接投资的关键；区位优势是 FDI 的客观条件，不可改变，但可适应和选择；内部化优势是实现 FDI 的企业成为跨国公司的结果，内部化优势是企业进行 FDI 的动机或促进因素，是企业进行 FDI 的依据。事实上，企业在进行对外直接投资之前，无法判断内部化优势是否存在，因为没有准确做出判断的信息和手段，因此，内部化优势只是企业进行 FDI 的结果，而不是条件。

2.1.4　产品生命周期理论（Product Life Cycle Theory）

产品生命周期理论由美国哈佛大学教授弗农于 1965 年提

---

[1]　J. H. Dunning, 1998, "Location and the Multinational Enterprise: : A Neglected Factor?", *Journal of International Business Studies*, 29(1), pp. 45-66.

[2]　Rajneesh Narula and John J. Dunning, 2000, *Industrial Development, Globalization and Multinational Enterprises: New Realities for developing Countries*, Oxford Development Studies, Vol. 28, No. 2.

[3]　J. H. Dunning, 2000, "The Eclectic Paradigm as an Envelope for Economic and Business Theories of MNE Activity", *International Business Review*, 9, pp. 163-190.

出[①]。弗农认为，产品的生命周期大致可分为创新期、成熟期和标准化期三个阶段，区位因素会随着跨国公司生产经营的产品本身的生命周期不同而变化，因此产品生命周期对企业参与国际经营活动的方式选择起决定性作用。

弗农主要对美国的市场进行了研究。产品处在创新阶段，产品的初始创新受市场消费需求的导向，美国市场的特点是收入水平高、劳动成本高，这决定了美国市场的产品创新以高收入的高档消费品为主，且多为资本、技术密集型产品，此时，国内市场需求趋于旺盛，新产品的产品特异性强，企业拥有创新垄断力（Monopoly Power of Innovating）。在这一阶段几乎没有标准化问题，企业总是不断及时地根据市场信息反馈，改进设计以适应消费者的需求和偏好。这一阶段的创新，企业更关心自己的客户供应商和竞争对手（他们可能推出替代品和仿制品等），关心的是本国市场，而非生产成本，一般不会将处于创新摸索阶段的产品投向国外去生产。至于其他与美国的经济和消费水平相似的国家对这些新产品的需求，主要是通过从美国进口来满足这些国家的市场需求。产品处在成熟阶段时，国内市场的需求增加，产品的质量和式样稳定下来，消费者对产品价格的敏感度上升，产品的需求价格弹性上升，企业必须考虑市场竞争中的价格因素，由于其垄断地位的削弱，降低成本成为企业发展的关键。因此，扩大生产规模、谋求规模经济是企业提高竞争力的重要途径。企业开始把注意力转向海外市场，加上原来的出口市场对这些新产品逐渐了解，仿制品不断增多，贸易壁垒也相应增加，而这些地方的劳动力成本往往比美国低，这些都促使美国企业开始关注向其

---

① R. Vernon，1966，"International Investment AND International Trade in the Product Cycle"，*Quarterly Journal of Economics*，80，pp. 190-207.

他发达国家进行 FDI。但这段时期，美国的生产和出口量还在上升，其他发达国家的需求也在上升，从美国的进口也在增加，而且发展中国家也开始有了消费市场，并开始进口这些商品。产品处在标准化阶段时，产品的生产技术、工艺、规格等都已标准化，原有的产品技术已经扩散，技术优势已经不存在，竞争更趋激烈，成本和价格已成为竞争的焦点，企业必将在世界范围内寻找适当的产品生产区位。这一时期，母国的生产规模的进一步扩大导致规模非经济，而进口国会进一步加强贸易壁垒，使厂商的出口前景趋于暗淡，同时为进口国的客户提供快捷的服务也要求在东道国建立生产设施，否则会因为修配的零配件不及时供货而影响其市场份额。弗农认为，厂商为国外提供最好的服务要比谋求利润的最大化更重要，因此，当厂商出口的产品在东道国市场达到一定份额时，对东道国的直接投资就是必然的，对外直接投资将大规模产生。标准化时期，美国国内生产的产量下降，而国内需求水平不变，最终靠国外进口来满足国内市场，其他发达国家的国内生产能力快速上升并超出国内市场的需求，有了较强的出口能力，发展中国家逐渐也有了出口的能力。

产品生命周期理论本质上属于"优势论"的范畴，厂商的核心优势或创新垄断力就是跨国公司在产品和生产工艺上的所有权优势。产品生命周期理论由于引入了时间变量，使其具有了动态变化的特征。同时，该理论提示，企业的国际化经营之路是先进行国际贸易，然后进入国际直接投资阶段，进行国际化生产（这是国际化经营的高级形式），这符合企业国际化经营的一般规律。但是，该理论是就某产品的分析而得出的企业对外直接投资的规律，可跨国公司通常都是进行多元化经营，其直接投资的时机和区位决策一般不会建立在一种创新产品之上。另外，该理论通常对那些具有较明显生命周期且需要提供售后服务的产品有较强的解释力，对那些资源寻求型的直接投资和战略资产寻求型的直接投资难以圆满解释。而现实的国际市场多极化格局也使得"产品生命周期"所设计的各个阶段难以按照预期那样来演进。总之，"单一性"的考察对象、"阶段论"的划分和"转移论"的分析思路是该理论的特点。尽管后期弗农进一步完善了其理论，提出了"产品周期修正理论模型"[①]，指出在第一阶段，拥有创新优势的企业不止是在美国，其他发达国家的企业同样可以在特定的行业居于领先地位；在周期的后两个阶段，企业会采取一些非创新的战略来调整其国际化的经营，维护其创新垄断地位（如将利用优势的重点从确保技术所有转向设置进入壁垒等）；跨国公司是基于风险最小化，而不是基于为东道国客户提供最佳服务，以对外直接投资取代出口；国际生产的区位，不仅仅是企业开发所有权优势的手段，还是维护国际市场均衡的手段；企业之间的竞争主要发生在产品周期的创新阶段，在周期的后两个阶段企业之间更多的是相互共存关系。尽管该修正模型相对而言更符合现实，但它还是不能解释 20 世纪 60 年代以来迅猛发展的跨国公司全球化经营浪潮，特别是制造业国际经济活动的主要变化（John Cantwell）[②]。

2.1.5 比较优势投资论（The Theory of Comparative Advantage to Investment）

比较优势投资论是日本一桥大学教授小岛清（K. Kojima）

---

① R. Vernon, 1974, *The Location of Economic Activities*, *Economic Analysis and Multinational Enterprises*, London, George Allen & Unwin.

② J. Cantwell, 1989, *Technological Innovation and Multinational Corporations*, New York: Basil Blackwell Publishers.

于 1978 年提出①②，该理论把 H-O 模型中的资本资源用更广义的经营资源（Managerial Resources）来代替，并用劳动力与经营资源比率的差异来判断比较成本的差异，认为建立在比较成本或比较利益基础上的国际分工可以解释国际贸易，也可以解释国际直接投资；指出日本式的 FDI 与美国式的 FDI 是两类不同的对外直接投资。在这分析的基础上，小岛清认为，一国的对外直接投资应该从本国所有产业系列中已经处于或即将处于比较劣势的产业（即边际产业）开始，依次进行。边际产业的转移可使原来因某种要素的不足而处于劣势或将处于劣势的产业转移出去，而将资源集中于自己处于优势的产业并进行出口，而那些接受国际直接投资的国家因相关技术的输入与自己具有的丰裕要素的结合，使原处于潜在比较优势的产业实现了这种优势，提高了要素生产率。

小岛清将对外直接投资分为自然资源导向型、劳动力导向型、市场导向型和生产与销售的国际化型，而日本的对外直接投资以自然资源的开发与进口和劳动密集型产业转移为投资目的。边际产业的转移有利于日本国内产业结构的升级调整，可使母国和东道国的比较优势和潜在比较优势充分的发挥出来，并且日本的对外直接投资以中小企业为主，以合资形式居多。而美国的对外直接投资大都是具有相对比较优势的产业，以寡头垄断公司为 FDI 主体，且主要流向西欧等发达国家，多以独资子公司为 FDI 的形式，所以美国的对外直接投资不利于本国产业结构的调整，还会缩小本国与其他发达国家在比较优势方面的差距。小岛清

---

① K. Kojima, 1978, *Direct Foreign Investment：A Japanese Modal of Multination Business Operations*, London, Groon Helm.

② 小岛清：《对外贸易论》，南开大学出版社 1987 年版。

还把对外直接投资分为顺贸易导向投资（Pro-trade Oriented Investment）与逆贸易导向投资（Con-trade Oriented Investment），日本的对外直接投资是顺贸易导向的，其投资的结果会使双方贸易扩大。而美国的对外直接投资是逆贸易导向的，其投资的结果是，原来的出口产业被所投资的东道国建立的生产基地的生产所取代，减少了贸易，扩大了母国的国际收支逆差。

小岛清的边际产业扩张论（即比较优势投资论）在主流的FDI理论中具有"综合性"或"客观性"的特征，是产业层次的分析，并且与国际贸易相联系，其基于比较优势的思想，强调对外直接投资应当促进母国和东道国双方比较优势的发展，从而扩大两国之间的贸易，并主张国际直接投资与国际贸易之间应互补而不是替代。这是产生于日本经济开始起飞，对外直接投资开始萌芽阶段的理论，尽管该理论对发达国家的FDI，包括当今日本的FDI不具有充分的解释力，但对经济处于起飞阶段的国家的FDI具有明显的政策含义：对外直接投资应按照比较优势及其变动依次进行，从技术差距小，技术易于转移的产业开始，按次序进行；企业对外直接投资应当给东道国带来积极的效果，能够提高当地企业的生产率，传递生产技术和经营技能，使当地企业最终能够独立进行生产。在资源性产品方面，对资源性产品的投资可不必获得上游企业（即开发生产）的企业所有权，而采取产品分享式投资或"非股权安排方式"（Non-equity Arrangement），这既可达到获得进口资源的目的，资源东道国也能接受。在对比自己更有优势的国家的投资方面，则仅仅是为了避免关税及有关贸易障碍，节省运输费用及其他交易费用等，因为自己无优势可言。

2.2 有关的 FDI 学说

自海默和金德尔伯格开创国际直接投资理论研究以来，许多学者开始了对 FDI 理论的进一步研究，这些研究具有不同的切入点，取得了相应的成果，充实和丰富了 FDI 理论。

2.2.1 垄断优势论的发展

在垄断优势理论的发展中，大都集中在以产业组织理论中的厂商理论和市场结构理论为主要研究方法对 FDI 进行理论研究。

约翰逊（Harry G. Johnson）强调企业所有权的一个重要方面是管理和信息（技术、知识）的专有性对企业跨国经营的关键作用。认为跨国公司的垄断优势主要来源于对知识资产的控制。因为知识（包括技术、专有技术、管理与组织技能、销售技能等无形资产）的创造需较高的资源投入，而一旦知识被创造出来就具有公共产品的性质，因此需要有某种机制来保护和促进知识的创造，而最有效的保护就是采取垄断的形式。所以，知识的转移是直接投资过程的关键[①]。这样子公司可以在不增加母公司成本的条件下利用这些知识，用较低的成本获得这些知识进行国际生产，创造高额利润，而其竞争对手要获得这些知识则须支付全部成本。

---

① H. G. Johnson, 1970, "The Efficiency and Welfare Implication of the International Corporation", in C. P. Kindleberger ed. , *The International Corporation: A Symposium*, Cambridge, Massechusetts: MIT Press.

凯夫斯（R. E. Caves）强调"产品差异"（Differentiated Product）作为跨国公司垄断优势的来源①。产品差异性是指企业创造差异产品的能力，包括产品的形态和性能、商标、特殊的营销方式、售后服务等。产品差异性的存在可以满足和适应不同层次和不同地区消费者的偏好，从而扩大产品的销售量。Caves 还把跨国公司的扩张分为，在不同区域生产相同的产品，即横向扩张（Horizontal Extension），把生产过程的不同阶段安排在不同的区域生产，即纵向扩张（Vertical Extension），和两者兼而有之的混合多元化（Conglomerate Diversification）。并指出，产品差异性比较突出的跨国公司，往往采取横向扩张的方式，而产品差异不突出的跨国公司则倾向于进行纵向跨国扩张。

尼克博克（Frederick T. Knickerbocker）以对外直接投资的寡占行为特点为分析的切入点，分析了寡头之间的"跟随对手行为"，提出了寡占反应论，指出寡占反应行为是导致二战后发达国家跨国公司对外直接投资的主要原因②。在寡头垄断的市场结构中，为了竞争的需要，寡头企业通常把相互追随进入新的国际市场作为预防策略。他把跨国公司的对外直接投资分为两类：一类是进攻性投资，即在国外建立起第一家子公司的寡头企业所进行的投资；另一类是防御性投资，即同行业的其他寡头企业跟随进攻性投资者而在同一区域进行的投资。由于在寡头垄断市场，每个企业都举足轻重，并都对对方的行为很敏感，企业为了降低风险，并维护自己在市场上的地位，往往采取"跟随领头者"（Follow the Leader）的行

---

① R. E. Caves, 1971, "International Corporations: The Industrial Economics of Foreign Investment". , *Economica*, February, pp. 1-27.

② Frederick T. Knickerbocker, 1973, *Oligopolistic Reaction and the Multinational Enterprise*, Harvard University Press.

为，目的是保持与对手同步，抵消抢先者可能得到的优势，维护竞争地位的平衡。尼克博克还因寡头的跟随行为导致一个国家对外直接投资在时间和区位出现的集中现象进行了研究，认为这种现象与在国内的行业集中度正相关，这种正相关主要是同一行业少数几家大企业互动行为的结果，同时也指寡头之间为避免过度竞争而导致两败俱伤，会倾向于采取串谋行为。尼克博克还分析了寡头的跟随性对外直接投资的负相关因素，认为产品的多样化使企业有多样性选择，可在一定程度上减少企业采取寡占反应行为的必要性。此外，规模、产品创新和产品差别等也有同样作用。总之，该理论较多地解释了二战后美国企业在一定时期内对外直接投资的集中现象以及影响这种行为的各种因素，揭示了跨国公司之间战略性相互约束和反应对企业进行 FDI 行为的影响。

格雷汉姆（E. M. Graham）重点研究了二战后欧洲企业对美国的直接投资，并与美国企业对欧洲的直接投资联系起来分析，形成了交换威胁论[①]。格雷汉姆注意到，欧美相互间的直接投资的产生结构大致相同，欧洲在美直接投资较多的产业，也是美国企业在欧洲有较多的子公司的产业。格雷汉姆认为，二战后欧洲企业对美国的直接投资很大程度上是针对美国企业对欧洲直接投资的防御行为，因为美国跨国公司的进入对欧洲本土企业构成威胁，占据更多的欧洲市场份额。如果欧洲企业本身也进入美国进行生产，成为跨国公司，就可以抵消这一威胁，一旦欧洲企业在美国立足，就在美国跨国公司的本土对其构成了威胁[②]。之所以

---

① E. M. Graham, 1975, *Oligopolistic Imitation and European Direct Investment*, ph. D. Dissertation, Harvard Graduate School of Business Administration.

② 爱德华·M. 格雷汉姆：《全球性公司与各国政府》，(*Global Corporations and National Governments*, Edward. M. Graham)，胡江云、赵书博译，北京出版社 2000 年版。

选择 FDI 方式而不是出口美国的方式，是因为实施出口战略涉嫌对美国市场进行倾销，会受到美国政府的干预，而在欧洲市场上，美国跨国公司欧洲子公司的产品定价很少受到政府的干预。显然，交换威胁论与寡占反应论是基于相似的逻辑，只是交换威胁论更开阔些。但是在现实中，这些威胁是否存在，即威胁的可能性问题，是需要研究的。

20 世纪 90 年代以后，FDI 理论中的优势论，由以前更多强调企业自身拥有的优势转为跨国公司通过跨国经营去获得或扩大自己的竞争优势。邓宁在资源寻求型、市场寻求型和效益寻求型 FDI 的基础上，提出了"资产扩大型"的 FDI 概念，并将其归为"战略资产寻求型 FDI"（Strategic-asset-seeking FDI）[1]，即通过对外直接投资使跨国公司获得新的战略资产，从而扩大自己的竞争优势，提高自己的竞争地位。有学者进一步强调，跨国公司要充分利用自己的核心竞争力，就必须考虑加强和有效地补充竞争性资产[2]，并提出了加强和补充竞争性资产的途径。随着科技的高速发展，许多学者关注到构成跨国公司所有权优势的最新技术的研究与开发，并关注到研发区位选择的变化，佛罗里达（Richard Florida）考察了在美国跨国公司的研发机构及其动机，认为外国企业在美国设立研发中心的主要动机是获得美国的研发资源[3]。哈佛大学商学院的沃特·科墨里（Walter Kuemmerle）对跨国公司海外设立研发中心问题进行了较充分的研究，他将跨

① J. H. Dunning, 1993, *Multinational Enterprises and the Global Economy*, Addison-wesley Publishing.

② D. J. Teece, G. Pisano, A. Shuen, 1997, "Dynamic Capabilities Strategic Management", *Strategic Management*, 18(7), pp. 23-36.

③ Richard Florida, 1997, "The Globalization of R&D: Result of a Survey of foreign-filleted R&D Laboratories in the USA", *Research Policy*, 26(1), pp. 85-103.

国公司设立海外研发中心按其动机分为"扩展研究资源型"和"利用现有资源型"两类，认为当海外市场较大时，跨国公司建立海外研发中心更多是采用"利用现有资源型"，即利用公司已有的科研成果；而当东道国研究资源充裕，科研水平较高时，跨国公司研发中心更趋向于"扩展研究资源型"①。

20 世纪 90 年代以来，整体的宏观国际经济背景有了新的变化，科技、信息技术快速发展，信息、知识、人力资本成为跨国公司竞争的核心要素；在各国放松管制的政策推动下，贸易、金融、投资的自由化出现了加速发展的趋势；发展中国家进行着进一步推进市场化进程的经济体制改革。这些都使跨国公司的对外直接投资有了更大的空间和更多样的投资形式，也使得 FDI 理论有了更广阔的视野。

2.2.2 FDI 动因说

从理论上解释企业为什么愿意到海外陌生的市场进行投资经营，其动力或动因是什么，这是 FDI 理论研究的重要方面。根据跨国公司对外直接投资的驱动因素不同，可分为主观动因和条件动因。

（1）主观动因

许多学者对跨国公司的对外直接投资的动因进行调查和分析，但邓宁的研究受到普遍认同。邓宁通过对英、美等国企业的考察，认为跨国公司对外直接投资的动因可分为四种类型：资源寻求型、市场寻求型、效率寻求型和战略资产寻求型②。

---

① Walter Kuemmerle, 1999, "The Drivers Foreign Direct Investment into Research Development: An Empirical Investigations", *Journal of International Business Studies*, 30(1), pp. 1-24.

② J. H. Dunning, 2000, "The Eclectic Paradigm as an Envelope for Economic and Business Theories of MNE Activity", *International Business Review*, 9, pp. 163-190.

资源寻求型的 FDI 是资源贫乏国家的跨国公司对外直接投资的主要动机，旨在获得国外资源，包括自然资源和人力资源，这在西方国家跨国公司对外直接投资中占有极重要的地位。分析还指出了母国的资源禀赋、经济发展水平和东道国的区位优势等都是影响跨国公司资源寻求型 FDI 的时机和规模的因素。但有的分析者在论述中没有区分 FDI 的主体是国家还是企业，常常把国家视为 FDI 的主体，以往"将海外资源的开发与经营视为维系本国经济发展的最重要手段之一"[①]。有的认为资源充裕的国家也会从事资源寻求型 FDI，即把资源寻求作为其 FDI 的动机，并以瑞典的造纸、木材加工业的 FDI 和美国的石油企业 FDI 为例论证（鲁桐[②]，P. E. Tolentino[③]）。但是，显然瑞典（森林资源充裕）的造纸和木材企业的对外 FDI 是因所有权优势使然，本质上并非是资源寻求的驱动；至于美国石油企业的 FDI，固然与石油资源有关，但实际上是出于战略动机的 FDI，而且是由国内资源保护政策引导的。

市场寻求型的 FDI 是跨国公司为抢占更广阔的市场空间，努力开拓新的国际市场而进行的 FDI。可以进一步细分为规避贸易壁垒型投资、稳定与扩大市场型投资、开辟新市场投资、跟随潮流型投资。区域经济一体化的发展，带来了贸易创造效应，贸易保护也由一体化国家各自对外变为一致对外，许多跨国公司选择 FDI 的方式投资于具有区位优势的国家，投资自由化的趋势也为跨国公司建立新的市场，扩大现有市场提供了新的动力。总之，

---

① 鲁桐：《中国企业跨国经营战略》，经济管理出版社 2003 年版，第 158 页。

② 鲁桐：《中国企业跨国经营战略》，经济管理出版社 2003 年版，第 158 页。

③ P. E. Tolentino，2002，"Hierarchical Pyramids and Heterarchical Networks: Organizational Strategies and its Impact on Word Development"，*Political Economy*，vol. 21，pp. 69-89.

市场寻求型 FDI 始终是跨国公司对外直接投资最重要的动因。

效率寻求型的 FDI 是跨国公司为了实现利润最大化，努力降低经营成本，提高经济效率而进行的 FDI。通常是以直接投资代替出口，降低生产与运输成本，或是为形成规模经济效益将国内过剩的生产能力向国外转移，或是以自己的技术优势或为了获得技术优势而进行对外直接投资。由于成本是所有企业考核的核心内容之一，降低成本，提高效率是企业的基本努力方向，所以以效率寻求型 FDI 是跨国公司对外直接投资的基本动因。一般而言，美国的跨国公司多采用贸易替代型 FDI，以致美国的海外企业的经济效益往往比美国的本土企业高出许多（鲁桐）[①]。日本企业则往往是先在国内发展具有比较优势的企业，并进行出口，而对失去比较优势的产业，就转向对国外直接投资。对技术流动因素引起的 FDI，主要是发达国家之间的技术联盟而引起的伴随投资流动而发生的技术转让，也是发达国家之间巨额投资双向流动的重要动力。研究表明，欧洲对美国的技术依赖远大于美国对欧洲的依赖，也远大于欧洲各国之间的技术依赖（Narula）[②]，这种技术依赖推动了企业之间竞争优势的对比变化。

战略资产寻求型的 FDI 是跨国公司在全球范围内寻求最有战略价值的资产为目的的投资。这是自 20 世纪 90 年代以来跨国公司发展的最重要的特点之一，通常也只是大型强势跨国公司的直接投资行为，主要表现为大规模的跨国战略并购。战略资产是对具体企业而言，具有重要战略发展意义的资产，包括有形资产和

---

① 鲁桐：《中国企业跨国经营战略》，经济管理出版社 2003 年版，第 158 页。

② R. Narula and J. 1999, "Hagedoorn, Innovating through Strategic Alliances: Moving Towards International Partnerships and Contractual Agreements", *Technovation*, 19, pp. 283-294.

无形资产，这些资产相对于一般的资源而言具有更高的附加值和更巨大的增值能力。进行战略资产寻求型的直接投资，除了具备非常强的能力外，还具有明确的战略意图。显然这是对外直接投资的更高级阶段。

基于主观动因的四种 FDI 类型有相对的独立性，有各自的投资目标，都是跨国公司对外直接投资的内在动力。

（2）条件动因

这主要是从跨国公司相对于东道国当地企业所拥有的优势条件使其能够在异地投资而获得利益，因而促使跨国公司进行 FDI 角度来解释 FDI。这些优势条件主要有：①特有优势说，即跨国公司拥有足够的所有权优势去克服在东道国经营所面临的劣势，而构成跨国公司特有优势的，主要有产品或工艺技术优势、经营管理优势和多厂经营优势（凯夫斯[1][2]）；②资本富裕说。艾特肯先用要素禀赋论解释 FDI 的成因，认为直接投资的方向应当是从货币充裕的国家向短缺的国家流动，但这一结论没有得到统计结果论证。事实上，在企业层次上，由于直接投资在很多情况下是以资金流动的形式进行，因此，资金实力雄厚，融资能力强的企业则相应拥有更大的对外直接投资能力和动力；③研究开发说。有学者研究指出，厂商对外直接投资的原因在于厂商或厂商所在行业的研究与开发投入的强度[3]。研究发现，美国公司分支机构

①　R. E. Caves, 1971, " International Corporations: The Industrial Economics of Foreign Investment", *Economica*, February, pp. 1-27.

②　R. E. Caves 1974, "Multinational Firms, Competition, and Productivity in Host Country Industries", *Economica*, 41 (May), pp. 176-193.

③　W. Grube, D. Mehta and Vernon, 1967, "The R&D Factor in International Trade and International Investment of United States", *Journal of Political Economy*, Vol. 75, No. 1 Feb, pp. 20-37.

在西欧市场所占的份额与他们母公司所在行业的研发强度高度相关；④关税壁垒说。即企业对东道国的直接投资是为了绕过东道国的贸易关税壁垒，而直接在东道国建立子公司进行生产；⑤外国政府劝诱说。指东道国政府为外国直接投资提供各种优惠措施，这些措施的目的是为了试图降低国外投资者在当地生产经营的成本。

2.2.3 投资诱发要素组合理论

这一理论产生在 20 世纪 80 年代后期至 20 世纪 90 年代初期，由多位经济学家提出。他们试图从新的角度解释对外直接投资的动因和条件，其核心观点是，任何形式的对外直接投资都是在投资的直接诱发因素的组合作用下而发生的。该理论把直接投资的诱发因素分为直接诱发因素和间接诱发因素。直接诱发因素是各类生产要素，包括资本、劳动力、技术、管理和信息等。这些要素实际上是对外直接投资中必不可少的要素，因此，直接诱发要素是对外直接投资的主要诱发要素。直接诱发要素不仅仅是母国拥有，东道国也可拥有诱发外来直接投资的直接诱发因素。母国拥有某种直接诱发要素的优势，则可通过对外直接投资把这种要素转移出去，利用该优势去进行国际生产，获取利润；母国若没有某种要素优势而东道国拥有，这也将刺激和诱发母国对其进行直接投资以在东道国利用这种要素优势。所以对外直接投资的过程就是利用这些优势要素而对外转移和扩张的过程。间接诱发因素是除了直接诱发要素之外的因素，如母国政府诱发和影响对外直接投资的因素，包括鼓励投资的政策和法规、稳定的局势、与东道国的相关协议和合作等；东道国的诱发和影响对外直接投资的因素，包括投资的硬环境、投资的软环境、与母国的协议和关系等；国际性诱发和影响对外直接投资的因素，包括经济全球化、区域化、集团化的发展、科技革命的发展、国际金融市场利率、汇率的变化、战争、灾害及不可抗力的危害、国际协议及法规等。通常发达国家的对外直接投资主要是直接诱发要素在起作用，而发展中国家的对外直接投资很大程度上是间接诱发要素起作用。

与其他 FDI 理论单方面强调直接诱发要素来解释对外直接投资现象相比，投资诱发要素组合理论特别强调间接诱发要素对国际直接投资的重要影响。显然，单纯的直接诱发要素很难全面解释对外直接投资的动因和条件，尤其是大多数发展中国家的企业并没有资本、技术、管理等直接诱发要素方面的优势，日益发展的发展中国家的对外直接投资在很大程度上是间接诱发要素作用的结果。从这个意义上看，投资诱发要素组合理论的进步性表现在它对发展中国家对外直接投资提供了新的理论解释。但是这种理论本质上仍是受着所有权优势和区位优势的分析方法的影响，而变成了对外直接投资的硬条件和软条件问题。只是它把所有权优势扩大到东道国范围（此时不是投资者的所有权优势，而是可以利用要素优势），而把区位优势扩充到母国和国际范围（此时也不是投资者的区位优势，只是有利的投资条件或环境）。应该说这是一个较好的 FDI 理论分析框架，但要形成理论体系，还必须解决诱发要素的作用方式和强度问题，动态地看要素的形式问题，以及直接投资目标与要素的关系问题等等。

2.2.4 货币区域优势理论

美国学者阿利伯（R. Z. Aliber）以金融市场为焦点，提出了跨国公司的国际直接投资是一种货币现象的观点，构造了货币区域优势理论①。该理论认为，在对外直接投资活动中，跨国公司投资于预期收益相当的部门，也能获得比东道国企业更高的收益率。其原因于，资本输出国的通货相对坚挺，因而跨国公司可以获得一个通货溢价的额外收益。当企业在国际市场上融资时，利率中实际上包含了溢价因素，即未来有关货币可能贬值的风险。由于世界上存在不同的货币区域，其中有的货币坚挺，有的货币疲软，由此决定了各种货币的预期收入流量的折现率也各不相同。由于这个原因，货币相对坚挺的国家的企业便由于本国货币溢价低而获得相应的优势。如果一家美国跨国公司在英国进行直接投资及经营活动，英镑区的通货溢价大于美元，而且假定人们偏好美元，那么美国在英国的子公司所承担的实际借款利息就会比当地英国企业低。阿利伯还分析了跨国公司比东道国当地企业具有国际融资优势的原因，指出它们有良好的信用等级，更接近于具有较高流性的国际资本市场，处在良好的资本供给环境。对于跨国公司的子公司而言，由于有其母公司的国际背景和实力背景，可使其即使是在东道国当地融资，其成本也可能会比当地企业要低。显然，具有货币优势的跨国公司可以在金融市场上以较低的成本融资，并获得较高的资产价格，所以具有货币优势的跨国公司能够在货币相对疲软的国家以较低的成本购买企业和厂房进行直接投资，从事跨国经营。该理论同时也指出，如果世界上只存在一个统一的货币区域，汇率风险和通货溢价就不复存在。这种情况下，跨国公司的对外直接投资就可运用区位优势进行解释。

根据阿利伯的理论，在 20 世纪 50 年代和 20 世纪 60 年代，

---

① R. Z. Aliber, 1970, " A Theory of Foreign Direct Investment", in C. P. Kindleberger ed. , *The International Corporation*: A Symposium, Cambrige, pp. 97-112.

美国的对外直接投资的急剧增长可能是与在这段时期美元的坚挺分不开，这里存在着通货溢价因素。但是自 20 世纪 70 年代后，美国和英镑相对疲软，而它们的跨国公司对外直接投资仍在继续增长，这使货币区域优势论解释乏力。对该理论提出的关于跨国公司融资成本的优势，有学者指出，融资成本低，更易于进入资本市场不足以说明企业为何实施直接投资而不是证券投资，也不能说明这些融资方向的优势足以抵消跨国公司在东道国经营所发生的诸多额外成本①。另外，该理论依据资本市场的短期货币溢价来解释跨国公司对外直接投资的长期动向，这在理论上也是有缺陷的②。更重要的是，在国际直接投资实践中，跨国公司的 FDI 行为大都是以技术、专利、商标、管理等要素为投资形式，货币资本的流动不占多数，所以这种观点更主要的是其理论意义。

2.2.5　战略选择权理论

这一理论是鲍尔曼和柯伽特等人（Bowman & Hurry③，Kogut & Kulatilaka④）将梅约斯（Myers）等人 1977 年提出的选择权理论运用于跨国公司战略制定而形成的。根据标准的投资决策理论，跨国公司选择对外直接投资的时间，可以通过建立在

---

① 尼尔·胡德、斯蒂芬·杨：《跨国企业经济学》，经济科学出版社 1990 年版。

② 熊性美、戴金平：《当代国际经济与国际经济学主流》，东北财经大学出版社 2004 年版，第 476 页。

③ E. H. Bowman and D. Hurry, 1993, "Strategy through the Option Lens: An Intergrated View of Resource Investments and the Incremental-Choice Process", *Academy of Management Review*, 18(4), pp. 760-782.

④ B. Kogut and N. Kulatilaka, 1994, "Options Thinking and Platform Investments: Investing in Opprotunity", *California Management Review*, Vol. 36 (2), pp. 52-67.

"成本—收益"基础上的净现值（NPV）法计算加以确定。梅约斯等人的选择权理论认为现在进行的投资相当于跨国公司购买了某种选择权，因此，对现在的投资进行评估时必须考虑这种选择权的价值，现在的投资可以从未来可能的投资选择中体现出其价值。战略选择权理论认为，在环境不确定的条件下，跨国公司决定现在不投资也许是一个更好的选择，因为一旦决定现在就投资意味着放弃了不投资的选择权，而在某些情形中，这种不投资的选择可能是很有价值的。由于许多外部信息必须随着时间的推移才能得以披露，且即便是按照标准的评估方法计算，某些项目的净现值可能为正值，若跨国公司因环境的不确定性决定推迟投资，可能会因"等待和观望"而获得额外的利益。影响跨国公司对外直接投资的时机选择，除了上述的不确定性（或风险）因素外，还有投资的可逆性和可推迟性两个因素。若投资是不可推迟的，但完全可逆转，则跨国公司可以现在就决定投资；若投资是可推迟的，但是不可逆转，则跨国公司只有当现在的投资能获得的净现值大于为了获得更多的信息而推迟投资所能带来的净现值时，才可决定现在投资，否则应决定推迟投资。

　　瑞优莉和塞勒利（P. Rivoli & E. Salorio）将战略选择权与邓宁的 OLI 范式结合起来，将不确定性作为外生变量，探讨了跨国公司对外直接投资的时机问题，认为投资的可逆性与跨国公司的内部化优势相关，投资的可推迟性与跨国公司的所有权优势相关。如果跨国公司的内部化优势越强，则投资后的变现就越困难，即对外直接投资的可逆性就越差。因此，较强的内部化优势提高了用"等待"来代替现在就投资的可能性。若跨国公司的所有权优势越强，则在不确定环境下通过推迟投资而获得的选择权的价值就越高，跨国公司对外直接投资项目的可推迟性就越强①。

显然，战略选择权理论是跨国公司的决策行为理论，它选择了环境变量（不确定性）、时间变量（可推迟性）和条件变量（可逆性）作为跨国公司进行 FDI 时机选择的重要依据，这无疑是跨国公司理论的重要研究领域。

2.2.6 跨国公司战略联盟理论

跨国公司战略联盟（Strategic Alliances of Transnational Corporation）是两个或两个以上的跨国公司为实现某一或若干战略目标，以签订长期或短期契约为形式而建立的局部性相互协作，彼此互补的合伙关系或合作关系，其主要目的是通过外部合伙关系而非内部协调来提高企业的经营价值。跨国公司战略联盟具有合作形式灵活多样，竞争柔性化，促进组织结构创新，保证在增加收益的同时又减少风险，充分利用资源以及加强了合作者之间的技术交流等特点。合作竞争和组织创新是它的基本性质。

由于跨国公司之间的战略联盟越来越普遍，自然引起了学术界的研究，形成了一些国际战略联盟理论：（1）技术协调论（Technical Coordination Thesis），代表人物是理查森（G. B. Richardson），他认为公司之间的合作由于它们各自所从事的不同职能而又彼此关联的经济活动加以协调的需要，国际战略联盟正是有助于企业间协调的一种在市场和企业之间的制度安排②。

---

① P. Rivoli and E. Salorio, 1996, "Foreign Direct Investment and Investment Under Uncertainty", *Journal of International Business Studies*, Second Quarter, pp. 335-357.

② G. B. Richarson, 1998, *Economic Organization, Capabilities and Co-ordination*, 19 Mar, Roultedge(UK).

(2) 市场权力论（Market Power Thesis），认为国际战略联盟不过是垄断企业联合起来共同控制价格，谋求垄断租金的一种市场卡特尔。该理论暗含着合作各方均为投机者的假设，所以要对企业间的战略联盟持谨慎态度。他们更推崇的内部化方式解决外部市场的不完全性问题。（3）交易成本论（Transaction Costs Thesis），威廉姆森（O. E. Williamson）[1] 根据交易成本理论，对内部化资源配置、外部化市场交易和企业间战略联盟的任务作了自己的判断，认为在竞争环境中，最佳管理机制是由最低成本管理的交易效率来决定的，合作协定或战略联盟可以视为由一系列技术、组织机构及区位特定因素决定的有效交易方式选择之一。认为，由于知识资产的特殊性、业务的复杂性以及劳务的交换都偏好于企业内部的交易机制，而商品与服务的标准化及其大量生产与购买却更适应于外部市场安排，跨国公司战略联盟介于两者之间，在某种程度上恰好是一种折中。有些高新产品，由于交易成本十分敏感或既不适合实施内部化，又不能建立共享研发成果的松散关系，则战略联盟就是一种较好选择。 （4）技术创新论（Technical Innovation Thesis），根据惕斯（D. Teece）[2] 和安东尼利（C. Antonelli）[3] 的观点，技术创新的性质和最大限度地获取创新利润的战略行为是跨国公司间联盟的催化剂。战略联盟是企业借以直接接触那些共同专用的知识资产（Co-specialized Assets）的一种方式。为了获得创新利润，同时由于技术诀窍交

[1] O. E. Williamson, 1979, "Transaction-Cost Economics: The Governance of Contractual Relations", *Journal of Law and Economics*, vol. 22(2), coct, pp. 233-261.

[2] D. Teece, 1982, "Towards an Economic Theory of the Multi-product firm", *Journal of Economic Behavior and Organisation*, 3, p. 153.

[3] C. Antonelli, 1989, *The Microdynamics for Technological Change*, Routledge, London.

易市场具有不完全性，企业倾向于通过创新进程的内部化来实现增长，但这个过程又受到协调不同经济活动的复杂性的制约，于是战略联盟应运而生。（5）战略缺口论（Strategic Gap Thesis），泰吉（T. T. Tyebijee)[1] 等认为，国际竞争环境的变化对跨国公司的绩效目标构成巨大压力，因而，在跨国公司分析竞争环境，评估自身的竞争力时，常常发现，在竞争环境客观上要求它们能取得的绩效目标与它们靠自身资源和能力所能达到的目标之间存在一个缺口，这就是战略缺口。战略缺口的存在，不同程度上限制了跨国公司完全依赖自身的资源和能力去自我发展的道路，而要求它们走战略联盟的道路。战略缺口是跨国公司在全球竞争中结成战略联盟的重要动力，战略缺口越大，跨国公司参与战略联盟的动力越强。

跨国公司战略联盟理论涉及很广泛的内容，包括战略联盟的动因、目标、发展格局以及演变趋势等，而跨国公司战略联盟的FDI有别于一般意义上的 FDI，也是跨国公司实现战略联盟的形式之一。

2.3 发展中国家的 FDI 理论

出于不同企业源自不同国家经济背景而形成各自不同的竞争力的考虑，学者们单独研究了不断发展的发展中国家的跨国公

---

[1] T. T. Tyebijee, 1988, " A Typology of Joint Ventures: Japanese Strategies in the United States", *California Management Review*, 3(11), pp. 75-86.

司，形成了发展中国家的 FDI 理论。

2.3.1 发展阶段论

这是邓宁将其国际生产折中理论在发展中国家的运用和延伸而形成的理论，也使他的 OLI 范式具有了动态的特征。邓宁通过实证的研究，提出了一国的经济发展水平与其国际直接投资之间的关系，其方法是对 67 个国家 1967—1975 年的对外直接投资净流出量与人均 GNP 进行比较，并概括出可用于普遍参照的对外直接投资发展的四个阶段[①]。其基本结论是：第一阶段，人均 GNP 在 400 美元以下，处在这一阶段的国家，没有对外直接投资的能力，几乎没有外来投资，其 FDI 净流出量等于零或为负；第二阶段，人均 GNP 在 400—2000 美元之间，直接投资的流出量仍然很少，对外投资净流出量仍为负数；第三阶段，人均 GNP 在 2000—4750 美元之间，这一阶段 FDI 的流入量仍然高于本国 FDI 的流出量，但本国对外投资的增长速度明显快于吸收外资的增长速度；第四阶段，人均 GNP5000 美元以上，此时，对外直接投资流出量大于外资流入量，是国际直接投资的主力军。

投资发展阶段理论将一国的对外直接投资能力与其经济发展水平结合起来，认为一国的国际投资地位与其人均 GNP 成相关关系，就对外直接投资发展过程而言，世界上发达国家的国际投资地位的变化大致符合这一趋势。

与国际投资发展阶段论相似的是企业国际化的渐进主义理论，只是此理论是从微观（企业）的角度考察其国际化的进程和特点。弗莱彻（R. Fletcher）认为，企业国际化的研究主要集中

---

① J. Dunning, 1981, *International Production and the Multinational Enterprise*, George Allen and Vnwin Ltd.

在两个方面：一是企业国际化是怎样的发展过程；二是哪些因素影响企业国际化的发展及其结果[①]。约汉森和瓦尔尼（Johanson and Vahlne)[②] 运用企业行为理论，研究了企业国际化的过程，指出，企业的海外经营将连续、渐进地经过四个不同发展阶段：①不规则的出口活动；②通过代理商出口；③建立海外销售子公司；④从事海外生产和制造。企业的国际化的渐进性主要表现在两个方面，一是企业市场范围扩大的地理顺序（由本地市场到全国市场再到全球市场的推进）；二是企业跨国经营方式的演变（由纯国内经营，到直接出口，再到海外生产的推进）。他们还分别用"心理距离"（Psychic Distance）和"市场知识"（Market Knowledge）来分析企业选择海外市场的先后顺序和经营活动的国际化程度。并总结出企业跨国经营应遵循的两个原则：一是当企业面对不同的海外市场时，首先要选择市场条件、文化背景等与母国相同的国家，即企业的海外经营要具有文化上的认同性；二是在某一特定市场的经营活动中，企业要走出口代理到直接投资的渐进道路。

无论是国际投资阶段论还是企业国际化渐进论，都表明跨国公司的成长是一个过程，处在发展中国家阶段的企业，在这个过程中要不断地学习和体验市场知识和经验，不断增强和提高自己的优势和能力，最终才能进行国际生产，参与国际竞争。

2.3.2 小规模生产技术理论

该理论是由美国哈佛大学教授刘易斯·威尔斯（Louis

---

①　R. Fletcher，2001，"A Holistic Approach to Internationlization"，*International Business Review*，10(1)，pp. 25-29.

②　J. Johanson and J. E. Vahlne，1977，"The Internationlization Process of the Firms-A Model of Knowledge Development and Increasing Market Commitment"，*Journal of International Business Studies*，vol. 8(2)，pp. 23-32.

T. Wells) 在 1977 年提出①。根据威尔斯的理论，发展中国家的
企业拥有小规模生产的技术和低成本的生产等特征，这些使发展
中国家的企业在对外直接投资中形成其特定的比较优势，具体体
现为：(1) 拥有为小市场需求提供服务的小规模生产技术优势。
认为低收入国家制成品市场的一个普遍特征是需求的有限性，大
规模生产技术无法从这种小市场需求中获得规模效益。发展中国
家的小规模生产技术能满足这种特征市场的需要，从而形成竞争
优势。而且发展中国家企业的小规模生产技术往往是劳动密集型
的，表现为生产具有较大的灵活性，适应小批量生产；(2) "当
地采购和特殊产品"优势。发展中国家的企业通常都是使用当地
资源作为投入物进行生产，主要是为了减少因进口技术而造成的
特殊投入的需要，从而使生产成本大大下降，一旦这些企业学会
了用本地提供的原材料和零部件替代特殊的投入，就可以把这些
专业知识推广到具有相同情况的其他发展中国家，因而发生对外
直接投资。这种"当地采购"的形成，主要是由于这些国家的外
贸政策倾向是限制进口，使得为适应进口技术而需要的进口特殊
投入成本提高，本国企业只有努力使用当地资源作为投入。另一
方面，发展中国家的对外直接投资具有鲜明的民族文化特点，这
些海外直接投资也可主要服务于海外同一民族团体的需要，以本
国侨民作为海外的目标市场，这一特点可以用来解释一些发展中
国家对发达国家的直接投资现象；(3) 低成本营销战略优势。与
发达国家跨国公司的产品相比，价廉物美总是发展中国家跨国公
司抢占市场份额的秘密武器。发达国家的跨国公司其营销战略往

---

① Louis T. Wells, 1976, "The Internalization of Firm from the Developing Coun-
tries", in Tamir Agmon and C. P. Kindleberger ed. , *Multinationls from Small Coun-*
tries, Cambridge Mass, MIT Press, 35.

往投入大量广告费，树立产品形象和企业形象，创造品牌效应。而发展中国家的跨国公司则只花费较少的广告支出，采取价格成本营销战略，自然产品销售价格也大幅下降。

威尔斯在 1977 年发表的论文《发展中国家企业的国际化》中提出了小规模生产技术理论，弥补了传统的国际直接投资理论的不足，此后其在 1983 年出版的专著《第三世界跨国公司》中对该理论作了更详细的论述。该理论被认为是在这一领域研究的代表性成果，它把发展中国家跨国公司的竞争优势的产生与这些国家自身的市场特征结合起来，在理论上给人们提供了一个充分的拓展空间。但是，这种认识和评论是不深入的和欠妥的。该理论被认为是发展中国家跨国公司理论，事实上，这种划分本身就存在问题，威尔斯主要分析了发展中国家跨国公司的竞争优势，其分析的逻辑前提是恰当的，但其内涵却不完整清晰。具体见后文的分析。

2.3.3　技术地方化理论

该理论是英国经济学家拉奥（Sanjaya Lall）在其 1983 年出版的专著《新跨国公司：第三世界企业的发展》[①] 一书中提出，拉奥对印度的跨国公司进行了研究，认为发展中国家跨国公司的技术以规模小、使用标准技术和劳动密集型为特征，但其技术的形成包含企业内在的创新活动，正是这种创新活动使发展中国家的跨国公司形成并发展着自己的"特定优势"（Proprietary advantage）。这种优势的形成是由以下四个条件决定的：（1）在发展中国家，技术知识的当地化是在不同于发达国家的环境下形

---

① Sanjaya Lall, 1983, *The New Multinational*, New York: Chichester and New York, John Wiley.

成的，这种新的环境往往与一国的要素价格及其质量相联系；
（2）发展中国家生产的产品适合于其自身的经济条件和需求。换
言之，只要这些企业对进口的技术和产品进行一定的改造，使它
们的产品能更好地满足市场需要，这种创新活动就会形成竞争优
势；（3）发展中国家企业的竞争优势不仅来自其生产过程与当地
的供给条件与需求条件紧密结合，而且是来自于创新活动中所产
生的技术在小规模生产条件下具有更高的经济效益；（4）在产品
的特征上，发展中国家的企业能够开发出与名牌产品不同的消费
品，特别是当国内市场较大，消费者的口味和购买力存在很大差
别时，来自发展中国家的产品仍有一定的竞争能力。

拉奥认为，发展中国家特有的优势是建立在使用成熟技术和
对非差异化产品的特殊营销技能基础上的。这种优势可能源于发
展中国家企业自身的技术创新，或源于对从国外引进的成熟技
术、生产工艺的改进，也可能源于在提供该类成熟技术方面所具
有的成本优势。发展中国家向东道国提供的技术可能不是新技
术，但这种技术通过母国企业自身的改进，使这一技术更加适应
了其他发展中国家的需要，更好地适应了东道国的要素价格条件
和东道国对产品质量的要求，即把这种技术知识当地化，而且发
展中国家企业的技术创新往往还具有小规模倾向，这种小规模倾
向生产技术更能适应一些发展中国家市场较小的特点。

拉奥的理论对于研究发展中国家跨国公司的意义在于，不仅
仅分析了发展中国家企业的国家竞争优势，而且强调形成竞争优
势所需要的企业创新活动。拉奥认为，企业的技术吸收过程实际
上是一种不可逆的创新活动。这种创新活动往往受当地产品供
给、需求条件和企业特殊的学习活动的直接影响。发展中国家对
成熟技术不是被动地模仿和复制，而是积极主动的改进、消化和

吸收，从而形成了一种适应东道国环境的技术。这种技术的形成包含着企业内在的创新活动，恰恰是这种创新活动给发展中国家的企业带来了其独特的竞争优势。

拉奥的理论再次把发展中国家跨国公司的注意力引向微观层次。但将外来的成熟技术地方化的过程也需要一定的条件，如相应的人才和一定的技术等，因此技术地方化也是有条件的。另外，拉奥对技术地方化的程度、方式和条件没有进行论述。可以说，几乎所有的国家引进技术都有将技术地方化的问题，而且这个过程都可以视为创新的过程。关于发展中国家将引进技术结合其本国的要素特点和经济特点进行吸收、改造（即地方化），形成适合本地市场的小规模生产技术和差异产品生产能力，是否形成较强的竞争优势有待论证，一般而言有较明显地方特色的技术，通常只对有相似环境的邻近国家进行 FDI 有竞争力。因此，拉奥的技术地方化理论所论证的竞争优势是非常有限的。

2.3.4 技术创新和产业升级理论

该理论由英国里丁大学的坎特威尔（John Cantwell）教授和其学生托兰惕诺（Paz Estrella E. Tolentino）博士于 1990 年共同提出[①]。他们系统地考察了日益兴起的发展中国家的对外直接投资，特别是新兴工业化国家和地区的 FDI 特点，认为发展中国家产业结构升级，表明发展中国家企业技术能力增强和扩大，这是发展中国家企业技术能力不断积累提高的结果；发展中国家技术能力的提高是与它们对外直接投资的增长直接相关的。技术能力

---

① Cantwell, John & Tolentino, Paz Estrella E. , 1990, "Technological Accumulation and Third World Multinationals" Discussion Paper in *International Investment and Business Studies*, No. 139, p. 24, University of Reading.

的存在和累积不仅是国内生产活动模式和增长的重要决定因素，同时也是国际生产活动的重要结果。由此得出的基本结论是，某一特定发展中国家的对外直接投资的生产分布和地理分布，是随着时间的推移逐渐变化的，并且在某种程度上是可以预测的。他们认为，技术积累对一国经济发展的促进作用，在发达国家和发展中国家没有本质上的区别，技术创新仍然是一国经济发展的根本动力。但是发达国家企业的技术创新表现为大量的研发投入，处于尖端的高科技领域，并引导技术发展的潮流，而发展中国家企业的技术创新不具备很强的研发能力，主要是利用特有的"学习经验"和组织能力，掌握和开发现有的生产技术。根据发展中国家跨国公司对外直接投资的产业特征和地理特征，他们认为，由于国内产业结构和国内生产技术创新能力的影响，发展中国家跨国公司对外直接投资的发展是有规律可循的，在产业分布上，先是以自然资源开发为主的纵向一体化生产，然后是以进口替代和出口导向的横向一体化生产；从海外经营的地理扩张看，发展中国家企业在很大程度上受"心理距离"的影响，投资方向遵循由周边国家向发展中国家，再向发达国家的渐进发展轨道。而一些新兴工业化国家和地区不再局限于传统产业的传统产品，开始从事高科技领域的生产和开发活动。

该理论从动态化和阶段化的角度分析了发展中国家的对外直接投资，指出了发展中国家的技术能力与其技术的积累有关，也与其对外直接投资的增长相关。但该理论涉及的（企业）技术创新与产业升级分别是微观领域和宏观领域的问题，该理论就这两方面对企业对外直接投资的影响分析不足，事实上产业升级对具体企业的竞争力，因而对企业的对外直接投资的竞争优势没有直接的影响。

2.4 对 FDI 理论的整体评述及思考

一个经济领域的理论，是该领域实践发展的总结和抽象，其基本作用是能够用来解释现实中的经济现象和经济行为，能够对给定的现实经济环境、经济人行为及经济制度安排下所可能导致的结果作出科学的预测和推断，并指导解决现实经济问题。跨国公司实践发展经历了 100 多年的历史，而现代跨国公司理论建立和发展还不足 50 年的历史，其理论的成熟和发展还需经历一个过程。笔者拟从以下几个方面谈谈自己对跨国公司理论的有关认识和思考。

一、跨国公司理论与国际直接投资理论（FDI 理论）的关系

目前的研究中，大都把跨国公司理论等同于 FDI 理论，即把两者视为同一理论的两种表述。但笔者认为，跨国公司理论具有更广泛的研究范围，而 FDI 理论是其重要的组成部分，是跨国公司理论的主体。除 FDI 理论之外，跨国公司理论还应包括对跨国公司发展的过程、形式和规律的探讨、跨国公司与世界经济的关系及其影响，跨国公司对投资国经济的影响及方式、跨国公司对东道国经济的影响和方式、跨国公司（作为国际型企业）的经营理论、跨国公司（作为国际型企业）的组织结构及管理理论等。FDI 理论可以作为跨国公司理论体系中的重要组成部分，用于解释跨国公司成长发展过程中的对外直接投资行为。但是，FDI 是一个独立的理论体系，有其自己的研究对象和方法，并且到目前为止，已经形成了相对完整的理论体系和理论流派，且在不断地

发展和完善之中。

事实上，跨国公司是一种组织，跨国公司理论应该研究和探讨的是它作为一种国际性企业组织成长、发展、作用和影响的理论；而 FDI 是一种行为，是一家国内企业要成长为跨国公司的必然的行为方式，FDI 理论研究的是这种行为的动机、条件、背景、特点及其规律。到目前为止，对 FDI 理论进行了大量的探索和研究，形成了众多的观点和学说，但似乎仍未形成一个完善的框架体系，主要是不同的研究者从不同的观察角度进行研究，得出各自的研究结果。而真正的跨国公司理论，到目前为止尚未见到完整体系，许多的成果散见于各种跨国公司研究和 FDI 研究的内容中。本章主要考察 FDI 理论。

二、FDI 理论的划分

目前对基础的 FDI 理论的划分主要是两类：一类是基于条件、原因和基础的划分，把 FDI 理论分为基于企业自身分析的微观的 FDI 理论（垄断优势论、内部化理论等）和基于国际贸易分析的宏观的 FDI 理论（产品生命周期理论和边际产业转移理论等）；另一类是按 FDI 来源国或跨国公司背景的不同，分为发达国家的 FDI 理论和发展中国家的 FDI 理论。主流的 FDI 理论是以发达国家的跨国公司为对象进行抽象而形成的，而关于发展中国家的 FDI 理论，其代表是威尔斯的小规模生产技术理论和拉奥的技术地方化理论。

FDI 理论划分的意义在于区别不同理论的观察视角和理论特点，用于解释不同的 FDI 行为特征和指导 FDI 实践。笔者认为，可以对现有的各种 FDI 理论进行如下的梳理归类。

（1）动因论视角的流派。该流派主要研究企业进行 FDI 的动机、出发点或原因，不同的动因决定企业 FDI 的行为取向和投资方向。该流派的代表人物和观点是邓宁及其 FDI 动因论，把 FDI 的动因分为资源寻求型、市场寻求型、效率寻求型和战略资产寻求型。

（2）条件论或能力论视角的流派。该流派主要分析企业成长为跨国公司或进行 FDI 的条件、能力和优势。由于 FDI 的主体是企业，其是否具备进行 FDI 的条件、能力或优势，直接决定了企业能否实现 FDI。该流派的代表性理论有海默的垄断优势论、巴克利和卡森的内部化理论、邓宁的国际生产折中理论等。由于该流派分析的是企业进行 FDI 的先决条件或必要条件，所构建的理论体系也较为完整，因而成为 FDI 的主流理论。

（3）企业类型视角的流派。该流派把跨国公司分为发达国家的跨国公司和发展中国家的跨国公司（这种划分从发生 FDI 的角度看不尽合理），认为传统的、主流的 FDI 理论主要是考虑了发达国家的跨国公司所进行的 FDI，因而他们重点研究了发展中国家的 FDI，其代表性理论有威尔斯的小规模生产技术理论、拉奥的技术地方理论和坎特威尔与托兰惕诺的技术创新和产业升级理论。

（4）产业调整视角的流派。该流派主要是认为国内产业的客观要求导致企业对外进行 FDI，其代表性理论是小岛清的边际产业扩张理论和弗农的产品生命周期理论。由于这两个理论各成体系，并且都产生较大的影响，因而也成为主流的 FDI 理论的组成部分。

（5）发展阶段视角的流派。该流派将各国的对外 FDI 过程的不同规模和特点作了探讨和归纳，旨在揭示各国 FDI 的发展规律以及 FDI 与有关宏观经济变量和科技水平等的关系。其代表性理论是邓宁关于 FDI 净流出水平与人均 GNP 的关系的阶段划分、约汉森和瓦尔尼以"渐进"和"心理距离"等概念建立的企业国际化渐进理论等。

一般而言，在同一个学术范畴内，只要在基本观点、研究方法和政策主张等方面基本一致，就可以构成一个学术流派。但本书在这里只是根据研究者的观察视角作个划分，因而显得粗简。

三、关于内部化理论

内部化理论主要是由巴克利（Buckley）、卡森（Casson）和拉格曼（Rugman）先后提出并发展。该理论的重要贡献在于提出了一条与垄断优势理论不同的研究思路，构成当时 FDI 理论的核心，有的学者称其为"FDI 的一般理论"[①]。但是，内部化理论到现在还只是作了基本的分析，从某种程度上看，显得不够深入，而且对有些 FDI 现象不能作出解释。

第一，跨国公司进行 FDI 实现内部化客观上存在程度问题，内部化理论没有涉及这个方面。

内部化程度是指企业将其所有权优势的水平或规模（可用无形资产价值度量）用于企业通过 FDI 而形成内部化的规模所占比重。其基本表达式可概括为：

$$内部化程度 = \frac{企业内部化的所有权规模}{企业所有权优势总规模}$$

此式仅用于表达内部化程度的概念或思想，用于计算还要解决可比性等技术问题。内部化程度与企业所有权优势的水平有关，也与企业进行 FDI 的形式有关。一般而言，企业的所有权优势水平越高，它内部化倾向就越强，通常也就选择具有高程度内部化的 FDI 形式——建立独资子公司。而虽然也拥有所有权优势，但这种优势并不十分突出的企业，则其内部化的意义不如具

---

① A. M. Rugman，1980，"Internalization as a General Theory of Foreign Direct Investment：A Re-Appraisal of the literature"，*Welteirtschaftliches*，116(2)，p. 368.

有很强所有权优势的企业，内部化程度也偏弱，其选择的 FDI 形式通常是与东道国企业合资或合作的形式，事实上还存在另一种内部化的 FDI 形式（见下文分析）。

需要强调的是上述表达式反映内部化程度，只有对同一层次所有权优势的企业之间才能比较，不同层次的所有权优势的企业之间不具有可比性。

内部化程度的影响因素，除了上述企业自身的所有权优势外，东道国的市场潜力和市场结构也会影响内部化程度。通常对具有较大市场潜力，且市场结构更有利于企业的所有权优势更大程度地实现的东道国，企业更倾向于采用内部化程度更高的 FDI 形式，这一点从 Delios & Beamish[1] 和 Brouthers[2] 提出的"交易成本扩张模式"，以及 Papadopoulos，Chen 和 Thomas 提出的"国际市场平衡模型"[3] 的研究中得到印证。

单纯从计量分析的技术角度看，由于企业的研发水平构成企业的内部化要素的主体，主要包括技术的形成、专利的取得和创新产品的开发等，所以可以用研发密度（Intensity of R&D）来作为分析内部化程度的依据，有：

$$研发密度(IRD) = \frac{R \& D 投入}{销售收入}$$

① A. Delios and P. W. Beamish，1999，"Ownership Strategy of Japanese Firms：Transactional，institutional，and Experience Influence"，*Strategic Management Journal*，20，pp. 915-933.

② K. D. Brouthers，2002，"Institutional，Cultural and Transaction Cost Influences on Entry Mode Choice and Performance"，*Journal of International Business Studies*，33（2），pp. 203-221.

③ N. Papadopoulos，Hongbin Chen and D. R. Thomas，2002，"Toward a Tradeoff Model for International Market Selection"，*International Business Review*，11，pp. 165-192.

经验的研究表明，$IRD > 3\%$者通常采取内部化程度较高的 FDI 形式，否则，总是采用内部化程度较低的 FDI 形式。

第二，内部化理论对中小企业的 FDI、跨国公司战略联盟和跨国化的企业集群现象解释不力。中小型企业在一般情况下，相对于大型企业而言，其所有权优势并不明显。大多数中小企业使用的是成熟的技术，也没有知名品牌，并且一般不具有专利和专门技术等。总之，中小型企业一般而言并没有什么值得内部化的所有权优势。但是，中小企业照样对外进行 FDI，成为跨国公司。它们进行 FDI 的目的主要是为了扩大市场的范围和份额，也起到促进出口的作用，有的也是为了获得海外的先进技术。据联合国的统计，英法等发达国家的跨国公司中，中小型跨国公司占 80%左右。根据内部化理论，企业进行 FDI 的原因就是为了避免外部市场的失灵而造成中间产品交易的成本上升，同时为了保持所拥有的所有权优势在自己的控制下使用，因而进行 FDI 使之内部化。国际生产折中理论是把内部化优势视为对外 FDI 的必要条件。这些并不能对中小型跨国公司的成长做出解释。实际上中小型企业具有自身的竞争优势使之具有很强的生命力，如它们通常有符合自身特点的管理方式，有特色的经营方式和适合一定市场的技术，但这些并不需要内部化，而是可以直接用跨国经营实践。显然，内部化未必是所有跨国公司进行 FDI 的原因或条件。最近兴起的跨国公司战略联盟现象，也是一种跨国公司成长发展，提高自己竞争能力的 FDI 行为，因为跨国公司战略联盟是由实力很强的、平时是竞争对手的公司组成的企业或伙伴关系，是竞争性联盟（Sierra）①，也可以说跨国公司战略联盟是不同国家

---

① Sierra, M. Cauley de la, 1995, *Managing Global Alliances : Key Steps for Successful Collaboration*, England : Addison-Wesley.

的公司之间的长期联合，它超出了正常的市场关系又没有达到兼并的地步——战略联盟是市场与公司间的某种交易方式。这种联盟结成的企业，是各方按照股份或契约进行 FDI 和合作，形成一个由多家公司参与的跨国企业，这种跨国公司的形成无须以内部化作为条件或动机，而是资源的整合或重组，使其在国际市场上的竞争能力更强。

以企业集群的形式进行的 FDI，形成企业在海外的集群而成为跨国经营扎堆的现象，其中的企业也无须内部化的动机和要求，它们只是倚仗集群中的较低的信息成本、灵活的劳动力市场、稳定的市场供给和需求以及自己的信誉进行生产经营，获取正常的回报。由于企业集群是介乎企业与市场之间的一种组织形式，集群中的企业各自独立，只是在集群中接受着非协议式的但却是共同遵守的行业规范的约束，使其经营的风险相对于外部市场更小。由于集群中的企业经营是独立的，因此它们的 FDI 行为也是独立的。显然，它们并不是为了自己的某种优势内部化而进行 FDI。在这一点上与中小企业对外进行 FDI 的情形相似，事实上在企业集群中，除了少数核心地位企业，绝大多数也是中小企业。

第三，内部化的方向问题。巴克利和卡森的内部化理论是在市场不完全的条件下，分析了企业为了避免外部市场的风险和过高的交易成本，同时为了自己更有效地创造、传播和使用知识而将自己的知识产品内部化。"毫无疑问，在这个不完全竞争的世界市场上，跨国公司在国际上进行的知识的开发和转移活动对来源国和东道国都有好处。对外投资帮助跨国公司绕过知识不完全的外部市场，并借此消除了所有权知识生产和扩散的障碍"[1]。

---

① P. J. Buckley and M. Casson, 1976, *The Future of Multinational Enterprise*, The Macmillan Press Ltd. London and Basingstoke, p. 113, p. 45.

显然，内部化理论（包括邓宁的内部化优势论）所论述的是企业自身的所有权优势的内部化问题，将企业自己的所有权优势通过对外进行 FDI 保持在企业内部，一方面是避免外部市场的风险；另一方面是控制和把握这种优势而赢得竞争的领先地位，以持续获得高额利润。这种内部化可称之为正向内部化。

但是跨国公司还可以通过跨国并购的方式将他人的所有权优势内部化，可称之为逆向内部化，有的学者称之为"技术寻求型 FDI 内部化"①。这种方式看似为购买对方的某一知识技术优势为己有，实现内部化，实则有明显差别。在这里，并购者除了能够准确判断某种技术或知识使用的效果、方式和背景，减弱信息不对称外，还具有一揽子的特征，并购将与所有权优势有关的条件、环境、基础甚至企业的变化一起购入并将其内部化。这显然是区别于外部市场的特许权的交易。这种逆向内部化不以自己拥有某种所有权优势为前提。因此，现有的内部化理论不能解释企业的并购作为 FDI 形式而实现内部化的情形。

对以上三个方面的进一步研究，可以丰富和完善跨国公司的内部化理论。在《跨国公司的未来》一书中，主要是以大型跨国公司为研究对象，所作的统计描述和统计分析检验等，主要用了 40 多个世界上最大的制造企业做样本，通过对它们的行为进行测量，来验证内部化理论的主要预测（巴克利，卡森）②，这些企业都有较强的研发能力和水平，因而也就有较强的内部化要求。但是在全球跨国公司中，中小型跨国公司还是占绝大多数，

---

① 周伟：《论美国企业技术寻求型 FDI 的内部化》，载《科学管理》2005 年第 2 期，第 30—33 页。

② P. J. Buckley and M. Casson, 1976, *The Future of the Multinational Enterprise*, London, Macmillan.

根据联合国贸发组织 2003 年公布的资料，全球有 60000 多家跨国公司拥有 800000 多家海外子公司，按《财富》杂志 500 强，或按美国《经济周刊》1000 家跨国公司的排位，在其之外的企业大都是无明显所有权优势的，即便是放松到前 10000 家企业为大型的跨国公司，还是有 90％以上的跨国公司为中小型企业。可见，内部化理论应该把中小型企业纳入研究的范围，并作为重点进行研究。另外，跨国公司实践的发展出现了跨国公司战略联盟和跨国并购等跨国公司行为，这些行为没有在内部化理论中得到基本解释。

四、关于内部化优势

在邓宁的国际生产折中理论中，将巴克利和卡森的内部化理论纳入其理论范畴，作为企业进行 FDI 的必备条件。而事实上，在巴克利和卡森的理论中，内部化只是企业为克服外部市场（主要是中间产品市场）的失灵而进行 FDI 的动机。其基本假设是：（1）企业在世界不完全市场上追求利润量大化；（2）当中间产品市场不完全时，企业就会有一种通过建立内部市场以绕过这个不完全市场的动机；（3）市场内部化跨越国界就成为跨国公司。他们提出了决定内部化的四个主要因素：（1）产业特别要素（Industry-specific Factors），这是与产品特征和外部市场相关的要素；（2）区域特别要素（Region-specific Factors），这是与市场相关的所在地的地理与社会特征相关的要素；（3）国家特别要素（Nation-specific Factors），这是相关国家之间的有关政治和财政的要素；（4）企业特别要素（Firm-specific Factors），这是与管理和组织内部市场能力相关的要素。还分析了最少有五种类型的市场不完全导致内部化的必要性，即：第一类是由市场直接的相互依赖行为，包含了明显的时间间隔，对未来市场的协调作用不可预期；第二类是若有效地利用市场支配力量去跨越一种中间产品市场便可以实行歧视性定价，这种歧视性定价在外部市场上是不可行的；第三类市场不完全是在市场支配力的双边集中点（a Bilateral Concentration of Market Power）会导致一种不确定性或不稳定的交易状态；第四类市场不完全发生在买卖者之间对产品的特征或价值的知识了解不对等时，通常表现为"买者的不确定性"（Buyer Uncertainty）；第五类市场不完全来自政府通过从价关税或限制资本移动来平衡国际市场。这五类市场的不完全都会导致企业实行内部化行为，并且，在巴克利和卡森看来，"内部化和跨国公司之间的联系非常简单：当市场的内部化跨越国界时一家新跨国公司便产生"[①]。

显然，在这里内部化只是企业为克服外部市场失灵而将中间产品市场内部化的必要性，是企业进行 FDI 的动机，但邓宁将"内部化"纳入其国际生产折中理论体系并构成其 OLI 范式的重要变量，作为企业对外进行 FDI 的基本条件，称之为"内部化优势"，赋予其特定含义，对拥有所有权优势的企业而言，自己使用这些优势必须要比把这些优势转让给外国企业更为有利，即企业通过扩大自己的经营活动，将这些优势的使用内部化，要比通过将其与其他企业进行市场交易更为有利。

然而，邓宁在这里的假设只是理论上的，是不可检验的，或者说在实践中，没有企业是在做这种获利比较之后再决定是否进行 FDI，但几乎所有的有所有权优势的企业都会进行 FDI。另一方面，邓宁的假设实际上已在巴克利和卡森的讨论范围，包括中间产品（企业主要的所有权优势）市场的不完全，以及中间产品

① P. J. Buckley and M. Casson, 1976, *The Future of Multinational Enterprise*, The Macmillan Press Ltd. London and Basingstoke, p. 113, p. 45.

的特性：产品的 R&D 投入巨大，耗时长，产品具有"自然垄断"性，产品具有公共产品的性质，产品难以定价等。因此，将这些中间产品（即所有权优势）内部化是避免卖方（跨国公司自己）风险的必要途径，而中间产品（所有权优势）的内部转移和使用也会给企业带来巨大利益。

因此，内部化优势并不是企业进行 FDI 的必要条件。这里的逻辑应该是，在市场不完全（这里的市场不完全是由于中间产品的特性而使市场失灵导致的市场不完全）的假设前提下，导致了企业的垄断优势（或所有权优势）有内部化的需要，以通过内部化来实现其所有权优势。所以，内部化的原因是市场不完全，这是企业成长为跨国公司的内在要求，而企业一旦完成了对外直接投资，实现了跨越国界的内部化，该企业便成长为跨国公司。内部化并不是企业进行 FDI 的条件，而是一个 FDI 的结果，不能与企业 FDI 的所有权优势和区位优势并列。内部化与所有权优势的关系是：因为企业有了所有权优势，才需要将其内部化，所有权优势是内部化的前提或基础，但通过内部化可以实现和发挥所有权优势。内部化与区位优势的关系是：具有 FDI 优势的区位是内部化实现的场所，也是能很好地发挥所有权优势的场所。

五、关于跨国公司理论的类型

由于主流的跨国公司理论主要以发达国家的大型跨国公司为研究对象进行理论演绎，同时，由于大型跨国公司规模大，竞争优势明显，对外投资能力强，具有跨国公司完整的特征，因此研究的也就较多，也比较充分。另一方面，威尔斯以其《第三世界跨国公司》为成果，对发展中国家的跨国公司进行了研究，提出了小规模生产技术理论；坎特威尔和托兰惕诺也对发展中国家的对外直接投资问题进行了系统考察，提出了技术创新和产业升级理论；拉奥以发展中国家的跨国公司为研究对象，提出了技术地方化理论，这些统称为发展中国家的跨国公司理论。这样，事实上就把跨国公司理论分为发达国家的跨国公司理论和发展中国家的跨国公司理论。

但是，对外直接投资的主体是企业，有条件、有能力、有必要对外进行 FDI 的企业就成长为跨国公司，而企业是具有共性的，是可以比较的。对世界级的大型企业，无论是来自发达国家还是发展中国家，它们都有极强的所有权优势和内部化能力，都能够在国际市场上参与竞争。如韩国的 LG 电子、现代汽车，新加坡的伟创力，中国的宝钢集团公司等，并不因为它们是发展中国家的跨国公司而不具有国际性企业的经营特征和竞争力特征；同样，发达国家的大型企业，也并不会因为是在发达国家而具有特殊的能力。所不同的是，发达国家的大型跨国公司的数量远远多于发展中国家，在 2005 年《财富》杂志公布的世界企业 500 强中，发展中国家的企业不到 10％，只有 44 家（其中中国大陆占 18 家）。就中小型跨国公司而言，无论是来自发达国家还是发展中国家也具有共同性，具有相对的竞争优势和各自的经营特色，有能力在具体的国际条件和环境下竞争和生存。

因此，跨国公司理论应该按企业的规模划分为大型企业跨国公司理论和中小型企业跨国公司理论。现有的垄断优势理论、内部化理论、国际生产折中理论、寡占理论和产品生命周期理论等，适合于对大型跨国公司成长发展的解释，大型跨国公司通常都具有规模经济的特征，并具有较高额的研发投入，形成较强的所有权优势，资金实力雄厚，因而表现出较强的对外 FDI 欲望和较高程度的内部化倾向。而小岛清的边际产业理论、威尔斯的小规模生产技术理论、坎特威尔等的技术创新和产业升级理论等适合对中小型跨国公司的解释。其中尤其是小规模生产技术理论所提出的发展中国家跨国公司三个方向的竞争优势（即适合于小市场需求的小规模生产技术、当地采购生产及民族产品的海外生产优势和低成本的营销战略），是典型的中小跨国公司所拥有的竞争优势，而不仅仅是发展中国家的跨国公司的优势。其中小规模生产技术是中小企业的技术和特点，低成本的营销是中小企业的基本战略，至于民族产品的海外生产，只与该民族人口的多少或国家的大小以及侨民的多少相关，与是否为发展中国家无直接关系。

跨国公司的理论，也可以从产业层次的视角来划分，可分为传统产业的跨国公司理论和高技术产业的跨国公司理论。一般而言，处在传统产业中的企业对外进行 FDI，成为跨国公司，其动机是开辟新的市场，获得合理利润，其行为是利用区位优势实行产业的转移，可以用边际产业转移理论、产品生命周期理论、小规模生产技术理论等作出解释。而处在高技术产业中的企业，其对外直接投资的动机是利用垄断优势，获得垄断利润，其行为是将所有权优势内部化，以避免外部市场的不充分性，并保持这些优势在自己的控制范围，可用垄断优势理论、内部化理论、国际生产折中理论、寡占理论等进行解释。这种划分区别于产业组织的研究视角。

从国家的层次来研究跨国公司，主要是研究不同国家跨国公司成长的环境、背景和条件，目前这些方面的研究几乎空白。有部分成果涉及对发展中国家跨国公司的研究，如威尔斯的《第三世界跨国公司》①。但是整体地看，研究不够系统，因而也就不

---

① 刘易斯·威尔斯：《第三世界跨国公司》，上海翻译出版公司 1986 年版。

能进行比较分析。这种情况是否可以说明这个层次的研究没有实际意义和理论价值？

六、FDI 定义质疑：基于统计意义的视角

海默创立的垄断优势理论是现代跨国公司理论建立的标志，他的重要贡献之一是首先区分了直接投资和间接投资。在海默的《国内企业的国际经营：国际直接投资研究》中，明确地，也是简单地以是否控股作为区别是否为直接投资的标准，指出"如果投资者直接控制了外国企业，其投资称为直接投资；如果他没有控制这家企业，其投资称为证券投资"[1]。由于海默理论的权威性，他的这个对直接投资的划分标准，直接影响到实际的对 FDI 的统计规则。

经济合作与发展组织（OECD）在其《关于外国直接投资的基准定义》（第三版）中把外国直接投资以获得持久利益为目标，而"持久利益意味着直接投资者与企业之间存在着长期关系，并对企业的管理有相当大的影响"[2]。这里的"相当大的影响"显然是指有足够大的发言权直至控制权。我国政府于 2004 年 12 月 17 日公布的《中国对外直接投资统计制度》第一章第二条明确指出"本制度所称对外直接投资是指我国国内投资者以现金、实物、无形资产等方式在国外及港澳台地区设立、购买国（境）外企业，并以控制该企业的经营管理权为核心的经济活动"[3]。在这里，控制权显然是对外直接投资的重要特征。在该制度的指标

---

① S. H. Hymer,1976,"The International Operations of National Firms:A Study of Direct Foreign Investment",The MIT Press,p. 1.

② OECD,1999,*Benchmark Definition of Foreign Direct Investment*,Third Edition,Organisation for Economic Co-operation and Development,Reprinted,p. 7.

③ 商务部、国家统计局：《中国对外直接投资统计制度》，2004 年 12 月 17 日。

解释中，指出对外直接投资的内涵主要体现在一经济体（投资者）通过对另一经济体（投资企业）投资而实现其持久利益。这里所谓持久利益，是指投资的目的不仅仅在于获得短期收益回报，而在于对所投资企业具有较大的控制力和影响力，以实现自己的经营意图①。同时该制度又明确了对外直接投资统计的数量界限为直接拥有或控制 10％及以上投票权的企业为统计对象。经合组织则以 10％的控股权为统计标准，各国根据具体情况确定，但上报有关国际组织时注明拥有 10％及以上控股权的 FDI 规模。

这里的问题是：其一，"实现持久利益"并没有一个明确的标准，事实上也不好确定其标准，于是便由各投资主体各自认定，这样就使得统计"制度"和"基准"违背其应具有的一致性原则或同口径原则，最终导致该指标的不可比。另一方面，证券投资也可以获得持久利益；其二，既然明确了控股权在 10％及其以上的为统计对外直接投资范围，这意味在该制度中对外直接投资定义强调控股权和发言权的特征没有意义。因为 10％及其以上的控股权在有些情况下对企业具有控制权，但在有些情况下不具有控制权，甚至不具有足够的发言权。在一项制度中对同一项事物作两种含义的规定必然产生歧义。

笔者认为，对外直接投资统计是为了获得"全面的，可比的，最新的相关数据"（OECD：关于外国直接投资的基准定义），应该以投资的目的或投资获得回报的形式为标准来定义直接投资和间接投资，即凡是以获得生产经营利润为目的的投资就是直接投资，凡是以获得固定的券面回报和以分红为目的的投资为证券投资（或间接投资）。按此规则，凡是目的在于获得生产经营利润的直接投资无论其股权比例多大，都予以统计。因此，

① 高敏雪等：《对外直接投资统计基础读本》，经济科学出版社 2005 年版。

凡对外独资建立企业（绿地投资）、合资合作建立企业，以及并购行为等，无论其所占股份多少，都在统计范围。实际上，对外直接投资的海外企业中，股份为少数拥有的还是占一定比例。根据联合国1973年的统计，美国海外子公司85％以上，英国海外子公司75％以上属于全部拥有股权或拥有多数股权，即这两国还有15％和25％的海外子公司为拥有少数股权。[①] 而根据联合国跨国公司中心的《再论世界发展中的跨国公司》中的资料计算[②]，美国的海外子公司，1971—1975年有28.1％为拥有少数股权，欧洲大陆和英国的海外子公司，在1966—1970年有42.1％为拥有少数股权。可以肯定，拥有少数股权的子公司，其股权在10％以下的有相当的规模，若不予以统计，则是不全面的。

按投资的目的区分直接投资和间接投资，并以此作为对外直接投资的统计规范，其意义在于：（1）理论上更为规范，它反映出 FDI 的内在本质是国际生产资本的流动。在 FDI 的统计中强调控股的根本原因在于把跨国公司的概念与 FDI 的概念混为一谈，实际上，FDI 是企业的一种行为，目的在于获得生产利润，其形式主要是资金、设备、技术的一揽子投资或并购获得一定的股权，跨国公司则强调对投资对象的控制，目的是实施管理和实现内部化优势。对没有实现控股的投资仍为 FDI，但不是跨国公司。（2）实践上，口径统一，操作方便。按此标准统计的口径明确，不会产生歧义，使得结果具有可比性。（3）统计的内容更全面、完整。明确统计的范围，凡符合 FDI 标准的一律统计，其结果不会造成遗漏，而更为全面、完整，可以更客观地描述 FDI 的真实流量和存量。

---

① 滕维藻、陈荫枋：《跨国公司概论》，人民出版社1991年版，第27页。

② 联合国跨国公司中心：《再论世界发展中的跨国公司》，商务印书馆1982年版，第279页。

3 中国跨国公司的成长条件分析

企业自诞生之日起就在谋求自己的壮大和发展，而企业发展的高级阶段就是跨国公司，但是企业成长为跨国公司是有条件的，最终也只有少数优秀的企业成长为跨国公司。

3.1 中国跨国公司的发展过程及状况

中国的对外经济往来，改革开放以前主要是以"对外经济技术援助"为主要内容。20世纪50—70年代，中国曾在海外开办了一些运输、金融、贸易等领域的合营或独资经营企业。中国政府为开展对外经济合作所制定的基本原则是："形式多样、讲求实效、平等互利、共同发展"；经营理念为"守约、保质、薄利、重义"。在1978年实行对外开放政策之后，才把海外投资办企业作为对外经济技术合作的一种重要方式，在较广泛的领域里开展，中国跨国公司才开始拥有了其成长的条件。

3.1.1 中国跨国公司发展的阶段

考察中国跨国公司的成长发展过程并对其发展阶段作一划

分，有助于对中国跨国公司成长的特点和背景进行分析和深入认识。

　　不同的学者对中国跨国直接投资（或跨国公司）的发展阶段的划分有不同的形式。王志乐教授主要强调国家对外经济关系的政策方针的作用效果，把中国跨国公司的发展分为初步形成阶段（1979—1991 年）、调整整顿阶段（1992—1998 年）和积极推进阶段（1999—2003 年）三个阶段[1]。谈萧根据对外投资行业变化的特点划分为：1979—1983 年为第一阶段起步阶段，以航运、金融、工程承包和餐饮业为主；1984—1988 年为第二阶段，投资行业扩大到资源开发、加工生产装配等；1989—1993 年为第三阶段，设立大量贸易型企业；1994 年以后第四阶段，从以贸易型企业为主转为以工业（加工工业）和资源开发为主[2]。郭铁民则根据政府对外直接投资审批制度划分为：第一阶段 1979—1985 年，初始阶段，政府实行严格的审批制度；第二阶段 1986—1990 年，对外直接投资扩大阶段，政府在一定程度上放松了对国内企业境外直接投资的管制；第三阶段 1991 年以后，迅速发展阶段，国内经济形势和产业结构调整的需要的推动[3]。鲁桐教授则根据我国对外直接投资的规模划分为四个阶段：初步兴起阶段（1978—1984 年）、渐进成长阶段（1985—1991 年）、加快发展阶段（1992—2000 年）、迅速增长阶段（2001 年以后）[4]。本书同意鲁桐教授的划分方法，因为对外直接投资规模应该是直

　　① 王志乐：《走向世界的中国跨国公司》，中国商业出版社 2004 年版。

　　② 谈萧：《中国"走出去"发展战略》，中国社会出版社 2003 年版，第 40 页。

　　③ 郭铁民、王永龙、俞娜：《中国企业跨国经营》，中国发展出版社 2002 年版，第 347 页。

　　④ 盛亚、单航英：《中国企业跨国成长战略研究》，载《甘肃社会科学》2006 年第 1 期，第 48—52 页。

接投资发展阶段的表现形式及其划分的客观依据，国家政策和政府管理审批制度是对外直接投资的重要影响因素；投资行业只是对外直接投资的具体内容，反映投资的特点，而投资规模的大小则表现出投资的水平和阶段性特征。

由于我国权威的"对外直接投资统计制度"是在 2004 年 12 月由商务部、国家统计局发布，2005 年 1 月始才生效执行，之前关于我国对外直接投资规模的统计资料很不完整，在此使用国家外汇管理局的有关资料整理如表 3.1。

表 3.1　中国对外直接投资、外国对华直接投资
流量及中国海外投资企业数

单位：百万美元

年　份	我国在外直接投资			外国在华直接投资			我国批准海外投资企业数
	差额	贷方	借方	差额	贷方	借方	
1982	−44		44	430	430		13
1983	−93		93	636	636		18
1984	−134		134	1258	1258		42
1985	−629		629	1659	1659		77
1986	−450		450	1875	1875		92
1987	−645		645	2314	2314		124
1988	−850		850	3194	3194		169
1989	−780		780	3393	3393		119
1990	−830		830	3487	3487		157
1991	−913		913	4366	4366		207
1992	−4000		4000	11156	11156		355
1993	−4400		4400	27515	27515		294
1994	−2000		2000	33787	33787		106

年　份	我国在外直接投资			外国在华直接投资			我国批准海外投资企业数
	差额	贷方	借方	差额	贷方	借方	
1995	-2000		2000	35849	37736	1887	119
1996	-2114		2114	40180	42350	2170	103
1997	-2562	161	2724	44236	45278	1042	158
1998	-2634	182	2816	43752	45463	1711	266
1999	-1774	603	2377	38752	40412	1660	220
2000	-916	1324	2239	38399	40772	2373	243
2001	-6885	206	7092	44241	46846	2605	232
2002	-2518	331	2849	49308	52743	3436	350
2003	152	2002	1850	47077	53505	6428	510
2004	-1805	276	2081	54936	60630	5694	829

注：直接投资指投资者寻求在本国以外运行企业获取有效发言权为目的的投资，包括我国对外直接投资和外商来华直接投资两部分。我国在外直接投资：借方表示我国对外直接投资汇出的资本金、母子公司资金往来的国内资金流出；贷方表示我国撤资和清算以及母子公司资金往来的外部资金流入。外国在华直接投资：贷方表示外国投资者在我国设立外商投资企业的投资，包括股本金、收益再投资和其他资本；借方表示外商企业的撤资和清算资金汇出我国。

资料来源：本表数据引自国家外汇管理局网站公布的历年《中国国际收支平衡表》。批准海外投资企业数资料来自中国商务部。

根据表 3.1 中的中国对外投资流量和商务部批准设立海外企业数资料，中国跨国公司的发展阶段可以大致分为：

一、初步兴起阶段：1978—1984 年

在这一阶段是以国有企业对外投资合作为主，并且境外设立的大多是小型企业、窗口型企业，贸易企业数量占主体，区域的分布主要集中在港澳、中东等少数地区。以简单分包、派遣少量劳务、建立营销渠道等为主，在制造业等生产领域开办的海外企

业，兼顾了国内经济建设需要和自身实现能力，以发展资源开发和小型加工生产为重点。

1978年11月，国务院批准对外经济联络部和国家基本建设委员会的《关于拟开展对外承包建筑工程的报告》，并随即组建"中国建筑工程公司"（后改名为"中国建筑工程总公司"）。这是新中国成立以来的第一家对外承包劳务公司。

1979年11月，北京市友谊商业服务总公司与日本东京丸一商事株式会社在东京开办了"京和股份有限公司"。1980年7月，中国银行与美国芝加哥第一国民银行、日本兴业银行、香港华润（集团）有限公司合资，在香港地区创办了第一家对外合资金融企业—中资兴业财务有限公司。1982年2月，外经贸部在北京召开部属总公司的海外企业工作座谈会，提出了海外企业"四个为主"的经营方针：工贸兼营，以贸为主；进出口结合，以出口为主；代理与自营结合，以代理为主；内贸外贸兼营，以内贸为主。

在1979—1983年，经中国政府批准的对外投资企业共61个（含合资合作经营和独资子公司），总投资额为10119万美元，其中中方投资4590万美元，分布在23个国家和地区。这些企业在跨国经营的过程中，由于当初投资项目具有一定的盲目性，加上经营管理水平低，缺乏国际经营的经验和国际竞争实力，普遍出现了亏损。1983年，根据国务院指示，对海外合营企业进行整顿，撤销了其中一些经营混乱、效益较差的企业，加强了企业的经营管理，同时新建了审批管理制度。1984年新批准的海外企业为42个。

这一阶段的我国对外投资的特点是以国际贸易、工程承包为主，没有涉及国际生产领域。同时，由于缺乏国际经营的经验和管理水平低，经营效果不理想。

二、渐进成长阶段：1985—1991 年

从 1985 年开始，我国的对外直接投资中，生产性企业有了较多增长，主要从事国内短缺资源的开发和小型生产加工，以缓解国内资源的短缺和当地市场的商品需求。投资规模比上一阶段有明显提高，年度平均投资规模是上一阶段的 7 倍以上。由于国内建设资金不足，特别是外汇短缺严重，中国政府提出了珍惜资金、讲究投资效益的原则。根据国内建设发展对某些短缺资源的需要，策略性的转向资源丰富、开采条件较好的国家和地区投资，产品返销国内；鼓励有能力的企业尽量少用或不用国家外汇，以国产设备和技术等作为投资，到国外尤其要到发展中国家合作开矿办厂。

在这个阶段，中国对外经济合作发展初具规模，地域分布得到扩展。对外直接投资主要分布在采矿业、炼铝、远洋渔业、森林开发等行业，此外，还有加工生产装配、承包工程、交通运输、金融保险等。这些企业除少数分布在美国、欧洲等发达国家外，大多数是在发展中国家和地区。

在生产经营性的对外直接投资中，较有典型意义的是中国国际信托投资公司（简称"中信"）在 20 世纪 80 年代中期开始的对外直接投资。中信被称为中国第一家真正意义上的跨国公司，其第一个项目是投资 4000 万元人民币，在美国西雅图与一家美国公司合资组建西林公司，从事林业和木材加工，1986 年成为中信独资子公司，在其开始经营的 3 年多时间里，采伐了 50 余万吨的木材运回国内，取得了较好的经营效益。同年（1986 年）中信在加拿大投资 6200 万加元，购入加拿大塞尔加纸浆厂 50％的股份、在澳大利亚投资 1 亿多美元购入波特兰铝厂 10％的股

份。另一个较重要的项目是 1987 年我国政府正式批准中国冶金进出口公司与澳大利亚哈那默斯利铁矿公司合资开发恰那铁矿，1989 年底中国开始采矿，铁矿砂全部运回国内，这是一个长期的投资项目，到 1998 年底中国冶金进出口公司与哈那默斯利铁矿公司经营的这个恰那铁矿总投资 2.8 亿澳元，年产铁矿 1000 万吨。

在这一阶段，经批准的海外投资企业数计 945 家。1979 年到这个阶段的末期（1991 年）的 12 年之间，中国在海外兴办的非贸易性企业共 911 家，总投资额 24.8 亿美元。其中，中方投资额为 10.6 亿美元，占 42.79%。中方的投资额是以现汇、设备、技术三种形式出现的。其中，技术和设备投资所占比重较大，约占 60%—70%；现汇部分约占 30%—40%，由国内投资和国外金融机构的贷款两个部分构成。这些企业多为国家大型企业集团和全民所有制大企业所兴办，企业形式包括合资经营、独资经营、合作生产，其中中方投资额超过 100 万美元的企业 89 个。

与第一阶段相比，这一阶段的显著特点是直接投资的规模有了显著的增加，年度平均投资规模为 6.4 亿美元，是上一阶段的 6—8 倍；另外，这一阶段的对外直接投资已经开始表现出了国际生产投资的趋向，而不仅仅是国际贸易性为主的投资。

三、加快发展阶段：1992—2001 年

在这一阶段的主要宏观经济形势是，我国社会主义市场经济体系的确立，进一步的对外开放以及快速发展的国民经济。中国的各类企业在越来越深刻地感受到竞争压力的同时，由于市场机制的日益完善和对外开放的深化，企业也越来越感受到政策的激励和机会的诱惑，开始放眼国际市场，逐步寻求自主发展的机

会。在 1992—2000 年期间，一批优秀企业陆续到境外开办企业，积极尝试跨国经营，极大地充实了我国对外直接投资队伍，增大了总体的投资规模。并且，出现了一批民营企业和民间资本参股的大型企业和集团，如三九集团、小天鹅电器公司、TCL、海尔、华为等，先后走出国门参与跨国经营，改变着投资主体结构的历史，无疑又进一步增强了我国对外直接投资的扩展能力和总体水平。这些都使得这一时期的中国企业跨国经营出现了新的成长特征。

在这一时期，许多企业对海外直接投资表现出极大的热情。例如，1997 年，华源集团所属华源家纺集团有限公司利用中国和尼日尔两国复交的契机，联合当地一家最大的纺织印染联合企业，组建了合资经营的中国尼日尔纺织印染联合企业，总投资300 万美元，中方持股80％。主要生产纺蜡花布，产品占当地市场份额的 80％。这是华源集团的第一次海外投资。中国华源从其创立之日起，就高度重视学习和吸收国际跨国公司的成功经验，并积极地同杜邦、巴斯夫、赫斯特等世界著名企业建立战略伙伴关系，从而在引进大量外资和先进技术的同时，也为自身开展跨国经营找到了可资借鉴的榜样。在产品出口方面，1993 年时，中国华源的出口总额只有 5800 万美元，到 1997 年就上升到近 4 亿美元，是上海最大的进出口公司之一，在全国进出口行业名列前茅。

再如海尔集团。1995 年起海尔着手海外直接投资建厂，1996 年在印尼雅加达建立了海尔在海外的第一家以生产电冰箱为主的合资企业——海尔莎保罗（印度尼西亚）有限公司（PT·Haier Sapporo Indonesia）；1997 年 6 月，菲律宾海尔LKG 电器有限公司成立；1997 年 8 月马来西亚海尔工业（亚细亚）有限公司成立；1997 年 11 月南斯拉夫海尔空调厂成立；1999 年 2 月海尔中东有限公司成立；1999 年组建海尔美国公司，由海尔控股，1999 年 4 月在美国南卡罗来纳的坎登建立海尔工厂，2000 年 3 月投产。这一时期海尔的境外合作项目有 20 多个，合同金额超过 5 亿美元，设立海外企业多家。

根据原外经贸部的统计，截至 1999 年年底，中国的海外非金融类企业总计为 5976 家，协议投资总额 104 亿美元，其中中方协议投资总额为 69.5 亿美元。2000 年，全国新设非金融类境外企业 243 家，协议投资额 8.05 亿美元，其中中方协议投资额为 6.22 亿美元，已连续两年超过 6 亿美元。截至 2000 年年底，中国累计设立的海外企业为 6200 多家，协议投资总额 113.6 亿美元，其中中方协议投资额 75.7 亿美元。地域分布遍及全球 160 多个国家和地区。其中，境外加工贸易类投资带动出口的成效显著，据计算，可带动每年约 10 亿美元的原辅材料和零配件出口。这一阶段，非金融、非贸易类企业的对外投资，每年新批准数目在 1992 年以后增长加快，到 2000 年末，经外经贸部批准或备案的非金融、非贸易类企业累计数为 1900 多家；中方投资额累计达到 37.3 亿美元，是 1991 年的 3.17 倍。

根据对上述资料的分析，这一阶段的对外直接投资的特点是：（1）投资规模骤然增大，年度平均投资规模是上一阶段的 4.5 倍，投资的绝对水平提高；（2）境外新设立的企业数明显增加，这一阶段年平均新增境外直接投资企业数比上一阶段多 75 家；（3）民营企业海外直接投资兴起，预示着我国企业对外直接投资多元化时代的来临。

四、迅速增长阶段：2001 年以后

这一阶段，中国企业的对外直接投资经过其自身的发展和调整，进入较快的发展阶段。这段时期的经济形势是中国加入了世界贸易组织，中国的企业可以在世贸组织的框架内享受和遵循各国的贸易和投资自由化的规则，不受歧视地进行国际竞争。同时我国政府也明确提出了"走出去"战略，实施"引进来"和"走出去"同时并举的方针。加上我国经济的快速发展，由经济大国向经济强国的转变，世界制造工厂地位的确立，以及我国外汇储备丰富，外汇管制的放松，人民币坚挺，国内市场竞争激烈等等，使企业有动力、有压力面对国际市场，走出去进行对外直接投资，成长起一大批中国的跨国公司。

从有关统计资料看，这一阶段前三年，投资水平基本保持前一阶段的规模，但是境外投资企业数却有极大地提高，2002 年、2003 年和 2004 年批准的海外投资企业数分别为 350 家、510 家和 829 家，2005 年则为 1067 家，年平均增长速度达到 45.00％（见表 3.1）。

在这一阶段，我国有许多企业的对外直接投资迈出了极大的步子，上海宝钢集团便是其中较突出的企业。在 2001 年 8 月与巴西 CVRD 合资组建了宝华瑞公司，取得了每年 600 万吨铁矿的供应，这是宝钢海外投资的第一步。在这之前，1993 年 8 月在日本创办了宝和公司，同年 10 月在德国汉堡创办了宝欧公司，1996 年 4 月在美国创办了宝美公司，这些主要是以贸易为主的公司。宝钢集团先后在 11 个国家和地区设立了 9 家全资子公司，2 家控股子公司，2001 年、2002 年和 2003 年的海外销售额分别为 11.2 亿美元、11.4 亿美元和 18.3 亿美元，海外销售额所占比例分别为 14.1％、12.0％和 13.6％。宝钢集团的海外直接投资形成了铁矿石的产、供、销一体化的稳定的资源基地，提高了自身的国际竞争力，为使自己成长为全球第三大跨国钢铁企业的目标打下了基础。

此外，京东方 2003 年 2 月 12 日对外宣布，京东方以 3.8 亿美元的价格成功收购了韩国现代显示技术株式会社（HYDIS）的 TFT—LDC（薄膜晶体管液晶显示器件）业务。

2003 年 3 月 7 日，中国海洋石油有限公司宣布已与英国天然气国际有限公司签订协议，以 6.15 亿美元收购英国天然气在哈萨克斯坦里海北部项目 8.33％的权益。

2004 年 5 月 13 日，中国海洋石油有限公司合资子公司——中海油 Muturi 有限公司已完成对英国天然气集团（BG）公司在印尼 Muturi 产品分成合同中 22.77％的收购，公司支付 1.051 亿美元。

2004 年 11 月 28 日，中国上海汽车工业（集团）总公司与韩国双龙汽车公司债权集团在汉城签署了双龙汽车公司部分股权买卖协议，上汽集团以 5 亿美元成功收购双龙汽车公司 48.9％的股权。双龙汽车公司起始于 1954 年初创办的东亚汽车公司，是韩国第四大汽车企业，主要生产越野车和高级轿车，年生产能力 18 万辆，在韩国的市场占有率为 11％。

2005 年 10 月，中石油全资子公司中油国际收购哈萨克斯坦 PK 公司，收购案值达 41.6 亿美元。

以上我国对外直接投资阶段的划分，主要是依据我国对外直接投资规模（国家外汇管理局"中国国际收支平衡表"资料）和各年度新批准的海外直接投资企业数资料（商务部资料）来划分，但在每一阶段所表现出的对外直接投资规模和批准企业数的背后都有其深刻的经济根源和背景：在第一阶段，我国处在改革开放初期，企业自身竞争能力非常弱，国家经济发展处于起步阶段，外汇数额也非常有限，所以对外直接投资规模和在境外设立的企业数量极少。在第二阶段，随着我国经济建设的发展和壮大，企业的竞争能力也相应提高，对外直接投资规模和水平以及境外设立企业数有明显增加。但是由于国家相关的外汇管制政策，行政审批制非常僵化，市场经济体制尚在建立过程，还不完善，经济成分还很单一，所以这一阶段的对外直接投资是国有企业唱独角戏。到了第三阶段，国家的整体经济实力增强，市场经济制度日益完善，中国的企业，尤其是制造业的竞争能力有了较大提高，并且参与市场竞争的经济成分也多元化，市场充满生机，经济充满活力，因此，这一阶段的对外直接投资水平又有了显著提高，海外投资企业数也明显增加，并且在对外直接投资的企业中，民营企业和民间资本股份企业日见活跃，并产生重要影响。民营经济的发展和壮大，表明我国的市场经济体制日益完善和成熟，对外直接投资也将因民营企业崛起而更加活跃。第四阶段的我国对外直接投资则是以中国加入世界贸易组织和中央政府"走出去"战略的提出为背景，加上整体经济的良好运行，对外直接投资的宏观障碍逐渐消除，中国的企业能否顺利地成长为跨国公司，就主要取决于企业自身的优势。

3.1.2 中国企业跨国直接投资的基本状况

经过 20 多年的发展，中国企业增强了开展跨国经营的能力，取得了跨国经营活动的阶段性成果，迈出了中国企业成长为跨国公司的坚实一步。

一、投资规模

据商务部统计，2004 年我国非金融对外直接投资额为 36.2 亿美元，同比增长 27%。其中：股本投资 25.06 亿美元，占 69%；利润再投资 11.16 亿美元，占 31%。2004 年经商务部核准和备案设立的境外投资企业共计 829 家，中方协议投资额 37.12 亿美元。到 2004 年底，我国累计对外直接投资近 370 亿美元。截止到 2004 年，经商务部批准和备案设立的境外中资企业共 7720 家，中方协议投资额 121.96 亿美元，其中，境外加工贸易企业 523 家，中方协议投资额 13.66 亿美元。

2005 年，我国非金融类对外直接投资 69.2 亿美元，比 2004 年增长 25.8％，其中股本投资 40.7 亿美元，利润再投资 28.5 亿美元。从行业分布看，2005 年我国对外直接投资主要流向制造业，达 11.78 亿美元，占 29.0％，采矿业 11.69 亿美元，占 28.7％，信息传输和计算机服务及软件业 10.71 亿美元，占 26.3％，此外，商业服务业占 5.2％，批发、零售业占 3.2％，交通运输业占 2.2％，农林牧渔业占 1.8％，建筑业占 1.70％，其他行业占 1.9％。从地区分布看，2005 年非金融类对外直接投资主要集中在亚洲 24.53 亿美元，占 60.3％，拉丁美洲 6.59 亿美元，占 16.2％，非洲 2.7 亿美元，占 6.7％，欧洲 2.57 亿美元，占 6.3％，大洋洲 1.48 亿美元，占 3.6％。从投资类型看，以绿地投资方式实现的直接投资占 43.5％，通过收购兼并实现的直接投资占 56.5％。

从上述资料可以看出，近年来我国对外直接投资具有以下几个特点：一是投资规模增长快，2005 年境外投资企业数、中方协议投资、企业平均投资规模分别比 2004 年增长 28.70％、87.34％和 45.54％；二是投资行业分布广，但主要集中在制造业、采矿业和商业服务业，其中最值得关注的是，2005 年制造业的投资规模（29.0％）首次超过采矿业（28.7％），这是具有转折性的特征；三是亚洲地区仍是中国企业直接投资的重点，占投资总额的六成；四是并购作为跨国直接投资的方式日显重要，并且继续发展。

二、投资范围

从总体上看，中国企业跨国经营活动，已由初期简单从事进出口贸易、航运、餐饮等少数领域，逐步拓展到农业、林业、交通、建筑、石化、电力、通信、水利、冶金、有色金属、煤炭、航空航天、地质勘探、油气管道、港口设施等国民经济的各个行业和部门。

我国对外直接投资已扩展到世界 160 多个国家和地区，重点逐步从港澳、亚太地区转移到北美、非洲、拉美等广大发展中国家。对外承包工程和劳务合作业务，以亚洲为主，遍及全球 160 多个国家和地区。境外资源开发合作已涉及 50 多个国家和地区。

三、投资方式

对外投资办企业，由早期的开办"窗口"企业，发展到设立大型加工生产企业和各类实体企业，并广泛采用了投资办厂带动国产设备材料出口、境外加工装配、跨国购并、股权置换、设立研发中心、创办工业园区、建立国际营销网络和战略合作关系等多种手段。

就非贸易型企业的境外直接投资方式而言，独资企业所占比重逐步上升，合资经营仍为主要方式，并且中方协议投资的比例有扩大的趋势（见表 3.2）。

表 3.2　有关年份中方对外投资中协议投资所占比重

	1990	1993	1996	1997	2001	2002	2003	2004
中方对外投资中协议投资所占比重（%）	42.9	45.7	47.6	48.5	68.29	67.98	45.56	64.19

资料来源：根据《对外经济贸易年鉴》相关资料数据计算。

此外，企业的国际并购也是我国企业对外直接投资的重要方式，见表3.3。

表3.3 2001—2005年中国企业的主要国际并购案

	2001年	2002年	2003年	2004年	2005年
国际并购业务	(1)年底，中海油收购西班牙瑞普索公司在印尼的油田股份 (2)10月，华立集团收购飞利浦所属的在美国的CDMA移动通信部门	(1)4月20日，中国石油收购印尼戴文能源集团的资产，包括油田和天然气 (2)9月23日，中国网通收购美国亚洲环球电讯公司	(1)2月12日，京东方收购韩国现代显示技术株式会社的TFT—LCD（薄膜晶体管液晶显示器件）业务 (2)3月7日，中海油收购英国天然气在哈萨克斯坦里海北部项目8.33%的权益 (3)4月28日，中石油国际公司与马克西克国家石油公司联手收购了赫斯印尼控股公司（AHIH），各占50%股份 (4)11月5日，TCL与汤姆逊合并双方彩电和DVD资产和业务	(1)12月8日，联想集团收购IBM包括Think品牌的PC业务 (2)10月28日，中国上海汽车工业（集团）总公司收购韩国双龙汽车公司48.9%的股份	10月，中石油的全资公司中油国际收购哈萨克斯坦 PK公司
收购案值	（1）5.85亿美元 (2)100万美元	（1）2.16亿美元 （2）8000万美元	(1)3.8亿美元 (2)6.15亿美元 (3)共计64亿美元 (4)4.5亿欧元×67%	(1)共12.5亿美元 (2)5亿美元	共41.6亿美元

资料来源：商务部等官方网站资料。

据联合国贸发会议统计，1988—2003年，中国企业累计跨国并购总金额81.39亿美元，其中绝大部分发生在1997年以后。1988年到1996年，我国跨国并购平均只有2.61亿美元，而2003年一年达到16.47亿美元，而且大规模交易增加，行业分布广泛。如联想并购 IBM、中海油 2002 年的并购涉及金额都高达 10 亿美元以上，是有影响的跨国并购案。

另根据英国市场调查机构（Dealogic）2004 年 12 月 8 日发表的报告，2004 年亚洲地区并购比上年增长 50％，主要由日本、澳大利亚、中国及韩国的企业进行。其中，日本并购占 40％，澳大利亚占 23％，中国占 15％，韩国占 5％。该报告又称，目前中国企业并购规模虽尚不能与日本、澳大利亚企业相比，但由于政府鼓励企业向海外投资，因此发展最为迅猛。报告分析，中国企业今后向海外投资并购还会继续扩大，2005 年亚洲市场并购仍将保持旺势，预计规模将比 2004 年增长 10％--15％，中国企业将在并购市场唱主角。事实上，我国实现的对外直接投资中，以并购方式实现的部分日渐增加，据商务部公布的资料，2005 年我国对外投资中 56.5％是以并购方式进行的。

四、投资主体

经过 20 多年的发展，中国境外投资主体逐步从贸易公司为主向大中型生产企业为主转变，生产企业境外投资所占比重呈不断增大的趋势。

表 3.4　2002—2005 年境外制造业企业投资额及企业数

	境外全部非金融类企业		境外制造业	
	投资额（亿美元）	企业数（家）	投资额（亿美元）	企业数（家）
2002	14.46	350	1.67 (11.5％)	75 (21.4％)
2003	20.87	510	1.45 (6.9％)	70 (13.7％)
2004	55.30	829	7.6 (13.7％)	—
2005	69.20	1067	11.78 (29.0％)	—

注：括号中数据对应指标所占比重。
资料来源：根据商务部资料整理。

表 3.5 2004 年、2005 年对外直接投资各行业投资额及所占比重

	采矿业		制造业		商业服务		批发零售		信息、计算机服务等		其他	
	投资额(亿美元)	比重(%)	投资额(亿美元)	比重(%)	投资额(亿美元)	比重(%)	投资额(亿美元)	比重(%)	投资额(亿美元)	比重(%)	投资额(亿美元)	比重(%)
2004	19.1	52.8	7.6	13.7	9.6	26.5	1.1	3.0	—	—	1.5	4.2
2005	11.69	28.7	11.78	29.0	2.12	5.2	1.32	3.2	10.71	26.3	3.08	7.6

资料来源：根据商务部对外直接投资资料。

比较 2002 年、2003 年和 2004 年对外直接投资中投资于加工或制造业的投资额，尽管 2003 年比 2002 年有所下降，但 2004年却显著上升，大大高于 2003 年，也超过了 2002 年，表明我国的对外直接投资中生产性企业投资所占比重呈上升趋势。到 2005 年制造业首次超过采矿业，成为投资额所占比重最高的行业，占当年我国对外直接投资总额的近 1/3，表明我国的对外直接投资将实现重大转折。特别是一批骨干企业积极开展跨国经营并取得较好成效，已成为境外投资的主力军。一些优势企业如华源、海尔、华为、万向等国内具有较强实力的企业集团，已开始实施海外投资战略，并初步形成了全球的生产销售网络，粗具跨国公司的雏形。

目前，中国从事跨国投资与跨国经营的各类项目和企业发展较快，共有海外分支机构 21.5 万家。从经营主体看，既有国内大型生产企业，也有高科技企业；既有国有企业，也有民营企业；既有境外上市的股份制企业，也有依托行业优势组建的企业集团；既有专营对外承包工程和劳务合作的企业，也有实施海外投资战略并初步形成跨国公司雏形的优势企业，从而形成对外投资与合作的经营主体多元化格局。其中，中石油、中石化、华源、海尔等一批实力较强的企业集团和大型企业，一直走在国际化经营的前列，成为中国对外投资的中坚力量。万向、远大空调、华为、新希望、正泰等一批民营企业，也不同程度地走向国际市场，已经成为重要的新兴力量。民营公司中的大部分尚属中小型跨国公司，事实上，按企业数计算，我国90％的海外投资项目是由国内中小型企业投资的，因而境外投资企业规模普遍较小，中方投资在100万美元以下的项目居多。此外，一批以通信网络、应用软件等高科技产品开发为主的高科技企业，通过在香港地区、美国等地设立公司，加快了建立国际营销网络的步伐，开始初露锋芒。

3.1.3　中国跨国公司成长的基本特点

根据联合国贸发会议《2002年世界投资报告：跨国公司和出口竞争》，截止到2001年年底，中国最大的12家跨国公司（主要是国有企业）控制着300亿美元的国外资产（这个规模接近20世纪90年代拉丁美洲的全部资本输出总量），拥有2万名外国员工，国外销售额达到330亿美元。同时，中国的民营企业也逐渐成为对外投资的主体之一，华为、万向、正泰等公司不同程度地走向国际市场。这是世界投资报告少有的对中国跨国直接投资的具体描述。报告认为，中国跨国公司在世界市场上的地位将不断上升①。这个结论是合理正确的。但是，若把中国的跨国公司置于世界范围，就目前全球约6.5万家跨国公司，85万家海外分支机构，雇员有5400万人，销售额19万亿美元，对外直接投资达到6.6万亿美元而言，中国跨国公司的规模、水平和能

---

① 联合国贸易和发展会议：《2002年世界投资报告：跨国公司和出口竞争力》。

力与中国在世界上的大国地位相比，极不相称。

中国的跨国公司，由于发展的时间短，目前看来表现出以下特点：

一、跨国公司数量少

到 2004 年，中国海外直接投资企业数 7720 家左右，而目前全球有 6.5 万家的跨国公司共计 85 万家海外分支机构（或子公司）。我国的跨国公司（进行海外直接投资的企业）数仅占全球跨国公司数的 0.6% 左右，海外分支机构数仅占全球海外分支机构数的 0.91%。而中国作为一个经济大国，2005 年，中国 GDP 总值为 18.23 万亿元，约 2.27 万亿美元，位居世界第四位，中国的对外贸易 2005 年已上升到全球第三位，我国的制造业在世界排名第四位，仅次于美国、德国和日本，中国的世界出口市场份额为 6.1%，位居世界第四位。这样强大的整体经济实力而却只有这么少的企业走向世界，去分享世界市场，显而易见，中国的跨国公司发展是滞后的。

二、跨国公司规模小

中国的跨国公司规模，无论是公司的外国雇员人数还是海外资产的总数都是微不足道的。根据中国最大的 5 家跨国公司以及有关国家最大的 5 家跨国公司的外国雇员人数和海外资产规模计算，其对比资料（2004 年）见表 3.6。

表 3.6　有关国家最大的 5 家 TNC 外国雇员人数和海外资产规模比较

	外国雇员人数（人）		海外资产数（百万美元）	
	总数	平均数	总额	平均值
英　国	469483	93897	550524	110104.80
美　国	480254	96051	754907	150981.40

德 国	565745	113149	303318	60663.60
日 本	344321	68864	242336	48467.20
法 国	345197	69039	362847	72569.40
中 国	45624	9125	18551	3710.20

资料来源：根据 UNCTAD *Word Investment Report* 2005 资料计算。

从表 3.6 可见，中国最大的 5 家跨国公司平均海外雇员人数只有德国的 8.1%，而海外资产规模只有美国的 2.5%。显然，中国的跨国公司就海外雇员人数和海外资产规模看都是小规模的，这就决定了中国的跨国公司在国际市场上进行竞争时必然处于弱势地位。

三、中国跨国公司对外进行国际直接投资（FDI）水平低，生产销售能力差

中国跨国公司对外进行 FDI 的水平，无论是相对于我国吸引国外直接投资，还是相对于全球跨国公司的对外直接投资，都处于低水平，见表 3.7。

表 3.7　全球及中国跨国公司数、FDI 存量及平均每家 TNC 的 FDI 存量数

	跨国公司（家）	FDI 存量（亿美元）	平均每家跨国公司 FDI 存量（亿美元）
全球ᵃ（2004）	68549	81969.0	1.20
中国ᵇ（2004）	9720	388.25	0.05

资料来源：a 根据联合国 *Word Investment Report* 2004、2005 等资料计算整理；
b 由商务部网站资料和 *Word Investment Report* 2004、2005 计算整理。

从表 3.7 可见，2004 年中国跨国公司对外直接投资平均水平仅为世界水平的 4.2% 左右。根据联合国贸发会议发布的

《2004 年世界投资报告》显示，2003 年全球外国直接投资（流出）流量为 6122 亿美元，存量为 81969 亿美元，以此为基数进行测算，2004 年中国对外直接投资分别相当于全球对外直接投资（流出）流量和存量的 0.90％和 0.55％。2004 年中国 FDI 流入 606.30 亿美元，流出 55.3 亿美元，流出量仅相当于流入量的 9.07％，正好处于邓宁划分的投资周期的第二阶段，也就是起步阶段的发展中国家的对外直接投资水平。投资比率效率（引进 FDI 与对外 FDI 之比）2001 年，世界平均水平为 1：0.84，发达国家为 1：1.15，发展中国家为 1：0.18，而中国为 1：0.04。低水平的对外直接投资是中国跨国公司规模小的主要原因，这也就直接影响到中国跨国公司的生产销售能力（见表 3.8）。

表 3.8　2003 年有关国家最大的 5 家跨国公司销售额比较

	中国	英国	美国	德国	日本	法国
海外销售额（百万美元）	17820	432740	405627	201930	247974	181825
平均销售额（百万美元）	3564.0	86548.0	81125.4	40386.0	49594.8	36365.0

资料来源：根据 UNCTAD *Word Investment Report* 2005 资料整理计算。

中国最大的 5 家跨国公司平均销售额仅占表 3.8 中五个发达国家最大 5 家跨国公司平均数的 6.06％。

从中国跨国公司目前的发展情况看，尽管发展速度比较快，但跨国公司的数量少、规模小、能力差是其基本特点，在全球跨国公司大家庭中还处于微不足道的地位，这与中国作为一个经济大国的地位不相称，不利于中国充分利用世界资源和市场，使自己更有效的发展。

3.2 中国跨国公司成长的客观条件分析

事实上，无论是就跨国公司的主流理论，还是国际经济发展形势和中国经济发展的客观要求，加快培养和发展中国自己的跨国公司是一个紧迫的任务，也具备了基本的客观条件。

一、经济全球化为跨国公司的成长和发展提供了舞台

经济全球化和跨国公司是两个相互紧密关联、相互促进的事物，经济全球化是经济发展的必然结果。全球化是在科技革命和科技进步的推动下，通过国际贸易、国际金融和国际投资，把各国经济紧密联系在一起而形成网络的过程和状态。全球化要求生产要素的全球流动，因此，国际直接投资所形成的国际生产是经济全球化的根本形式。比较优势的客观存在，对世界资源的充分利用和最优配置的客观要求，必然使各国走向国际市场，只是经济强国先走一步，多占一份市场份额，但这使得各国经济越来越紧密地联系在一起，经济全球化由此形成，这是一种必然的趋势。以 K. Ohmae 和 W. Grieder 为代表的经济全球化新自由主义派的观点认为，经济全球化是全球经济和市场的一体化，该市场不是有你没我的"零和博弈"，而是双方共赢的"正和博弈"，是世界资源的优化组合，绝大多数国家将在经济全球化过程中获得长远的利益[1]。新自由派特别强调市场的作用，认为通过生产要

---

① 洪朝辉：《全球化——跨世纪显示》，载《国际经济评论》2006 年第 6 期，第 18—22 页。

素在市场上的自由流动达到资源的有效配置，经济全球化意味着生产要素、技术、信息等冲出国界，生产国际化达到前所未有的程度。这正是跨国公司的成长发展过程中所承担的角色。而以Giddens，Scholte 和 Castells 为代表的秩序转型学派认为，经济全球化是推动社会、政治和经济转型的主要动力，并正在重组现代社会和世界秩序，经济全球化正在使政治、经济和社会的空间急剧扩大，正在成为一种强大的"转型"力量，导致世界秩序中的社会经济与制度的剧变①。显然，跨国公司作为经济全球化的主要推动者，其产生、发展和运行的功能之一就会使产业结构、经济秩序以致社会运行方式发生变革。

在经济全球化的过程中，跨国公司是一个重要的促进因素，它因经济全球化的趋势而产生和发展，又反过来促进经济全球化的进一步发展，加强了这种趋势。全球化的物质基础是科技革命和科技发展，全球化的本质是全球范围的市场化，这些都是跨国公司功能的体现。显然，跨国公司是经济全球化的主要载体，也是经济全球化的具体表现形式。因此，中国的跨国公司的成长和发展就应该在经济全球化的背景下乘势而上，因为客观上已经具备了一个重要的成长和发展的条件。作为一般的规律，跨国公司是一个国家经济更深入地融入世界经济之中，自身经济的发展到了一定程度的必然结果。中国的对外贸易成果、对外经济合作以及吸收外资等方面已经显示中国经济正深入地融入世界经济之中。根据联合国贸发会议《2002 年世界投资报告：跨国公司和出口竞争力》，早在 2000 年中国出口在世界市场所占份额已为6.1%，位居世界第四位，2004 年已位居世界第三位，而在

---

① 洪朝辉：《全球化——跨世纪显示》，载《国际经济评论》2006 年第 6 期，第18—22 页。

"1985—2000 年根据出口市场的份额获得成果的 20 个优胜经济体"中，中国遥遥领先而位居第一位，达 4.5％，同时在出口结构中，2001 年，中国所有产业的出口中外国子公司所占份额为 50％，在制造业中占 44％；中国吸收 FDI 方面，2001 年，在全球 FDI 流入量比上年下降 51％的背景下，中国流入 FDI 达 470 亿美元，比上年增长了 15％，2002 年，中国实际引入 FDI 计 530 亿美元，比上年增加 13％，2003 年，我国实际引入 FDI 共 535 亿美元，比上年同期增加了 27％。2004 年引入 FDI606 亿美元，比上年增长 13.27％。所有这些都表明，中国客观上已经较深入地融入了世界经济之中。但是如何更好地开发和利用国内、国际两种资源，如何更充分地利用国内、国际两个市场，积极主动地进入国际市场参与竞争，使中国经济进一步融入世界经济之中，这是一个紧迫的课题，也面临极好的机会和条件。可以说，在经济全球化已经成为世界经济发展主流的条件下，跨国公司的成长和发展是提高中国经济竞争力的必然选择，也是企业自身生存和发展的必然选择，经济全球化的发展正好为中国跨国公司的成长和发展提供了舞台。

二、各国的开放政策更有利于跨国公司的进入，为跨国公司提供了进入和经营条件

跨国公司进入国际市场进行跨国经营，最关心的是进入的效率和经营的成本。如今，在经济全球化的背景下，各国都充分意识到利用国际资源的重要性，尤其是绝大多数国家和地区都加入了世界贸易组织，WTO 的规则也要求成员国清除壁垒，加大开放力度。所以，各国在对外开放方面，政策更加宽松、透明，管制减少，而自由化程度提高。如表 3.9 所示。

表 3.9　各国对外直接投资国内规则变化

项　目	1998	1999	2000	2001	2002
投资体制发生变化的国家的数量	60	63	69	71	70
规章制度发生变化的国家数量	145	140	150	208	248
其中：					
对 FDI 对利的数量 a	136	131	147	194	236
对 FDI 不利的数量 b	9	9	3	14	12

注：a 包括目的在于加强市场职能以及增加激励措施的放宽的改变；
b 包括目的在于增强控制以及减少激励措施的改变。
资料来源：联合国贸发会议：《2003 年世界投资报告——以发展为目标的 FDI 政策：国家与国际视角》。

　　各国都在寻求利用 FDI 以促进经济增长和发展。对于吸引 FDI 并增加其收益，各国政府的政策非常关键。表 3.9 显示，2002 年有 70 个国家对国际直接投资法律进行了 248 项修改，这其中 95％以上（即 236 项）是旨在使得投资环境更加有利于 FDI 流入。此外，为了有助于吸引 FDI，越来越多的国家缔结国际投资协定（IIAs）。《2003 年世界投资报告》指出，对于大多数东道国来说，缔结 IIAs 主要是为了吸引 FDI。对于大多数母国来说，主要要求东道国的 FDI 规制框架更为透明、稳定、具有可预期性，并且更为可靠，减少未来 FDI 流动的障碍。对于任何一方，不管在何种层面上，FDI 规制框架都最有可能实现其目标。实际上是否发生 FDI 的流动主要取决于经济决定因素。

　　IIAs 的数量——尤其是双边和地区层面上的——在过去十年中有了极大增长，这反映了 FDI 在世界经济中的重要性。在双边层面上，最重要的工具是双边投资协定（BITs）和避免双重征税协定（DTTs），截至 2002 年年底已签订了 2181 个 BITs 和 2256 个 DTTs。尽管近年来少数国家签订的 BITs 有了更多的自由化效果，但其主要还是保护投资者的工具。DTTs 主要是处理须纳税收入的分配的工具，包括减少双重征税的几率。IIAs 协定覆盖了全球 FDI 的大约 87％。

总之，IIAs 数量的增长及其性质反映了这样一个事实，即在过去十多年中，各国的政策变得对 FDI 更加友好。在 1991—2002 年间，1641 个 FDI 政策变化中的 95％有这种效果。

从理论上讲，各国的 FDI 政策属于区位优势的范畴。过去20 年，世界各国和地区的 FDI 政策主要集中于更多地吸引 FDI，并提升 FDI 对本国或本地区经济发展的贡献。联合国关于各国 FDI 政策的变化统计资料是从 1991 年开始，1991—2002 年，世界各国和地区对其 FDI 法规进行了 1641 项修订，其中，95％是以 FDI 政策更加自由化为目标的。2002 年在全球 248 项外资法规修改中，有 235 项变革是更有利于吸引 FDI，其中三分之一与促进措施有关。这些政策变化使发展中国家在全球 FDI 低迷时期仍然能够持续性地吸引 FDI 的流入。此外，东道国在努力寻求投资来源国的多元化。作为经济自由化进程的一部分，各国政府所缔结的有关投资问题的双边、区域和多边国际协定（即"国际投资协定（IIAs）"）在不断增加。

一般而言，判断国际投资协定对 FDI 流量的影响，应该结合FDI 在东道国的投资的区位决定因素和具体国际投资协定的目标来考虑。FDI 便利措施的政策框架，其本身对 FDI 的流入量的影响只是一方面，它必须结合其他因素，进而形成经济区位优势，经济区位优势才是吸引 FDI 的关键，这对投资者而言，可决定其投资的成败。诸如市场规模和发展速度，或者充裕的有竞争力的资源（劳动力，技术、自然资源），这些重要的经济因素才是吸引 FDI 的决定因素。

因此，国际投资协定可以通过影响 FDI 的决定因素，进而影响 FDI 的流量。一般来讲，国际投资协定可以为投资的区位优势中具有决定意义的经济因素提供更加有效，更加开放的空间。当它与贸易协定相结合的时候，还可以影响关键的经济决定因素。

另一方面，由于投资促进机构的建立，也使得吸引 FDI 的竞争已经变得更加激烈，目前，已有 160 多个国家建立了投资促进机构。如果包括各级地方政府建立的各类投资促进机构，到 2003 年年初，FDI 投资促进机构的数目已达 400 多个。财政竞争也趋于激烈，特别是对大型投资项目，各国都求之若渴，竞标大方。越来越多的国家还提供保障（如反对国有化和价格控制）和保护（如竞争性产品的进口禁止）来吸引外国投资者，非财政激励因素（优良的基础设施、良好的投资后服务、透明公开的相关政策等）的竞争也在呈现上升态势。

显然，各国在对外开放政策方面的宽松透明的趋势，为中国跨国公司的发展提供了更好的进入条件和机会，使跨国公司的进入效率更高，经营成本也相应会更低。所以联合国贸发会议《2002 年世界投资报告》认为，政策自由化是推动国际生产扩大的主要动力之一。这当然也是中国跨国公司成长和发展的重要条件之一。

三、国际直接投资的机会较好，形式多样，为中国跨国公司的成长和发展提供了行动的条件

国际直接投资的流量，在很大程度上取决于全球经济的整体状况。世界经济在经历了前几年全球性的衰退（特别是北美、日本和欧洲三大经济体经济增长乏力，股市下滑）之后，2004 年的全球经济的突出特征是强劲均衡增长，而且发达国家和发展中国家的经济增长率都达到了多年来的最高水平。全球经济好转的

主要表现还在于困扰全球经济的通货紧缩风险已基本消除，国际贸易与经济增长呈现同步增长趋势，国际金融市场总体上相对平稳，而且发达国家的经济增长是以消费为主要推动力，使此轮经济复苏有了较坚实的基础。而在发展中国家方面，东亚地区作为一个整体，是全球经济增长率最高的地区；印度连续稳定的高增长令世界瞩目，俄罗斯经济已连续实现第六年的增长，并且以其内需的增加作为经济增长的主要推动力。全球经济尽管存在石油价格的上涨，美国"双赤字"巨大和发达国家房地产泡沫等一系列现实和潜在的风险，但作为一个经济的周期，其上升的趋势是必然的[①]。

世界经济形势的好转对企业（或跨国公司）对外直接投资提供了极好的机会，这主要表现在：第一，世界经济处在新一轮经济发展的复苏阶段，发达国家和发展中国家经济增长速度加大，增强了跨国公司进行直接投资的信心，世界经济复苏本身也为跨国公司直接投资带来了更多的机会。许多国家的利率普遍较低，这降低了跨国公司进行投资的成本。同时，在过去的几年中，企业逐步消化了20世纪90年代积累起来的问题，如过度的生产能力，大规模的库存等。这些因素都在促使跨国公司的扩张性投资。第二，随着世界经济增长的恢复，许多产业的需求增长强劲，企业的盈利率在2003年普遍较大幅度地提高，致使许多企业拥有了进行投资扩张的能力。第三，赢利水平的提高，使企业的财务状况大大改善，致使对外直接投资得到驱动，同时还会提高在股票市场上的价格，获得更多的资金支持，其结果之一是企业并购投资数量的增加。中国的优秀企业，在经济高速发展的背

---

① 李向阳：《2004－2005年世界经济形势回顾与展望》，载《经济世界》2005年第3期，第85－88页。

景下，也获得较强的竞争能力，具备了一定的对外直接投资的实力，近年来出现较多的并购案就是一个说明。联合国贸发会议（UNCTAD）在 2004 年 1—4 月对跨国公司投资区位选择做了三项问卷调查，结果显示四分之三以上的被调查者预计在未来 4 年中，跨国公司的国际直接投资将会大幅度增加。这也是 UNCTAD 的《2004 年世界投资报告：国际直接投资新趋势》对 2004 年国际直接投资将会明显增加预测的基础。根据联合国贸发会议评估，2004 年标志着全球直接投资已经走出低谷。随着跨国公司盈利增加，跨国并购的增多以及投资者信心的增强，国际直接投资的流动将进一步加速，新一轮国际直接投资高峰也将来临。事实上，跨国公司对外直接投资的重要先导性指标——全球跨国公司并购规模，在连续 3 年下降并在 2003 年下降 21.1％之后，2004 年上半年开始上升，增长了 12.9％，这是 2001 年以来的第一次上升。而在 2005 年，全球并购热潮持续升温，据著名的全球金融数据公司（Thomson Financial）的资料显示，2005 年是自 2000 年底以来全球并购最为活跃的一年，其并购交易量达 2.5 万亿美元左右，而其中增幅最大的是亚太市场，区内并购交易额同比增长 39％，达 3610 亿美元，交易量同比增长 50％，达 6921 宗，中国大陆企业的海外并购活动更是吸引了全世界的注意。由于中国的经济在世界经济中独放异彩，这必然带来与引资国及其企业的合作机会，这就是中国企业成长和发展为跨国公司的一个重要条件。

四、中国经济发展的形势和状况，为中国跨国公司的成长和发展提供支持条件

中国经济自改革开放以来，已经取得了辉煌的成就，综合国力也不断强大起来，中国经济的发展和实力的不断增强，对中国跨国公司的成长和发展无疑起着支持和促进作用。

（1）国家整体实力和综合竞争能力上升，是中国跨国公司成长和发展的基础和后盾

我国的国内生产总值 2000 年起突破 1 亿万美元，2002 年达到 1.23 万亿美元，经济总量占世界第六位，2003 年为 1.43 亿美元，2004 年为 1.66 亿美元，从改革开放的 1978 年到 2004 年的 25 年中 GDP 年均增长速度为 9.4%，总量位居世界第七位，2005 年 GDP 总量达 2.27 万亿美元，同比增长 9.9%，居全球第四位，进口总额达 14221 亿美元，居全球第三位。我国的工业产品中，钢、煤、水泥、化肥和电视等的产量是位居世界第一位，农产品中的谷物、肉类、花生、水果等产量也位居世界第一位。我国不仅经济总量在世界上具有重要地位，而且经济的发展速度也非常引人注目。

就国家竞争力而言，根据福布斯网站公布的"2004 年世界竞争能力排名榜"，中国表现出较好的竞争力，并且呈现上升的势头，见表 3.10。

表 3.10　2003 年、2004 年有关国家竞争力排名及得分

国　家	2004 年		2003 年	
	得分	排名	得分	排名
日　本	71.915	23	63.187	25
中　国	70.725	24	60.922	29
韩　国	62.201	35	54.154	37
俄　国	52.104	50	36.665	54
巴　西	48.130	53	44.493	52

资料来源：www.fubusi.com，2005.6.17。

但是根据瑞士洛桑管理发展学院（IMD）公布的《世界竞争力年报》中的排位，中国的竞争力，本世纪头三年都在 30 几位徘徊，2003 年上升到 24 位，但 2004 年又下降到 31 位（见表 3.11）。

2005 年的《世界竞争力年报》指出，被调查者认为中国的薄弱的金融制度、基础设施和公司法规存在较明显的问题。

表 3.11　2000—2004 年中国竞争力排位情况

	2000 年	2001 年	2002 年	2003 年	2004 年
中国国际竞争力排位	30	33	31	24	31

资料来源：根据 IMD 2004—2005 年公布的《世界竞争力年报》整理。

有 2005 年 IMD 的全球竞争力排位部分国家和地区的排名情况见表 3.12。

表 3.12　2005 年有关国家和地区竞争力排位情况

	美国	香港	新加坡	冰岛	加拿大	日本	泰国	韩国	中国	印度
排位	1	2	3	4	5	21	27	29	31	39

资料来源：IMD：《2005 世界竞争力年报》。

中国作为一个基础较差的发展中国家表现出一定的国际竞争力，且与一些发达国家比较，竞争力的差距也在缩小。而我国工业发展及竞争力状况，可参考联合国工业发展组织《工业发展报告2002/2003：通过创新和学习参与竞争》[①] 的资料（见表 3.13）。

---

　　① 联合国工业发展组织：《工业发展报告 2002/2003：通过创新和学习参与竞争》，中国财政经济出版社 2003 年版。

表 3.13　中国工业发展及竞争力状况

中国制造业增加值的技术结构排位和技术含量比重①			中国制造业增加值集中度和出口集中度（括号中数字）排名			
排　位	中等技术含量产业份额(%)	低技术和资源型产业份额(%)	所有经济体排名		发展中国家排名	
			位　次	占世界的比重（%）	位　次	所占比重（%）
22	51	49	4 (7)	6.3 (3.9)	1 (1)	29.0 (17.0)

注：①共对 78 个国家和地区进行排位。

资料来源：此表根据联合国工业发展组织的《工业发展报告 2002/2003：通过创新和学习参与竞争》中表 A2.16 和表 2.4 整理。

表 3.14　中国工业品出口技术结构、企业 R&D 集中度排位

中国制造业出口技术结构排位①				企业 R&D 投入集中度排位②			
排位	技术比例（%）			所有经济体排名		发展中国家排名	
	高技术	中技术	中高技术	位次	所占比重（%）	位次	所占比重（%）
9	18.2	18.4	36.6	—	—	4	6.1

注：①共对 78 个国家和地区进行排位；

②中国在所有经济排位中没有进入前 10 位。

资料来源：此表根据联合国工业发展组织的《工业发展报告 2002/2003：通过创新和学习参与竞争》中表 A2.17 和表 A2.8 整理。

中国已经具有较为强大的综合国力，国家竞争力和工业的行业竞争力处于中上水平，并且还在不断提高，这些都是中国企业成长和发展为跨国公司，走出国门，参与国际竞争的良好基础和条件。

（2）我国外储备充足，币值坚挺，为中国跨国公司提供了投资条件

我国的外汇储备截至 2006 年 2 月，已经达到 8536 亿美元，

成为世界最大外汇储备国。而且，根据中国经济发展的状况，我国的外汇储备还将显著增加。理论上，外汇储备量与人民币汇率呈正线性相关关系（有研究表明，相关系数 r＝0.98[①]），外汇储备量的增长会促使本币汇率上升，即货币对外升值，而表现为币值坚挺态势。另一方面，进行国际直接投资，需要支付款项和转移资本，即需要外汇，根据美国经济学家阿利伯（Aliber）的观点，国际直接投资通常会从汇率坚挺的国家流出，他证明了如果跨国投资企业拥有相对坚挺的货币，则在汇率上可获得所谓的通货溢价的额外收益。同时从经济整体看，由于外汇储备的增加而带来人民币升值的压力又会影响国家的外贸出口规模。所以，从政策上，为了释放某些压力，防患一些风险，同时也为了充分有效地运用这些资源，应该允许企业自己保留更多的外汇，并鼓励有条件的企业到境外去投资，进行跨国经营。显然，丰富的外汇储备，坚挺的人民币汇率对海外投资是一个有效的刺激。

（3）中国产业实力的提高，是中国企业成长为跨国公司的实体依据

根据联合国工业发展组织的《工业发展报告 2002/2003》，按工业竞争力指数（Competitive Industrial Performance Index CIP）的标准，中国工业竞争力排名世界第 37 位（见表 3.15）。

表 3.15　联合国工业发展组织国家工业竞争力排行榜（部分）

国家或地区	排　名	
	1998 年	1985 年
新加坡	1	6

① 俞进：《论外汇对国际直接投资的传导效应》，载《亚太经济》2002 年第 1 期，第 80—82 页。

国家或地区	排 名	
	1998 年	1985 年
瑞 士	2	1
爱尔兰	3	15
日 本	4	2
德 国	5	3
美 国	6	5
瑞 典	7	4
芬 兰	8	7
比利时	9	8
英 国	10	12
中 国	37	61

资料来源：联合国工业发展组织排行榜数据库。

工业竞争力指数用以测量国家或地区生产和出口制成品的竞争能力，由四个指标构成：人均制造业增加值、人均制成品出口、制造业增加值中高技术产品的比重、制成品出口中高技术产品的比重。前两个指标反映工业能力，后两个指标反映技术层次和工业升级情况。显然自 1998 年以来的近十年时间，中国的工业竞争力又有了明显的提高。

中国的企业要成长为具有竞争能力的跨国公司，还面临许多问题，毕竟中国经济的真正快速发展才仅仅 20 多年，且脱胎于根深蒂固的计划经济体制，而世界科技的进步、社会经济的发展都没有停止，一直在快速前进。中国企业要成长为跨国公司，还必须建立适合市场经济运行的现代化企业制度和科学的公司治理结构，必须广泛深入地应用先进的科技成果，必须改革政府的管理体制，使其高效透明，必须扩大企业规模，壮大企业的实力。

3.3 中国跨国公司成长的企业条件分析

中国跨国公司的发展刚刚经历了短短的 20 多年时间，其发展与中国的整体经济发展速度和经济总量相比是明显滞后，中国企业对外直接投资的规模太小，以至于中国的跨国公司在国际舞台上无足轻重。有如下对比资料（见表 3.16）：

表 3.16　1998—2004 年部分国家和地区对外投资一览表

单位：亿美元

	1998	1999	2000	2001	2002	2003	2004
发达国家和地区平均	263.12	422.64	451.62	274.21	219.04	227.83	—
其中：美　国	1310.04	2093.91	1426.26	1248.73	1153.40	1518.84	2292.94
英　国	1228.16	2014.51	2333.71	588.55	351.80	550.93	653.91
法　国	486.11	1268.56	1774.49	867.67	494.34	572.79	478.02
德　国	888.23	1086.92	565.57	368.55	86.22	25.60	—
日　本	241.52	227.43	315.58	383.33	322.81	288.00	309.51
加拿大	343.48	172.47	446.75	361.13	264.09	215.42	474.53
发展中国家和地区平均	4.49	6.80	9.93	6.05	4.49	3.63	—
其中：新加坡	29.96	75.17	52.98	170.63	36.99	55.36	106.67
韩　国	47.40	41.98	49.99	24.20	26.17	34.29	47.92
香　港	169.85	193.58	593.75	113.45	174.63	37.69	397.53
俄罗斯	12.70	22.08	31.77	25.33	35.33	41.33	96.01
墨西哥	13.63	14.75	9.84	44.04	9.30	17.84	22.40
中　国	26.34	17.75	9.16	68.84	25.18	18.00	18.05

资料来源：根据 UNCTAD，*World Investment Report* 2004；*The Shift Towards Services* 及 *World Investment Report* 2005；*TNC and Internationalization R&D* 资料整理。

就引进 FDI 和对外进行 FDI 的对比看，我国在这方面具有强烈的反差（见表 3.17）。

表 3.17 FDI 流入量与流出量之比

	流入 FDI : 流出 FDI（2003 年）
发达国家	1 : 1.55
发展中国家	1 : 0.21
中国	1 : 0.03

资料来源：根据 2004 年 *World Investment Report* 资料整理。

这些都表明，中国企业跨出国门的太少，中国的跨国公司规模太小。当然，一个企业要成长为跨国公司，必须具有一定的条件和能力，还要依赖政府的政策支持和相应的其他条件。但是目前我们必须思考中国跨国公司的成长问题，这关系到中国企业在国际舞台上的地位，最终影响到我国的国际竞争力，因此要用战略的意识和眼光来看待我国的跨国公司的成长和发展问题。

中国的企业要成长为跨国公司，就必须具备跨国公司的有关条件和优势，根据国际生产折中理论，企业必须同时具备所有权优势、内部化优势和区位优势才能对外进行 FDI。在这个对外直接必须具备的优势体系中，区位优势是东道国对投资者所能提供的投资条件所决定的优势，是投资者所不能左右而只能选择的优势；内部化优势是企业把外部市场上的交易行为转变为企业内部交易并获得正效益，通过企业自身的控制与协调来利用和配置资源，从而降低交易成本，减少经营风险，这是企业进行跨国投资，成为跨国公司的行为结果；所有权优势则是跨国公司自身所应该具备的优势和条件，这些条件和优势是别国的企业所没有或难以得到的。具体的就是，企业的规模和所取得的经济地位、企业特有的技术、商标、经营管理的系统、营销经验和体系、

R&D能力、人才、资本等。以下就跨国公司所应具有的优势和条件对我国的企业做出分析。

一、经营规模和经济地位

中国企业由于有了巨大的国内市场，经过近20多年的快速发展，经营规模也在迅速扩大，具有相对意义上的规模经营效应，如我国制造业产品产量占世界产出总量份额的50％以上的产品，据不完全统计共有21种。但是体现行业能力和规模的是行业集中度，一个行业的集中度越高，一般地，该行业中的龙头企业在规模、技术、经营能力等在竞争力上就会体现出来。

以我国钢铁行业为例，2004年我国钢铁企业中钢年产量500万吨以上的只有15家，600万吨的只有11家，我国钢产量连续9年世界第一，2005年达到了3.2亿吨，但其集中度按最大的前11位企业计算仅为37.13％，而日本2004年新日铁等前4家钢铁企业集团产量占日本全国的73.3％，韩国浦项集团等2家企业的产量占韩国全国的82％，欧盟前6位的行业集中度为74％；我国汽车行业2003年的行业集中度为57.3％（1999年为43.6％），而美国早在1958年前4家企业的集中度已达99％，日本在1962年前4家企业的集中度达到99％，英国在1958年为90.4％。

在机械制造的几个重要部门，中国、美国、日本的产业集中度资料如下（见表3.18）：

表3.18　行业内前4家企业生产集中度

单位:％

	中国	日本	美国
拖拉机行业	26	72.9	80
内燃机行业	22.2	60.1	51

	中国	日本	美国
建筑机械行业	29	67.4（挖掘机）	
印刷机械行业	14	65	37
电机行业	11	65	46
轴承行业	25	90	

资料来源：《中国企业跨国发展研究报告》，中国社会科学出版社 2002 年版。

显然，我国尚未能建立起大批量集中生产体制，未能形成一批能代表行业水平、具有国际竞争力的大型企业和企业集团，也未能形成一系列按经济规模组织生产的专业化协作配套企业。因此，我国企业的规模与国际上同行业的大企业比就相差甚远。

规模的差距决定了企业的生产能力的差距，也就决定了企业在国际市场上的竞争地位。有 2004 年中国 500 强与世界 500 强有关行业首位企业的比较资料如下（见表 3.19）。

表 3.19　2004 年中国 500 强与世界 500 强各行业首位企业的比较

行　　业	世界 500 强企业				中国 500 强企业			②/① （％）
	企业名	国家	排位	营业收入 ①（亿 美元）	企业	排位	营业收入 ②（亿 美元）	
石　油	英国石油公司	英国	2	2325.71	中石油	2	579.62	24.92
电　信	日本电报 电话公司	日本	16	982.29	中国移动	5	209.60	21.34
汽　车	通用汽车	美国	5	1953.24	中国一汽	13	145.34	7.44
电子、 电气设备	西门子公司	德国	21	805.01	海尔集团	19	98.35	12.22
钢　铁	阿塞洛 钢铁公司	卢森堡	148	293.38	上海宝钢	12	146.85	50.05
计算机、 办公设备	IBM	美国	19	891.31	联想集团	39	49.18	5.52

续表 3.19

行　业	世界 500 强企业				中国 500 强企业			②/①（%）
	企业名	国家	排位	营业收入①（亿美元）	企业	排位	营业收入②（亿美元）	
能　源	莱茵集团	德国	69	484.01	华源集团	36	55.05	11.37
医　药	辉瑞	美国	77	459.50	上海医药集团	98	22.10	4.81
食　品	雀巢公司	瑞士	33	654.15	上海糖业烟酒集团	104	20.49	3.13
通　讯设　备	诺基亚	芬兰	122	333.61	中兴通讯	114	19.56	5.86
烟　草	阿尔特里亚集团	美国	40	607.04	玉溪红塔烟草公司	58	33.34	5.49
机　械制　造	蒂森克虏伯	德国	97	391.88	徐州工程机械集团	125	18.4	4.70
化学品	巴斯夫公司	德国	100	377.57	中国中化集团	8	190.23	50.38
造　纸	国际造纸公司	美国	191	251.79	山东晨鸣纸业集团	230	9.18	3.65

注：表中根据美元：人民币＝1：8.2 的比例换算中国企业的营业收入。

资料来源：根据《财富》杂志 2004 年世界 500 强企业、中国企业联合会 2004 年中国 500 强企业有关资料整理。

　　理论的研究表明，在一定范围内，产业集中度与销售利税率、资金利税率等企业经济绩效指标存在明显的正相关关系，即产业集中度越高，经济绩效就越好。尽管对其原因的解释有 Bain[1] 和 Shepherd[2] 等产业组织主流学派的"垄断价格"论，和 H. Demsetz[3] 的"效率"说两种，但较高的产业集中度能给企业

---

　　[1]　J. S. Bain, 1968, *Industrial Orgnization*, New York: Wiley.

　　[2]　W. G. Shepherd, 1979, *Economics of Industrial Orgnization*, USA, Prentice-Hall.

　　[3]　H. Demsetz, 1973, "Industrial Structure, Market Rivalry, and Public ", *Journal of Law & Economics*, vol. 6.

带来经济绩效指标的提高是一个事实，而其深层次的决定因素是创新、技术进步和规模经济。

但是，我们应该理智地看待目前中国企业与世界上名列前茅的企业的差距，从企业跨出国门，进行跨国经营的角度看，企业的规模并不是绝对的条件，而且事实上中国企业的差距也不是那么的大。有如下 2004 年中国 500 强部分首位企业与世界 500 强中对应行业的末位企业的比较，见表 3.20。

表 3.20　2004 年中国 500 强部分首位企业与世界
500 强中对应末位企业的比较

行　业	中国 500 强首位企业			世界 500 强末位企业				①/②（%）
	企业	排位	营业收入（百万美元）①	企业	国家	排位	营业收入（百万美元）②	
电　信	中国移动	5	20959.88	瑞士电气	瑞士	498	10841.3	193.33
食　品	上海糖业烟酒集团	104	2048.99	太平洋与太平洋茶叶	美国	495	11033.7	18.57
化学品	中国中化集团	18	19023.27	旭化成公司	日本	491	11097.6	171.42
造　纸	山东晨鸣纸业集团	203	917.97	Upm-kymmene	芬兰	485	11258.8	8.15
计算机办公设备	联想集团	39	4918.41	太阳微系统	美国	478	11434.0	43.02
饮　料	娃哈哈集团	174	1242.58	大都会公司	英国	472	11537.6	10.77
能　源	中国华源集团	36	5504.98	Reliant Energy	美国	463	11707.3	47.02
石油化工	中国石化	3	56911.35	印度斯坦石油公司	印度	462	11750.5	484.33
航天与国防	哈飞工业集团	202	1060.08	Thales Group	法国	452	11962.1	8.86

行　业	中国 500 强首位企业			世界 500 强末位企业				①/②(%)
	企业	排位	营业收入(百万美元)①	企业	国家	排位	营业收入(百万美元)②	
建筑材料	北京金隅集团	267	805.62	CRH	爱尔兰	444	12194.0	6.61
医　药	上海医药集团	98	2210.41	美国礼来制药	美国	433	12582.5	17.57
汽　车	中国一汽	13	14534.02	五十铃汽车	日本	428	12662.8	114.78
钢　铁	上海宝钢	12	14684.81	康利斯集团	英国	420	13001.2	112.95
电子电气设备	海尔集团	19	9835.17	惠尔普	美国	446	12176.0	80.78

注：表中根据美元：人民币＝1：8.2 的比例换算中国企业的营业收入。

资料来源：根据《财富》杂志 2004 年世界 500 强、中国企业联合会 2004 年中国企业 500 强企业资料整理。

可以看出，在表中所列的行业中，中国企业除了在食品和造纸等 6 个行业与世界 500 强企业存在较明显差距，计算机办公设备和能源业规模和能力也相对落后外，石油化工、电信、化学品、汽车、钢铁等领域，我国的企业规模和能力并不落后。另作为发展中国家，其跨国公司的成长和特点具有较典型发展中国家跨国公司的特征，在积极发展大型企业和企业集团的同时，要重视中小企业向国际市场渗透。

根据产业集群理论，发展中国家在缺乏大型企业的情况下，可以发展产业集群，由此形成一个成体系的相互促进的集群和特定的市场。中国以往过多地围绕廉价劳动力、进口替代、模仿等来制定企业战略，而忽略了产品和服务的创新。根据目前中国的情况，应该而且有条件形成一些产业集群，如美国的硅谷和华尔街、"第三意大利"的传统产业集群、印度班加罗尔的软件产业集群等。在这些产业集群体系中，相关企业迅速增长，并且经营内容相互支持和协作。从产业集群与跨国公司的联系来看，许多跨国公司能在产业集群里寻求合作，获得技术来源，发展新生业务，这使得产业集群自然的具有国际化标准。制度经济学有一个基本观点，自发组织更有效率。建立在自愿基础上的民间组织之所以有效率，是因它来自于民间，服务于民间，最能体现组织成员的利益要求。产业集群更关注于本行业的发展，更熟悉行业的特征以及产业发展中所亟待解决的问题。产业集群很自然地形成两大功能，一是服务功能，二是行业自律功能。所以，重视产业集群，有利于加快国内企业的国际化经营的进程，而在产业集群中，通常都聚集着大量具有创新技术的中小企业。技术创新的理论和竞争力理论对中小型企业的地位有了重新的审视，迈克尔·波特就采用了集群分析法来分析国家竞争力，他在论述"地点竞争力"时指出："所有进步的经济体中，都可明显地看到存在着产业集群，产业集群的形成，也是经济发展的基本因素之一"[①]。并认为一国的某些产业的竞争力与该国的这些产业集群优势有关。我国可有意识地扶持上海的金融中心地位，而北京的中关村软件产业集群、广东东莞的计算机产业集群、广东佛山的建筑陶瓷产业集群等已粗具雏形。我国作为一个大国，一个产业往往不止一个集群，一个集群服务于一个特定的市场，而集群的规模决定该集群服务的范围，可以是世界级的集群，也可以是区域性的集群。集群的发展趋势则可能形成大型的企业集团。

二、技术、品牌等无形资产条件

联合国开发计划署 2001 年首次公布了"技术成就指数"

---

① 迈克尔·波特：《竞争论》，中信出版社 2003 年版，第 226 页。

（TAI）作为衡量各国（地区）进行技术革命和创新能力的尺度，以评价一个国家（地区）在网络时代在技术创新和传播及培养人的技能方面所取得的成就。企业作为技术创新和技术应用的主要场所，也是技术创新的主体，其技术水平和装备水平的高低显然与国家整体的技术创新和技术传播的大环境密切相关。"技术成就指数"是反映一个国家或地区宏观技术状况的指标，但在很大程度上可以反映出该国（地区）企业的技术水平。联合国的技术成就指数共分为四大类：技术创新、新技术传播、传统技术传播和人类技能，每一类下各设两个具体指标，并计算出其具有可比性的指数，将其平均，这样分别计算出这四大类指标的指数，再将这四个指数进行平均，最后得出 TAI，用于排序。我国的综合排位在第三档"积极采纳者"（前两档是"领先者"和"潜在领先者"），其技术成就指数排名在第 45 位，可见，我国企业的技术水平是不高的。2001 年我国的技术成就指数值为 0.299，最高者芬兰为 0.744，美国第二为 0.733（参见《人类发展报告 2001》）。

跨国公司是凭借着其特有的技术、品牌、专利等无形资产得以在跨国经营过程中保持其特定优势，或者说，企业要成为跨国公司，就应该具备特有的技术、品牌、专利等所有权优势。但我国的企业在产品的技术含量和生产的技术水平方面与发达国家和技术领先企业比较，差距十分明显。据统计，中国制造业的产品共有十大类 65 种产品的产量位居世界第一位，但是这些产品的技术含量都非常低，绝大部分都是处在产品周期的标准化期，产品的生产技术不存在垄断优势，如我国机械制造业产品中居世界第一位的有四种：缝纫机、拖拉机、太阳能热水器、集装箱，而能反映机械制造水平的特种机床、汽车等产品的生产远远落后于

先进国家。另能反映一国电子信息业这种新兴产业水平的电子及
通信设备制造业的产品，我国产量居世界首位的是收录机、电话
机、VCD视盘机、钟表、一次性电池等8种生产品，显然，这
些产品是谁都可以投资生产和模仿的。

根据联合国工业发展组织2004年的《工业发展报告》，我国
的制造业生产品出口的技术含量资料如下（见表3.21）：

表 3.21 全球和中国制造业产品出口技术含量比较

单位:%

	1995 年	2000 年
1. 资源型产品出口		
全球	20.0	18.5
中国	13.3	10.6
2. 低技术产品出口		
全球	19.1	17.4
中国	51.5	44.3
3. 中等技术产品出口		
全球	38.5	36.1
中国	20.8	20.9
3. 高技术产品出口		
全球	22.4	28.0
中国	14.5	24.1

资料来源：*Industrial Development Report 2004*，United Nations Industrial Org-
nization 2004.

显然，2000年在制造业出口产品中，中国的低技术产品比
重远远高于全球平均水平，而中等技术和高技术产品出口则均不
及全球平均水平。但动态地看，我国低技术产品出口在考察的5

年中下降了 7.2 个百分点，而高技术产品则上升了 9.6 个百分点。据国家统计局的资料，我国高技术产品出口为 1655.4 亿美元，占全国外贸出口的比重为 27.9%，若限定在制造业产品出口的范围，则这个比重肯定接近或超过 30%。

另外，从中国制造业产品出口的技术含量在全球的排位看，中国的企业还是具有一定技术优势的（见表 3.22）。

表 3.22 制造业产品出口中不同技术含量产品出口额及排位

2000 年				1990 年			
产品技术含量	排位	国家	出口额（百万美元）	产品技术含量	排位	国家	出口额（百万美元）
1. 资源型产品	1	美国	81743	1. 资源型产品	1	美国	54110
	2	德国	61115		2	德国	47168
	3	加拿大	51370		3	法国	39807
	11	中国	21814		20	中国	6850
2. 低技术产品	1	中国	105985	2. 低技术产品	1	德国	66281
	2	意大利	74442		2	意大利	57164
	3	美国	73793		3	法国	33583
	—	—	—		8	中国	26029
3. 中等技术产品	1	德国	248192	3. 中等技术产品	1	德国	198789
	2	美国	242963		2	日本	157021
	3	日本	238512		3	美国	121380
	11	中国	48566		16	中国	12940
4. 高技术产品	1	美国	225903	4. 高技术产品	1	美国	99649
	2	日本	152121		2	日本	77639
	3	德国	103213		3	德国	55877
	9	中国	56007		22	中国	3320

资料来源：*Industrial Development Report 2004*、United Nations Industrial Organization 2004.

从表 3.22 看，我国中、高技术技术产品出口在 2000 年排位全球 10 位左右，并且进步很快，说明中国企业在技术方面逐步具备了一定的竞争能力。

但是，我国企业没有高新技术的优势，并不等于我们没有技术优势。根据刘易斯·威尔斯的小规模技术理论，发展中国家的制成品市场有一个普遍特征，就是需求的有限性，在具有这种特征的市场上，大规模技术无法从中获得经营的规模效应。而许多中小型企业恰恰拥有这种满足小市场需求的生产技术，从而具有竞争优势，而且这种小规模技术的特征往往是劳动密集型的，生产有很大的灵活性，也适合小批量生产。我国的许多企业，特别是数量占绝对多数的中小型企业有的就拥有这种特点的技术，从这个角度看，我国的部分企业具备了走出去进行跨国经营最终成长为跨国公司的条件。我国的纺织、家电、食品以及具有民族特色的产品生产的企业，不少属于这类企业。

小规模技术理论还揭示了发展中国家和地区的企业可以具有"当地采购和特殊产品"的竞争优势，"为了减少因进口而造成的特殊投入，一旦这些企业学会用本地提供的原料和零配件替代特殊的投入，它们就可以把这些专门知识推广到面临同一个问题的其他发展中国家"①，从而发生对外直接投资。同时发展中国家和地区对外投资还可具有鲜明的民族产品文化特色，可主要服务于国外同一民族团体的需要。在这方面，数量庞大的海外华人华侨是中国企业对外投资，进行跨国经营的特有优势。有如下华人华侨分布资料（见表 3.23）：

---

① Louis T. Wells, 1976, "The Internalization of Firm from the Developing Countries", in Tamir Agmon and C. P. Kindleberger ed., *Multinationls from Small Countries*, Cambridge Mass, MIT Press, p. 35.

表 3.23 华侨在各洲分布情况

国家（地区）	华人、华侨总数（人）	华人、华侨万人以上的国家（地区）数
亚　洲	24306984	17
美　洲	2358300	17
非　洲	110178	4
大洋洲	555260	4
欧　洲	1306094	12
合　计	28636816	54

资料来源：暨南大学华侨所：《世界华侨华人概况》，中国侨网 www. chinaw. com. ,2002. 4. 17。

海外华人华侨分布在世界 138 个国家和地区，人口近 3000 万，其中聚集人数在万人以上的有 54 个国家和地区，而人数上 10 万的有 18 个国家和地区，这些群体有中华民族相同的文化渊源和生活消费习惯，这也是其他民族所难以具有的海外市场，中国的企业可以针对这一市场进行投资经营。

在品牌方面，中国企业的差距更大。世界品牌实验室 2004 年推出的"世界最具影响力的 100 个品牌"中中国大陆企业唯有海尔入选，排名第 95 位。但随后《商业周刊》公布的由全球最大的国际品牌咨询机构 Interbrand 推出的"2004 年全球最优 100 个品牌"中，海尔落选。该机构考察的是品牌的市场领导力、品牌的稳定性和全球普及率以及品牌的盈利水平预测。品牌的形成需要一个过程，中国的企业曾经缺乏品牌意识，但品牌对企业的跨国发展具有极其重要的意义。

品牌形成的标志是在市场上有极高的知名度和美誉度，而其背后要求企业的综合实力处于行业的前列，其市场份额在各自细分市场中位居前列。品牌企业财务状况稳定、销售业绩及利润情况良好，管理制度、公司治理结构、企业文化等合理有效，企业具有可持续发展的能力，品牌企业还具有极强的行业影响力，具有很高的创新能力和战略前瞻性，并有高度的社会责任感。中国的企业处在创建下一代强势品牌的较好时期，目前而言，中国企业产品并不缺乏产量优势，也不缺乏品质优势，中国的企业能为那么多世界级品牌做贴牌（OEM），就说明了这一点。要意识到，成本竞争优势并不是中国品牌成长的基础，中国的企业大都解决了生存问题，新的增长点将主要依靠品牌建设。日本的企业20世纪80年代进入品牌建设阶段，并且业绩辉煌，韩国则领衔了20世纪90年代的品牌潮流，从趋势上看，现在轮到中国的企业引领品牌风潮，从中国制造，到中国创造再到中国品牌。在向海外拓展，进行跨国经营时，要摒弃长期奉行的以产量取胜的低盈利扩张模式，转而进行全方位的品质经营和顶极的品牌营销战略。可以相信，海尔、联想、华为、美的、青岛啤酒、创维、长虹、TCL、中兴、格力、康佳、海信等制造业品牌，中国移动、中国电信、国美、新浪、百度等服务业品牌，很可能在不久的将来成为世界级的品牌。

三、信息、人才与资本条件

在当今信息时代，信息技术应用于企业经营的领域越来越多，企业经营工作对信息技术和信息资源的依赖程度越来越大。但目前的情况是，对中国的企业来讲，信息的国际化不足，而国际化信息也严重短缺，这是我国企业与外国企业的最大区别之一，已经成为制约中国企业进一步发展的因素之一，严重影响我国企业走上国际化经营之路。

商务部、中国电子商务协会、对外经济贸易大学公布的《中国电子商务报告》指出，中国企业电子商务发展还处在初级阶段，大中型企业中，建立电子商务系统的不到 1/3，大部分中小型企业未建立电子商务系统，多数企业网站主要用于发布商品和服务信息，还未成为企业营销的必要手段。根据国家发展改革委员会高技术产业司的中国企业信息化 500 强调查的结果，2003年企业电子商务普及率为 39.2%，2004 年为 42.2%，建立 CIO（首席信息官）的企业仅为 36.4%。

显然，整体地看，中国企业电子商务普及率是不高的，在信息化 500 强企业中的普及率都不到 50%，但是在企业财务报表采用计算机系统方面，早在 2001 年就已经达到了近 70%，这主要是由于财务报表的标准化软件易于推行。中国的企业在应用网络方面差距明显，网络应用于经营决策、采购管理、制造管理、客户关系管理等方面非常薄弱。据原国家经委信息中心 2000 年对 100 家国有重点企业的调查，这四项完全使用网络的均不到 10%，其中用于经营决策的占 1%，用于客户关系管理的占 3.2%，但部分使用网络进行生产经营管理的企业的比重比较高，在 65% 以上（见原国家经委信息中心《关于百家企业信息化现状的报告》）。

浙江省经贸委技装处和省信息产业厅科技处于 2003 年进行了一次"浙江省企业信息化建设与应用水平调查"，其对象是浙江省 70 家大中型制造业企业，旨在反映浙江省大中型企业的信息化现状。其结果也可以大体上用于判断我国企业的信息化状况。

企业的信息化业务系统主要包括：（1）研发与生产系统，有 CAD（计算机辅助设计）、CAM（计算机辅助制造）、CAPP（计算机辅助工艺设计）、PDM（产品数据管理）、MRP（材料需求计划）等。这涉及从产品设计到整个生产过程中的自动化技术与计算机应用。（2）管理与集成系统，有办公自动化（OA）、财务管理系统（FMS）、人力资源管理系统（HRM）、供应链管理

（SCM）、客户关系管理（CRM）、电子商务（EC）、企业资源计划系统（ERP）。这部分主要涉及企业经营管理的各个环节，充分利用现代化信息技术、信息资源和环境，使企业的信息流、资金流、物流、工作各环节集成和综合，实现资源的优化配置，提高企业的经营管理的效率和水平，以提高企业的竞争力。根据调查，有以下研发与生产系统应用结果（见表3.24）。

表3.24 浙江大中型企业研发与生产系统应用情况

		CAD	CAM	CAPP	PDM	MRP
系统应用程度（%）	全部实现	39.7	10.4	6.5	3.6	0.0
	部分实现	44.4	47.9	42.6	41.6	21.5
	尚未着手	15.9	41.7	51.9	54.5	78.5
应用效果评价（%）	好	71.7	53.3	37.9	28.6	—
	一般	15.1	16.7	24.2	21.4	—
	差	13.2	30.0	37.9	50.0	—

资料来源：李靖华：《信息化深层次应用的解决方案——浙江省大中型企业的信息化调查》，载《中国纺织》2005年第21期。

根据表3.24，整体地看，在大中型企业中，除对CAD的应用外，尚未着手运用研发与生产系统的企业比重还是很高的。表明企业在设计和生产过程中的信息化程度不高。

对管理与集成系统应用的结果如下（见表3.25）：

表3.25 浙江省大中型企业管理与集成系统应用情况

	OA	FMS	HRM	SCM	CRM	E—C	ERP
建立管理与集成系统企业比重（%）	53.6	100.0	63.8	14.6	11.7	32.9	23.5
其中入网比重（%）	97.3	64.2	67.4	47.8	46.2	—	—
与其他系统互联比重（%）	43.2	50.7	26.2	30.4	23.1	—	—

资料来源：李靖华：《信息化深层次应用的解决方案——浙江省大中型企业的信息化调查》，载《中国纺织》2005年第21期。

表 3.25 显示，财务管理系统全部应用，并且与其他系统关联也较高，这主要是由于企业的信息化是从企业财务电算化起步的，具有较丰富的经验和成熟的系统。建立办公自动化和人力资源管理的企业比重也相对较高。但是供应链管理和客户管理在现代企业经营和市场运行中具有重要作用的系统应用太低，均不足15％，同样电子商务和企业资源计划系统的应用比例也很低。

以上资料是基于对浙江省大中型企业的调查结果，但根据浙江省作为经济发达地区的大中型企业的信息化程度，可以判断全国的企业信息化程度总体上应低于浙江省大中企业的水平。企业信息化决定企业对市场状况的反应、生产技术的先进程度和企业的经营效率，进而影响企业的竞争能力。中国的企业信息化程度不高是一个客观事实，这有观念的问题，也有我国企业的经营管理水平和实际需要没有达到必要的层次的问题。但无论如何，了解世界，以帮助企业走向世界有效快捷的方式就是运用电子信息手段，这是趋势。我国的企业在这方面近期的进步很快，我国实施"以信息化带动工业化"发展战略以来，企业的信息化也在加快发展，具备信息化手段的企业数也不断增加，这些企业为走出国门进行跨国经营作了条件方面的准备。

在人才方面，客观的情况是我国缺乏擅长国际化经营的高层次、综合性的经营人才，这已是我国企业从事跨国经营的一大主要障碍和制约因素。现代企业的竞争归根结底是人才的竞争。人才对企业的发展来讲作用主要体现在两个方面：一是管理人才，他们对企业的发展方向和目标要有整体的思路，要构思出企业发展的远景目标，同时还必须能够带领企业职工努力工作，充分调动各种积极性来实现这个目标，因此，对这类人才的要求是要有远见卓识，要有创新精神，还要有凝聚力和号召力；二是专业人才，他们是技术、生产、管理市场等方面的专家，对这类人才的要求是精通各自领域的问题，对本领域发展的趋势能够把握，具有创新精神和创新能力。因此，这两类人才都必须具备胸怀大志、腹有良谋、品德高尚、心身健康、知识渊博、创新求异的素质和精神。但是我国的企业这两类人才都较为稀缺。根据"2002年中国国际竞争力竞争优势的国际比较"资料，我国这两类人才的国际排名和指标值情况是，"称职的高级管理人员"（是否容易从市场上得到）排位49，分值3.59（最高者8.3），"获取合格工程师状况"（市场上合格工程师是否充足）排位49，分值3.8（最高者8.74）。

2003年相应的资料如下（见表3.26）：

表3.26 有关国家高级人才的市场获得排位表

获取合格工程师状况（市场上合格工程师是否充足，调查数据）			称职高级经理人状况（是否容易从市场上得到，调查数据）		
国家/地区	排名	指标值	国家/地区	排名	指标值
芬　兰	1	8.986	智　利	1	7.759
印　度	2	8.874	中国香港	2	7.591
智　利	3	8.690	瑞　典	3	7.458
日　本	26	7.359	韩　国	40	5.184
韩　国	43	5.796	日　本	42	5.086
中　国	51	3.878	中　国	50	4.020

资料来源：中国人民大学竞争力评价研究中心《经济日报》2003.9.2。

与2002年相比，我国两个指标的指标值有所上升，但排位却下降了，表明我国企业的技术和管理人才不能适应企业的发展需要。根据瑞士洛桑国际管理学院的评估报告，我国的国际竞争力面临的五大挑战中，有两个是涉及人才问题，一是企业管理人才缺乏，直接影响企业管理水平和国际竞争力，二是教育和人才培养落后，制约科技和管理竞争力的提升。

客观的问题还在于，我国人力资源存在结构性短缺，真正急需的人才进不来，留不住，而一般性人才（体能型）倒是大量存在。这也是市场的规律和现实，越是经济发达、实力强的国家和企业，越能吸引和留住人才，而我国当前只能落得个劳动力价格的相对优势。根据研究，人力资源的三个层次，即人的体能、人的技能和人的智能，对社会财富的贡献比例为 1∶10∶100，这就是说，一个高级的智能型人才，创造财富的能力是一个纯粹的体力劳动者的 100 倍。显然，高级人才的作用对于企业是至关重要的，而我们面临的又是这种"稀缺资源"的短缺，这是我国企业"走出去"进行跨国经营的一大障碍。

资本方面，任何投资主体要进行投资，首先就是要解决资本问题，在我国对外进行 FDI 的问题上，有观点认为，若按 M2 总规模与年 GDP 总量比较，我国是一个资本过剩的国家，同时从东南部发达地区的产业近几年平均利润下降判断，我国又产能过剩（温铁军，2003）。因此，资本输出（即对外进行 FDI）、产业转移就是符合规律的。当然也有观点认为，我国是资本稀缺国家，国家建设和发展需要大量资金，因此，要积极引进 FDI，而不是对外进行 FDI。但无论如何，对外进行 FDI 并不仅仅是发达国家的专利和要求。

从宏观上看，我国外储备充足，币值坚挺，为中国企业对外直接投资提供了投资条件。至 2006 年 2 月底，我国外汇储备跃居世界第一位，达到 8537 亿美元。根据经济发展的状况，外汇储备还将增加。理论上，外汇储备量与人民币汇率成正关系，外汇储备量的增长会促使本币汇率上升，即货币对外升值，而表现为币值坚挺态势。根据"通货溢价"理论，国际直接投资通常会从汇率坚挺的国家流出，如果跨国企业拥有相对坚挺的货币并进行投资，则可获得所谓的通货溢价的收益。所以，从政策上，为了充分有效地利用这些资源，应该允许企业自己保留更多的外汇，并鼓励有条件的企业到境外去投资。丰富的外汇储备，坚挺的人民币汇率对海外投资是一个有效的刺激。从企业的角度看，我国有不少经营得比较好的企业具有相当规模的资金积累，等待好的项目进行投资。可以说对外直接投资，我国的部分企业已经初步具备了资金条件。当然，企业解决资本问题的一个重要手段就是进行国际融资，借助现代企业扩张的手段——资本运营来使自己迅速成长，提高竞争力。

四、中国企业竞争力条件

迈克尔·波特教授在其《竞争论》中提出"如今，很少产业不停留在不受竞争侵入的平稳状态，或可主导市场的状态。没有哪个国家或企业敢漠视竞争。每个国家和企业都必须了解并让竞争主宰"。竞争是所有企业生存和发展的环境，因此，企业的竞争力就是企业能否发展，能在多大的范围发展的直接条件。我国的企业要走出国门，进行跨国经营，就必须要有相应的国际竞争能力。但目前的情况看，我国企业的国际竞争力还是不强。有如下2004年中国500强企业与世界500强企业盈利能力对照资料（见表3.27）：

表 3.27 2004 年中国企业 500 强与世界企业 500 强有关指标比较表

	中国企业 500 强①	世界企业 500 强②	①/② （%）
资产总额（亿美元）	34425	613634	5.61
平均资产规模（亿美元）	69	1227	5.61

	中国企业 500 强①	世界企业 500 强②	①/②（%）
营业收入总额（亿美元）	10862	148834	7.3
利润总额（亿美元）	382	7312	5.22
企业平均利润（亿美元）	0.76	14.60	5.22
人均营业收入（万美元）	43.54	268.27	16.23
人均利润额（万美元）	1.53	13.17	11.62

资料来源：人民网 www.people.com.cn，2004.9.8，2004 年世界企业 500 强和中国企业 500 强资料。

另根据我国专家对我国骨干企业竞争力的研究，从竞争能力（包括生存力、发展力、潜力）和竞争机制（包括制度、决策、激励、管理、创新）两个方面对 686 家国家骨干企业进行评价，其结果见表 3.28。

表 3.28 中国大企业竞争力强弱分布状况

竞争力强弱分布	2001 年		2002 年	
	企业数	比重（%）	企业数	比重（%）
企业数	686	100.00	559	100.00
其中：竞争力较强	2	0.29	4	0.27
竞争力次强	49	7.14	54	8.05
竞争力一般	236	34.40	244	43.65
竞争力较弱	399	58.17	266	47.58

资料来源：《统计研究》2003 年第 7 期。

从表 3.28 可见，整体地看，我国企业无论是与世界上先进企业比，还是客观地对企业作出竞争力评估，其竞争力都处于较低水平。

我国企业竞争力低的原因是多方面的，简要的分析主要有以下几方面。

（1）企业制度

像迈克尔·波特等西方学者在分析企业竞争力时，其考察的对象都是在成熟的市场经济条件下的现代公司企业，有着适合市场经济运行的企业制度。因此，企业制度对企业竞争力的影响的分析几乎不用涉及。但对中国企业来讲，企业制度确实是影响其竞争力的因素，事实上国有企业的竞争能力和竞争机制得分明显地低于其他形式的企业，这种企业制度与企业竞争力的显著相关关系是必须清醒认识的。另一方面，国有资本在缺乏有效监督机制的情况下，对外直接投资往往成为资本外逃，化公为私的渠道和手段，于是庄稼不收年年种，总是由政府为企业交"学费"。这种缺乏监督机制的国有企业对外直接投资，往往导致失败。现代公司企业的一个典型特征就是法人治理结构，即强调所有权和经营权的分离是公司控制权和剩余索取权分配的制度安排，一般以股东会、董事会、监事会和经理层的形式来体现。企业的创新能力、竞争能力在这种体制下会得到充分体现。当然从技术上看，将企业竞争能力或企业经营绩效中企业制度的贡献程度剥离出来是困难的，但大量的事实和理论研究都证明，以法人治理结构为特征的现代企业制度要比产权不清晰、所有权单一的企业制度更有活力。因此，我国的国有企业必须加快改制的步伐，或创新出有效的机制，以尽快适应国内、国际市场竞争的需要。

（2）研究开发（R&D）能力

由于科技进步的速度加快，新技术进入应用阶段的周期缩短，在企业竞争的诸多因素中，作为能保持技术优势的 R&D 作用已受到充分关注，有效地开发和利用技术成果是决定一国企业国际竞争力的关键因素，及时地引进新技术、新工艺并有效地向市场投放新产品是当代国际竞争较量中有力的武器。研究开发能力的强弱取决于企业对R&D的投入，在这方面我国企业的投入严重不足。

根据科技部的资料，有表3.29：

表3.29 中国大中型企业 R&D 支出及其占销售收入的比重

单位：亿元

	1995	1996	1997	1998	1999	2000	2001
R&D 支出额（A）	141.7	160.5	188.3	197.1	249.9	—	—
产品销售收入（B）	30831	33553	36257	37463	41912	—	—
（A）/（B）（%）	0.46	0.48	0.52	0.53	0.60	0.50	0.80

资料来源：1995—1999 年数据引自《中国科学技术指标 2000》，2000 年和 2001 年为报刊和网上资料。

一般而言，在以企业为创新主体的发达国家，企业对 R&D 的投入占其销售收入的 3% 左右，高技术企业则为 5% 以上，世界 500 强企业一般要占 5%—10%。我国尚未形成以企业为创新主体的格局，2002 年，我国的 500 强企业 R&D 投入占销售收入的 1.6%[①]，没有从事研发投入的大中型企业占 69%，没有新产品开发的企业占 67%[②]；2003 年，我国电子百强企业 R&D 占销售收入比重为 3.6%[③]，全行业观察这个比重会更低；全国高新技术开发区内 R&D 经费收入为 529.8 亿元，占其营业收入的比例为 2.45%[④]。

---

① 参见《我国企业技术创新现状分析》，全国生产力促进中心工作网（www. cappc. org. cn）。

② 参见《北京日报》2004.7.13。

③ 参见人民网，www. people. com. cn，2004.11.21。

④ 参见国家科技部火炬高技术产业开发中心：《2004 年国家高新技术开发区发展综述》，中国外资网（www. chinafiw. com），2005.7.19。

但也应该看到，我国 R&D 经费支出规模也是呈增大的趋势，这是我国科教兴国战略的具体体现，见表 3.30。

表 3.30 1993—2003 年 R&D 经费支出占财政的比重

单位:%

年份	1993	1994	1995	1996	1997	1998	1999	2000	2001	2002	2003
江苏	0.65	0.52	0.46	0.52	0.51	0.53	0.62	0.58	0.87	1.03	1.21
全国	0.62	0.50	0.60	0.60	0.65	0.69	0.83	1.00	1.09	1.10	1.30

资料来源：中国统计信息网，2004 年 8 月 10 日。

国家科技部《2003 中国科技统计年度报告》提供的统计数据还表明，全国 40% 的科技人员集中在大中型工业企业，大中型工业企业的科技投入不断增长，新产品开发取得良好效益。同时，随着自主技术创新力量的增强，大中型工业企业引进外部技术的强度在逐步减弱。近年来，由于企业购买国内外技术的支出小于自身 R&D 经费支出，R&D 经费与购买国内外技术支出的比例逐年上升，1999 年为 1∶0.88，2000 年为 1∶0.79，2001年为 1∶0.77，2002 年为 1∶0.74。表明企业不断注重自有技术的开发，对外部技术的信赖程度正在逐步减弱。我国企业日益成为技术创新的主体，这从表 3.31 可以看出。

表 3.31 2003 年中国 R&D 活动有关资料

单位:%

	企业	研究机构	高校	其他部门
R&D 经费支出比重	62.37	25.92	10.54	1.18
R&D 人员比重	59.93	18.62	17.29	4.17
发明专利：				
申请量比重	62.94	13.56	22.18	1.32
授权量比重	49.05	24.32	25.09	1.54

资料来源：根据科技部资料整理计算。

从表 3.31 可以看出，2003 年，我国企业研发经费支出占全国研发经费支出的 62.37％，企业的研发人员的比重也达到 59.93％，企业发明专利申请量的比重为 62.94％，授权量比重为 49.05％。可见，企业的技术研发投入速度加快，已经成为我国技术进步的主导力量。

（3）企业的管理水平

中国的企业在国内范围，大都能重视管理，注重管理的科学性和有效性。但作为一个现代企业和国际性企业，我国企业管理者还面临许多艰巨的挑战。现代企业由于信息手段的广泛应用，产品从设计、生产到销售都有很高的技术因素，而劳动者也不仅是一般的体力支出者。因此，管理过程讲究扁平化、柔性化，注重企业文化，强调学习型的企业模式已经成为趋势，要走出国门的企业，就必须要适应形势和建立这种管理模式。

我国企业管理水平不高，还表明在企业的宏观决策的能力和水平方面，具体表现在许多企业的投资区位选择不当。如纺织业是我国的优势产业，具有较明显的国际比较优势，也是我国的传统产业和实事上的边际产业，根据边际产业转移理论，应该选择该产业水平低于或相当于我国水平，具备资源条件适宜行业发展的国家或地区，这样会有助于发挥并强化该产业的比较优势。但是，我国的纺织业不少投资于纺织业较发达，有的甚至还超过我国水平的国家和地区。

（4）企业营销能力

营销是一种研究市场、开发市场的过程。由于市场的多变性，且市场全球化趋势已经形成，市场已成为最具有动态变化、最具有创新的领域之一，企业的营销能力已经成为企业竞争力的重要组成部分，在中国加入 WTO 之后，企业营销竞争更加激烈，这已成为我国企业在新的环境下面临的最大挑战之一。站在跨国经营的角度看，中国的企业虽然有一部分实现了跨国经营和全球营销，已初步具备了开展全球营销的战略基础，但其营销水平和能力不强，而且大多数国内企业的全球营销战略意识不强，它们在产品设计和定位、营销的目标和任务、国际市场进入的方式、营销的组织机构、市场营销信息的搜集方法等方面都处在较低层次水平，有的甚至仍在凭经验进行经营。中国的企业，应该以满足顾客需要为中心，重视市场信息，以市场信息作为营销策略的依据，积极运用市场营销组合策略，在产品定价、品牌战略、促销和销售渠道等方面全方位开展营销活动，提高自身的营销竞争力。

中国的企业走出国门，进行跨国经营，最终成长为跨国公司，本质上归结为竞争力的问题。中国的企业目前与国际上大企业相比，似乎处于明显的劣势，但是中国企业也有相对优势，有劳动力的比较优势，这是一个重要的优势，而且可以保持较长时期；有本土优势，中国是一个大市场，已构成国际市场的一个组成部分，加入 WTO 后，可以通过这个市场走向国际，而且中国有特殊的产品文化的先天优势；还有后发优势，作为跨国公司后来者，可以较低的成本和较小的风险掌握更先进的技术、管理经验、经营模式、组织形式等，可以走捷径，少走弯路，学习、观察和模仿，去掌握发达国家的跨国公司经过上百年积累起来的经验和教训。目前的情况是，发达国家拥有品牌、资本和技术等竞争力，但正在丧失制造业竞争力，而我国正因为有越来越强的制造业竞争力，在发展和壮大这个竞争优势的同时，培养出自己的品牌竞争力，发展自己的特有技术，这样我国的企业就有更大的发展空间。应该清醒认识到，我国的企业正处在跨国经营的初期，但我们要积极的迈出国门，发展自己的跨国公司。

4 中国跨国公司成长点分析

探讨中国跨国公司的成长，是基于经济全球化的趋势和中国已经是一个经济大国的客观现实，而且随着中国进一步对外开放和市场化的推进，中国不久必定成为经济强国。发展跨国公司，从国家的层次讲，经济发展到了一定的程度，就有开拓更广阔的市场、寻求更广泛资源的要求和条件，并且也是产业调整的战略要求，中国正面临这样的局面；而从企业的层次讲，只要具备某些体现所有权优势的条件和能力，企业就必然有对外进行直接投资的冲动和愿望，最终成为跨国公司。任何企业都有不断发展壮大的内在要求，对那些具有明显竞争优势，并且经营业绩出色的企业，有对外直接投资，最终成长为跨国公司的要求是自然而然的，中国目前已有一批这样的企业。

但是与中国经济大国的地位相比，中国的跨国公司表现为数量少、规模小、竞争力弱的特点，在国际上远未形成气候。目前全球跨国公司的数量大约为 6.5 万家，拥有 85 万家国外分支机构①，而中国经商务部批准和备案的对外进行 FDI 的非金融企业数，至 2003 年年底为 7470 家。1991 年以来各年相关资料如表 4.1 所示。

① 联合国贸发会议：《2003 年世界投资报告——以发展为目标的 FDI 政策：国家与国际视角》，2003 年，第 17 页。

表 4.1 1991—2005 年中国各年度对外直接投资情况

年 份	境外投资企业数（家）	中方投资额（亿美元）	平均每家境外企业中方投资额（万美元）
1991	207	3.7	178.74
1992	355	2.0	56.34
1993	294	1.0	34.01
1994	106	0.7	66.04
1995	119	1.1	92.44
1996	103	2.9	281.55
1997	158	2.0	126.58
1998	253	2.6	102.77
1999	220	5.9	268.18
2000	320	6.2	226.34
2001	312	8.3	306.34
2002	350	9.8	280.20
2003	510	20.9	409.80
2004	829	55.3	667.07
2005	1069	69.54	650.51

资料来源：《中国对外贸易统计年鉴2002》，商务部网站。

据统计，21 世纪初期，全球跨国公司的投资规模的平均水平，发达国家的企业为 600 万美元，发展中国家的企业为 450 万美元，而中国的企业，在 2004 年以后年度的平均投资规模才明显增加。根据联合国《世界投资报告 2005》的资料，2003 年发展中国家最大的 50 家跨国公司海外子公司平均资产为 9096 万美元，而中国在这 50 家最大的跨国公司中占 5 家，其海外子公司平均资产约为 8000 万美元，低于平均水平。若考虑中国全部跨国公司的海外子公司资产规模，则水平更低，离发达国家海外子公司的资产规模差距更大。就按海外子公司、分支机构数占企业子公司总数的比重所计算的"跨国化指数"（Tranationality Index）看，发展中国家的最大 50 家跨国公司为 60.17%，而中国的最大 5 家跨国公司的跨国化指数仅为 38.54%。[①]

到 2004 年年底，我国的对外直接投资总存量为 388.25 亿美元，与有关国家比较见表 4.2。

表 4.2 截至 2004 年年底中国 FDI 存量及其占有关国家 FDI 存量的比重

单位:%

	中国	韩国	俄国	英国	美国	德国	法国	日本	加拿大
FDI 流出存量（百万美元）	38825	39319	81874	1378130	2018205	833651	769353	370544	369777
中国为该国百分比（%）		98.74	47.42	2.82	1.92	4.66	5.05	10.48	10.50

资料来源: UNCTAD, *Word Investment Report* 2005, Country Fact Sheet, 作者整理计算。

中国跨国公司在规模和数量上的明显差距，意味着中国跨国公司发展迟缓，也预示着中国的跨国公司有充分的发展余地。

显然，要使中国的跨国公司在国际上有一席之地，就要加快发展中国跨国公司的数量和扩大中国跨国公司的规模。但是，企业要成长为跨国公司，必须具备一定的条件，而真正能成为跨国公司，对外进行 FDI 的只是少数企业。根据经典的跨国公司理论，企业必须具备所有权优势、内部化优势和区位优势才能对外进行 FDI，成为跨国公司。其中，区位优势是对外进行 FDI 目标地的投资环境和条件，是投资主体不可左右，但可以作出选择的外在条件；内部化优势则是跨国公司成长过程中而自然形成的，它可以保证跨国公司避免外部市场的不确定性或风险，降低其成本，这是跨国公司本身的行为；而真正作为企业成长为跨国公司的内在

---

① UNCTAD, 2006, *Word Investment Report* 2005, Annex table A. I. 10, 作者整理计算。

条件是企业必须具备一定的所有权优势，这种优势就是企业区别于其他企业所特有的竞争优势，它能保证企业在跨国经营过程中不断获利而发展成长。对中国企业而言，还有制度因素，良好的政策机制有助于中国的企业成长为跨国公司。此外，企业要成为跨国公司还有其他的一些外界条件：机遇和某种刺激，如一个好的投资项目，良好的企业进行 FDI 的环境，本企业的产品遇到国际上贸易壁垒的障碍，本企业产品在国内市场趋于饱和或竞争激烈，等等。联合国贸发会议在 2002 年 9 月份的《世界投资报告：跨国公司和出口竞争力》报告中指出，由于以下三个结构因素，推动了跨国公司对外直接投资，同时也促进了世界经济增长，这三个因素是：第一，各国竞相实行开放政策，减少对外投资的限制；第二，科学技术的进步及运输成本下降，使跨国公司在全球各地从事生产的成本降低；第三，国际竞争力加剧，跨国公司必须不断开发新市场。[①] 这三个因素致使企业更加愿意在境外从事加工生产，而非过去传统意义上的在本地生产好产品再销售到世界各地。下文将分析目前情况下中国企业成长为跨国公司的几个成长点。

4.1 成长点 1：具有垄断优势的企业

我国具有垄断优势的企业通常都是大型企业及企业集团，它们一直是我国企业对外进行 FDI 的主力，这些企业构成我国跨国

---

① 联合国贸发会议：《2002 年世界投资报告——跨国公司和出口竞争力（概述）》，2002 年，第 7—13 页。

公司的主体。据联合国贸发会议《2002 年世界投资报告》，截至 2001 年底，中国最大的 12 家跨国公司，主要是国有企业，控制着超过 300 亿美元的国外资产；而据联合国统计，至 2003 年，我国企业的海外资产总额为 350 亿美元。按这样的数据估计，中国最大的 12 家跨国公司控制的海外资产就占全国企业海外资产总额的 85％左右，而 2004 年我国最大的 5 家跨国公司的海外资产占同期我国对外直接投资存量的比重近 50％[①]。

大型企业之所以成为我国跨国公司的主体，是因为它们具有明显的垄断优势或所有权优势，例如它们有经营的规模经济优势，有大规模生产的技术优势，并由此所形成的品牌优势，还有资金优势以及经营管理的优势等。一旦它们进入国际市场，进行对外直接投资，建立自己的子公司，又形成了其国际经营的内部化优势，其直接的效果是创造经营的中间产品的内部市场，可避免外部市场交易的风险；建立企业内部的歧视性价格体系，使资金的转移、税负的合理避逃有了通畅的渠道；同时还降低了谈判、询价等交易成本；保证本企业的技术、技能等不外泄，以持续获得利益。对资源寻求型的投资还可以保证母公司所需资源的稳定来源，如上海宝钢集团与澳大利亚的企业哈默斯利铁矿有限公司合资成立的宝钢澳大利亚矿业有限公司，开发西澳大利亚 Paraburdoo 地区东坡和西坡的矿区，开发期 20 年，其生产的产品主要为块矿、粉矿及扬迪矿，年产量 1000 万吨，开发期内为宝钢和中国市场提供 2 亿吨优质铁矿石。在首期开发结束时，2002 年 6 月，宝钢与力拓集团正式签订了在澳大利亚投资组建瑞吉矿公司的合作协议，其中宝钢投资 5700 万澳元，占投资总

---

① UNCTAD，2006，*Word Investment Report* 2005，Country Fact Sheet：China，作者整理计算。

额的 46%。

　　我国的大型企业绝大部分是国有或国家控股企业，一方面，作为大型企业，具有明显的所有权优势，因而在国际市场体现出较强的竞争优势，这样的企业自然是中国跨国公司的成长点。同时，这些企业作为实现国家总体战略，包括产业发展战略、资源配置战略、国际竞争战略等的实体，也理应为我国跨国公司成长的重点。但另一方面，作为国有或国家控股企业，其产权界定的模糊性严重地影响了其跨国的经营和发展。因为作为海外投资的财产，包括各种资本化了的生产要素，其产权的界定是企业的组织设计和生产经营的核心问题。根据科斯定理，当产权明晰界定，且交易费用为零时，资源将被用于价值最高的地方，但是现实中几乎不存在交易费用为零的情况，而且交易成本经常是巨大的，这样"一旦考虑到进行市场交易的成本，合法权利的初始界定会对经济制度的运行效率产生影响"①。因此，为了节约交易费用和实现资源的最优化配置，必须尽可能合理地将产权和责任界定清楚，而且产权的界定必须经过法律的确认，否则高额的交易成本会使权利配置和收益的最大化无法实现。我国的大型企业及海外企业产权关系模糊，一方面常常导致海外国有资产严重流失，另一方面其在海外的经营活动常常受制于国内母公司和政府主管部门，缺乏自主决策权，使经营不具效率，甚至陷入困境。据统计，我国海外企业中，盈利的约占 55%，其中多为非生产性企业，收支持平的企业约占 28%，亏损企业约占 17%，其中主要是生产性企业。显然，有近一半的企业不能盈利。当然，导致企业不能盈利的原因有很多，但对国有企业来讲，产权不明晰

---

①　罗纳德·科斯：《论生产的制度结构》，上海三联书店 1994 年版，第158 页。

肯定是主要原因之一。因此，明晰产权关系，建立现代企业制度，是我国大型企业成长为跨国公司，并有效地开展跨国经营的重要而迫切的举措。

但无论如何，我国的大型企业的跨国经营还是有许多成功的案例，如中国石油天然气集团（中石油）所开展的海外重大合作项目最多，2003年在苏丹建成了年生产能力1000万吨的大型油田，并获得超过4亿吨的探明地质储量，建成了1506公里的长距离输油管道和年加工能力250万吨的苏丹炼油厂。此外，中石化和中海油也在"走出去"创业中取得了辉煌的成就。而宝钢集团、海尔集团、首钢、TCL集团、春兰集团等一批制造业大型企业也在对外直接投资进行跨国经营中取得了较大的成果。但是，我国的大型企业对外进行FDI成为跨国公司的企业数量不多，根据对所公布的2003年中国500强企业的前100强的网站访问，除去8家金融性企业，只有30%左右的企业对外进行FDI，建立了自己的子公司或分支机构而成为跨国公司。由此可见，我国的大型企业成长为跨国公司还有很大的空间，是我国企业成长为跨国公司的重要成长点。

4.2 成长点2：企业集群

企业集群现象由来已久，由于集群内的企业是利益独立的实体，又在一个相对稳定的区域内经营，使它们之间具有利益依赖关系，因此，企业之间是在有序的市场规则下进行竞争和经营的，它们专业分工、资源互补、依靠合作协议、承诺和信任进行经营，因此使集群内企业的经营效率和资源配置达到较佳的效果。

海外比较有名的企业集群有：(1)"第三意大利"，这是位于意大利东北部和中部地区的传统产业区域，大量中小型企业结网聚集在那里，这种聚集和结网提高了那里企业的竞争力，进而也提高了这个地区和国家的竞争力。"第三意大利"以一般的劳动密集型生产方式为主，但不乏高技术的控制过程，并且是以低成本的投入产出高质量的产品，同时追求时尚的设计和时髦的样式是其显著特征。(2)硅谷，位于美国旧金山东南的圣克拉拉谷地，是一个由十几所大学和几千家高科技公司组成的新兴工业区。这里是激光、微处理机、影像游艺机、家用计算机、无线电话、袖珍计算机等新技术和高科技产品的诞生地。是世界上最大的计算机和软件产地。(3)印度班加罗尔软件园，位于印度的科技中心、印度南部的班加罗尔市，这里聚集了海内外400多家著名的信息技术公司。该国在国际上享有盛誉的计算机软件公司，如韦普罗技术公司和信息系统技术有限公司，拥有2万名员工，而塔塔咨询服务有限公司软件出口全国排名第一。班加罗尔软件园的软件出口2001年度为16.3亿美元，是十年前的108倍。(4)台湾新竹科学工业园，该园1980年年底兴建，位于台湾新竹东区的南隅，占地605公顷，科学园内以引进高科技工业、生产高科技的产品为目的，包括电讯、电子计算机、精密电子、精密机械、生产技术、能源、材料、自动化及光电等高科技产业。园内有300多家企业，7万多从业人员。它与美国"硅谷"、美国"128公路"高科技产业带（亦称"硅路"）、法国索菲亚科技园、日本筑波科技城并称世界五大科技园。

国内也有大量企业集群地，如浙江宁波的服装、温州的打火机、海宁的皮装、广东佛山的建筑陶瓷业、顺德的家电业、北京中关村的电子信息产业，以及由广州、深圳、东莞、佛山、惠州等电子工业城市构成的"广东信息走廊"等。根据竞争力的理论，一个国家的成功并非来自某一项产业的成功，而是来自纵横交错的产业集群。一个国家的经济是由各种产业集群所组成的，这些产业集群弥补并提供竞争优势，反映经济的发展。[①]

当今的市场竞争，除了主要表现在企业之间的竞争外，又出现了一种新的形式，即企业集群之间的竞争。在经济全球化的背景下，在国际市场上竞争表现出色的企业，大都是建立在由充分发展的当地支持性企业以及相关机构组成的网络基础上的，今后的竞争尽管形式上表现为企业之间的竞争，但很大程度上是企业集群之间的竞争。企业集群的竞争力的本质，就是关联性强的企业通过专业分工，相互促进，共同发展而形成一种集群经济的具体表现。从跨国公司成长的角度看，企业集群可以作为一跨国公司成长发展过程中内部化优势的一种替代。因为内部化优势的目的是为了降低外部市场的交易成本及其不确定性，保证企业的有效运行，而在企业集群的环境中，这个目标自然可以实现。虽然企业集群中的各企业是相互独立的，但是它们之间有固定的经营关系和利益的相互依赖，进行有序的竞争，经营环境稳定，所以交易成本能够降低，并且可以预测，外部市场的风险大大下降。企业在集群内，地理上相对集中，缩短了相互之间的沟通时间和渠道，能够快速地相互学习，不断地进行创新和观念交流，形成了企业集群内部的一种自我加强机制。

目前，我国对企业集群与跨国公司发展关系的研究不多，而

---

① 迈克尔·波特：《国家竞争优势》，华夏出版社 2002 年版，第 148 页。

且这些研究还主要集中在国外跨国公司对中国的直接投资与中国
企业集群的关系方面（薛知求、任胜钢[1]），基本上没有涉及中
国企业集群发展的逻辑结果是跨国经营问题。

事实上，企业集群现象近年来发展非常迅速，作为介乎市场
与企业之间的一种组织经营现象，企业集群有其特定的经营优势
和特点（朱静芬、史占中[2]），其形成和发展也有内在的机理和
形式（朱静芬、史占中[3]，王君、王峥[4]，冯邦彦、王鹤[5]），并
且还有其特有的竞争力培养发展的途径（李新春[6]，符正平[7]，
刘志国[8]），因此，探讨企业集群经营发展为跨国经营对于完善
企业集群的研究具有理论意义，著名经济学家克鲁格曼较早就注
意到企业集群与跨国发展经营问题（Krugman[9]）。

成功的区域经济与成功的企业一样，应该拥有自己的核心竞
争力。而区域的核心竞争力往往表现在地方特色企业集群上。企

---

① 薛知求、任胜钢：《论跨国公司与集群区域的互动关系》，载《学术月刊》
2003 年第 5 期，第 43—49 页。

② 朱静芬、史占中：《中小企业集群发展理论综述》，载《经济纵横》2003 年
第 9 期，第 11—29 页。

③ 朱静芬、史占中：《企业集群现象的经济学分析》，载《商业研究》2004 的
第 11 期，第 34—37 页。

④ 王君、王峥：《产业集群与企业成长》，载《中山大学学报（社会科学版）》
2004 年第 6 期，第 229—237 页。

⑤ 冯邦彦、王鹤：《企业集群生成机理模型初探——兼论珠三角地区企业集群
的形成》，载《生产力研究》2004 年第 6 期，第 89—91 页。

⑥ 李新春：《企业战略网络的生成发展与市场转型》，载《经济研究》1998 年
第 4 期，第 70—78 页。

⑦ 符正平：《论企业集群的产生条件与形成机制》，载《中国工业经济》2002
年第 10 期，第 20—26 页。

⑧ 刘志国：《小企业集群——培育我国企业竞争力的有效途径》，载《生产力研
究》2004 年第 5 期，第 152—153 页。

⑨ 保罗·克鲁格曼、芳瑞斯·奥伯斯法尔德：《国际经济学》，中国人民大学出
版社 1998 年版。

业集群是由大量的相关企业空间聚集所形成的本地化的产业氛围和经营环境，是其他区域难以模仿的。企业集群作为一种高效的经营组织形式，它更有利于产品创新和创立区位品牌，从而更好地打造其核心竞争力。此外，它还可以形成更多优势，如品牌优势、成本优势、增长优势、市场优势与扩展优势等。这些都表明，企业集群有着不可替代的核心竞争能力。迈克尔·波特把企业的核心竞争力归结为企业所独有的，其他企业所不具备且难以模仿的能力。作为一种行动的能力，核心竞争力能使企业超越竞争对手。企业能通过这些核心竞争力，建立起市场领先地位，并获得巨大的市场份额和利润。企业集群的这种核心竞争力，使其能更好地在市场上站稳脚跟，寻求自身持续的发展，进而以其特有的形式进行跨国经营。在此，以广东中山古镇的灯饰企业集群为案例进行必要分析。

在"中国灯饰之都"广东中山古镇，常住人口不到 7 万人、占地面积 47.8 平方公里，现有灯饰企业 2500 家左右，由 1200 多家经营店筑成了一条"十里灯饰长街"。形成了非常著名的灯饰产业集群，年产值 500 万元以上的企业有 140 家左右，在 2003 年，古镇灯饰销售额就占全国灯饰市场的比例达 60%，其总产值也已达 60 亿元，2004 年达到 76.52 亿元。除了在东南亚等传统市场外，古镇灯饰还打入了中东、非洲等新兴市场和欧美等发达国家市场，其中"华裕"、"华艺"、"新特丽"、"胜球"等一批知名品牌在中东地区和欧美国家已享有较高的声誉。而古镇的进出口企业从 1999 年的 20 多家增至现在的 200 多家，产品远销到世界近 90 个国家和地区，2004 年出口额达 3.26 亿美元。

古镇的经济特点十分明显，在工业方面，个体、私有经济十分活跃，且居主体地位，约占经济总量的 95% 以上，形成了灯饰灯具、建筑装饰材料、五金制锁、化工涂料等几大行业，其中灯饰业是古镇的龙头行业，也是经济支柱。从1982年发展至今，经过二十多年的引导、扶持和发展，古镇已成为世界性几大灯饰专业市场之一，是国内最大的灯饰专业生产基地和批发市场，形成了明显的灯饰企业集群。1999年，古镇镇被确定为"广东国际灯饰城"，2002年荣获国家轻工业联合会和中国照明电器协会授予"中国灯饰之都"称号，形成了明显的区域特色经济。古镇分别于1999年、2002年和2004成功举办了三届中国（古镇）国际灯饰博览会，国际知名度不断上升，形成了特有区域品牌，赢得了国内外同行的高度评价，也为其进一步的跨国发展打下了基础。

古镇灯饰企业集群处在稳定持续发展的状态，但是在经济全球化的今天，作为一种产业集群的经营，面对全球市场的挑战，走进更广阔的国际市场是一个必然的选择。根据邓宁的国际生产折中理论，一个企业只有同时具备了所有权优势、内部化优势和区位优势，才会产生对外直接投资，开展以国际生产为主要形式的跨国经营。可以以这种理论分析古镇灯饰企业集群的跨国发展问题。

（1）古镇灯饰产业集群的所有权优势

所有权优势是指一些企业拥有或可以得到的那些外国企业不能获得的优势，而且主要表现为专利、技术、品牌等无形资产。中山古镇灯饰产业，从20世纪80年代中后期开始起步，经过近20年的发展，打造了一个十分成熟的"块状经济"。这个规模庞大的"块状经济"以灯饰制造产业为主链条，集聚了2500多家灯饰制造及其关联企业，同时，围绕灯饰制造产业链形成了多层次的区域专业市场。正如产业集群的区域比较优势原理所表达的

"产业势必在效益高的区位形成聚集"（王缉慈①）。古镇的集群优势主要表现在以下几方面：第一，是资金的共享与融通优势。融资以信用为基础，信用是一种商业文化，它的产生既需要一个过程，又依赖于经济模式本身的一种内在结构。正是产业集群这种特殊的内在经济结构，在其发展、形成、壮大的过程中带来了与之相适应的商业信用的产生和形成，使得在广东中山古镇灯饰产业集群中，产业链条的上下游以及旁侧关联企业之间 90% 以上都存在相互融资的现象。正是通过资金在产业链上的共享与融通，使得有限的资金以乘数效应充分放大，从而提升整个产业集群的竞争力。第二，是区位品牌优势。"古镇灯饰"这个世界级的区位品牌是该产业集群共享性的无形资产，而集群中的单个企业在打造这一区位品牌的过程中，投入并不多，是集群内各个企业无意识输出的正外部性共振的结果。作为一种资源，区位品牌一旦形成，它就不属于某单个企业，而是集群内的所有企业都能共享的。对以中小企业为主体的广东中山古镇灯饰企业集群来说，区位品牌已成为该产业集群核心竞争力的一个主要构件，它极大地降低了该企业集群内单个企业的市场开拓成本以及信息搜寻成本。无疑，区位品牌的共享作为企业集群中厂商对市场资源共享与融通的重要部分，大大提升了企业集群的竞争力。区位品牌是建立在产品的信誉基础上的。目前，该镇已拥有国家免检产品 3 个、广东省名牌产品 2 个、广东省著名商标 2 个。第三，劳动力资源的共享优势。与普通劳动力市场相比，中山古镇企业集群中的劳动力市场具有一种优势，那就是厂商与劳动者之间信息对称性强，企业集群内的厂商要招到熟练而又勤勉的劳动者，并

---

① 王缉慈等：《创新的空间——企业集群与区域发展》，北京大学出版社 2001 年版。

不是一件难事。而且，在中山古镇的专业劳动力市场上还存在一种临时性的、流动性强的劳动者，由于各企业接单不一定是连续的，各笔业务之间往往存在一个时间间隔，于是这种临时性的、流动的劳动者队伍就解决了许多厂家在较长时期内因固定员工的存在而负担加重的问题，提高了厂商经营的效益和生产的灵活性。第四，研发平台的共享优势。在企业集群中，单个的中小企业一般无力独立支撑一个研发平台，而企业集群对研发成果的市场需求为建立共享性的公共研发平台提供了市场基础。从而有力地支持了该集群的技术创新和产品创新。集群研发的有效开展使得古镇灯饰产品更新速度快，产品款式新颖，品种丰富，价格优势比较明显。古镇灯饰产品基本上每三个月便出现一次更新，灯饰业界有"灯饰潮流看京沪，京沪灯饰看古镇"的说法。一千多家灯饰企业共生产8大系列、一万多个花式品种的灯具。同时灯饰产品有比较明显的价格优势。中山古镇正在组建"广东省照明电器专利信息服务中心"项目。该项目2006年完成后，建立起完备的专利信息数据库，开发出相应的检索软件为古镇灯饰企业提供快捷的专利查询，使企业及时了解最新的技术发展情况，以减少企业在新产品研发中出现盲目性而形成的不必要的浪费。同时通过知识产权战略研究，制定《中山市古镇照明电器协会关于维护新产品开发权益条例》，开展维权工作，促进新产品开发和行业的健康发展。还将培育一批知识产权重点企业，定期评选优秀灯饰行业设计专利；该地区专利申请量年增长20%以上，数量及质量达到全省先进水平。古镇政府再投巨资，建设一栋占地2.5万平方米、高20多层的研发中心大楼，购进国际最先进的计算机设备，引进高精尖技术人才，为当地灯饰企业提供科技创新平台。第五，信息的共享优势。广东中山古镇灯饰企业集群中伴随有多层次的中间产品市场和最终产品市场，厂商之间在信息上的共享与融通往往就是通过这一平台来实现的，这些联结市场各方的市场平台最大的优势就在于信息量大、对称性强、集中、刷新速度快且信息搜寻成本低。这方面的优势是形成该企业集群核心竞争力的因素之一。

一个国内企业之所以选择到海外进行直接投资，无非是想保持和扩大该企业已经拥有的某些优势，并扩大在国际市场上的市场占有率。就古镇灯饰产业集群而言，它的核心竞争力是突出的，它的品牌优势是明显的，这将为其进行跨国经营奠定一个坚实的基础。在创新方面，相关企业集群可以促进专业知识的传播和创新扩散，并能激发新思想、新方法的应用。从以上分析可知，中山古镇灯饰产业集群中厂商对生产要素的全程共享与融通构成了其核心竞争力。可见，古镇灯饰企业集群具有所有权优势，拥有其特有的核心竞争能力，可以利用这种优势使其在国际市场上占有一席之地。

（2）古镇灯饰企业集群的内部化优势

内部化优势是指为了避免外部市场给企业到来不良影响而将企业的优势保持在企业内部，以发挥这些优势的作用，给企业带来经营利益。这实际上正是企业集群形成的重要原因之一。拥有所有权优势的企业，很多时候把它拥有的优势内部化要比有偿转让给他人更为有利，这就是跨国公司实现内部化的本质原因。企业单纯依靠出口可能会发生一些问题，如由于存在市场缺陷，企业之间通过市场发生的买卖关系可能出现时滞和交易费用，不能保证企业获利。在国际市场这个大环境中，这种可能性将进一步加大。由内部化理论可知，将市场上的买卖关系纳入企业内部生产活动中去，就可以避免时滞和讨价还价所带来的不确定性。也就是说，企业可以统一管理经营活动，以内部市场取代外部市场。古镇灯饰产品不仅畅销全国，还出口到东南亚、美国、欧洲、澳大利亚、台港澳等国家和地区，出口的国家和地区如今已由原来的二三十个增至 90 个。古镇灯饰在这个基础上的进一步发展，实现跨国生产性质的跨国经营，就能将相应的外部市场内部化，便会为其带来更进一步的发展空间。事实上，内部化理论的拓展可以在企业集群的跨国经营的问题上得到范围更广泛的解释，它既区别于单个企业在跨国直接投资过程中形成对自己特有专利、技术和品牌等的内部化使用，又区别于在国内范围的企业集群中形成的内部化，跨出国门的集群企业在企业之间形成真正意义上的内部化。从这个角度的深入探讨，将是对传统内部化理论的一个充实。

内部化可以为企业的经营带来很多好处，古镇灯饰企业集群也可以利用这个有效的方式来创造更大的效益。实现内部化，可以把古镇灯饰企业集群组建成一个企业集团或其他形式的结构，以更好地发挥整体竞争优势。古镇灯饰企业集群如何作为一个整体去考虑海外直接投资，这是企业集群进行跨国经营实现内部化值得进一步探讨的问题。

古镇灯饰企业集群一个重要的特征就是专业化分工特别细，这样的专业化分工就形成了一条长长的产业环节，灯具制造从五金、弯管、铜件、抛光、电镀、灯杯、灯罩、灯头、水晶、挂板、包装等每一道工序都分离出来。另外在每一个环节都对应一个中间品市场。处于中间品市场的厂家之间的竞争是相当激烈的，这种多层次的中间产品市场提高了中间产品厂家自身之间的竞争程度，这样的竞争既有助于提高中间产品的品质，又能降低中间产品的价格。可见，正是由于这种纵向和横向不严格的联合，使得古镇灯饰企业集群具有灵活性的优势。但这种联合是松散的，因为它没有像企业一样具有一个整体上的组织结构。然而，在企业集群里，企业之间的联系却是稳定的，并且由于这种特殊的产业组织形式，使其具有一定的灵活性。考虑到对外直接投资的前提在于是否存在着一个有跨国意愿且有实力的公司，但从当前古镇灯饰的现状来看，单个的企业无论从规模还是从产品，无论从经营方式还是从管理水平上都不具备对外直接投资的能力。古镇灯饰企业集群只有通过组建功能齐全、组织规范的企业集团，形成综合优势，才有可能进入国际市场。根据 Camuffo 的观点，一些大企业将长于产业集群[①]。

组建企业集团并不是把古镇灯饰企业集群区内的企业简单相加，这将抹杀集群内部原有的灵活性优势。如何在保持原有的灵活性优势的基础上进行企业集团的组建，便成为首要的问题。跨国公司的内部管理要求具有整体性，也就是说，跨国公司的生产经营单位虽然分散在国内外的许多地区，但它们的活动都是围绕母公司的总体发展目标与经营战略进行的。如果在古镇灯饰企业集群中组建企业集团，没有一个充当"领头羊"的公司将集群内部众多的企业整合在一起，那么，企业集群的跨国问题将难以实现。如果存在"领头羊"公司，那这众多的企业应以何种形式联合在一起，且又保证原有的灵活性优势不至于丧失，这是一个创新问题。

跨国公司的内部贸易是指母公司与国外子公司之间，以及国外子公司相互之间在产品技术和服务方面的交易关系。如果

---

① Arnaldo Camuffo, 2003, "Transforming Industrial districts: Large firms and Small Business in the Italian Eyewear Industry", *Industry and Innovation*, vol. 10. No. 4, pp. 377-401.

古镇灯饰企业集群能够实行跨国公司交易内部化，它将能有效地防止技术优势的扩散和丧失，并降低外部市场交易所造成的不确定性。另外，由于在现实经济中，利用市场是有代价的，在国际贸易中，每完成一笔交易需要克服许多贸易障碍，诸如买卖双方缺乏联系和缺乏互相了解对方的需求，因交易而发生的税收和履约风险等方面的交易成本。如果通过市场内部化，避免使用外部市场，必然会带来交易费用的节约。还有，通过在国外的子公司，可以更好地了解客户需求的变化，从而更好地满足需求。

古镇灯饰企业集群的内部化优势存在着不确定性，它取决于是否有一个核心企业去引领集群内部的众多企业组建一个以跨国为目标的整体，或进行某种组织创新。可见，在现阶段，古镇灯饰企业集群的内部化优势并不十分明显。如果不能实现内部化优势，那么企业所拥有的优势则难以加以内部利用。

（3）古镇灯饰企业集群跨国发展的区位优势

国际生产折中理论认为企业如果仅有所有权优势和内部化优势而无区位优势，那就意味着缺乏有利的投资场所，因此只能将有关优势在国内运用，生产后出口。区位优势是指由于存在着贸易壁垒，政府政策和相对资源成本的差异、市场规模及其发展的差异，把其生产的一部分转移到国外进行，往往比在国内更为有利可图。从谋求低成本方面，古镇灯饰企业集群对生产要素的全程共享与融通，有效地降低了该产业的成本。而到国外寻求低成本的灯饰生产地并非不是古镇灯饰企业集群所需考虑的。从扩大市场方面来看，欧美日灯饰市场对古镇灯饰企业来说，还存在着很大的市场开拓潜力。因此古镇灯饰企业存在着对外直接投资的可能性，以扩大其国际市场的市场份额。另一方面，贸易壁垒将为出口带来很大的限制。以欧洲市场为例，灯具产品进入欧洲市场有一系列的法规要求。而在具体执行产品检验时，直接引用的检验标准是欧盟的整合标准，这无形中就形成了非关税壁垒。企业集群的对外直接投资可以为克服这些壁垒起到一定的作用。对外直接投资的区位优势有两个基本视角，一是市场的潜力，二是进入的成本和经营的成本。就市场潜力而言，古镇灯饰的产品决定了须进入发达国家市场和新兴国家市场，这些国家和地区对灯饰需求量较大；就进入成本和经营成本而言，跨国投资主体最关心的是进入的效率和经营的效益。如今，在经济全球化的背景下，各国都充分意识到利用国际资源的重要性，尤其是绝大多数国家和地区都加入了世界贸易组织，WTO的规则也要求成员国清除壁垒，加大开放力度。所以，各国在对外开放方面，政策更加宽松、透明，管制减少，而自由化程度提高。

各国都在寻求国际直接投资（FDI）以促进经济增长和发展。对于吸引 FDI 并增加其收益，各国政府的政策非常关键。例如，2002 年有 70 个国家对外直接投资法律进行了 248 项修改，这其中 95％以上（即 236 项）是旨在使得投资环境更加有利于流入 FDI。此外，为了有助于吸引 FDI，越来越多的国家缔结国际投资协定（IIAs）。《2003 年世界投资报告》指出，对于大多数东道国来说，缔结 IIAs，主要是为了吸引 FDI；对于大多数母国来说，主要是使东道国的 FDI 规制框架更为透明、稳定、具有可预见性，并且更为可靠，减少未来 FDI 流动的障碍。对于任何一方，不管在何种层面上，FDI 规制框架都最有可能实现其目标。这就是大背景下企业集群的区位优势所在。当然，企业集群的投资区位只能选择，不能改变，对具体的投资方案而言，区位优势是具体而现实的。

企业集群的跨国问题有别于单个企业对外直接投资，实现跨国经营，企业集群的跨国发展具有更大的复杂性。从对中山古镇灯饰企业集群的跨国发展分析看，企业集群的对外直接投资存在着可能性。但以企业集群的形式进行跨国投资经营，现有的跨国直接投资理论对此的解释能力有限。所以，企业集群的跨国发展问题既有现实的紧迫性，又有理论的研究意义。

企业集群作为跨国公司的成长点，其成长形式主要有：（1）集群对外 FDI，或企业在国外相对集中地直接投资，形成海外的企业集群。比较典型的是台资对广东东莞和江苏昆山的 IT 业集中投资，形成相当集中的 IT 企业集群，取得非常好的效果，显示出强大的竞争力。集群企业对外直接投资，要解决投资主体的问题，此外还有投资行业、投资区域及集群规模等问题，一旦在海外形成企业集群，则将有强大持续的竞争力。（2）集群中的核心企业对外进行 FDI 成为跨国公司。利用国内企业集群的成本优势、技术优势、营销优势、产业链优势等，带动国内集群企业的出口，并促进集群企业的技术升级，或带动集群内企业对外直接投资，建立海外的企业集群。这个过程中，核心企业的作为很重要，它依托企业集群成长为跨国公司后，必须充分考虑这些企业的利益，强调合作，才能保持竞争力，谋求更进一步的发展。（3）集群企业演变为企业集团，作为大型企业对外直接投资，成为跨国公司。

目前由企业集群成长为跨国公司的案例不多，也鲜见这方面的研究，但是随着竞争形式的变化和竞争层次的升级，企业集群作为跨国公司的成长点也随之出现。

4.3 成长点 3：具有经营特色的
中小型企业

从企业成长的角度看，最终要成为跨国公司，最根本的条件，就是要具有较强的所有权优势，即归本企业所具有且能够持续保持其竞争力的条件、能力，也就是区别于其他企业的特定优势，其本质就是竞争优势。大型企业的所有权优势非常明显，其技术实力、资本实力、规模经济效益、人力资源、营销网络等都使它们在竞争中占据优势地位，因而其对外进行 FDI，成为跨国公司的条件较好。相对而言，中小型企业在这些方面存在较大的差距，但这并不等于中小型企业就没有条件和能力对外进行 FDI成为跨国公司。事实上，从数量上看，目前世界上的跨国公司大部分还是以中小型企业为主，据统计，在英国和法国约 80％的跨国公司为中小型跨国公司，发展中国家的跨国公司绝大部分为中小型企业。

中小型企业是一个相对的概念，是相对于大型企业而言，通常是按规模的大小为标准，许多也是处在创业阶段或发展阶段。按照我国划分企业规模的标准（以资产总额和年销售额为标准），99％的企业为中小型企业。而在美国，主要以企业雇员人数作为划分企业规模的标准，其规定雇员 100 人以下的企业为小型企业，按这个标准，美国的小型企业占全国企业总数（约 1000万家企业）的 98％，其中 5 个雇员以下的企业的比重高达 60％以上①。就跨国公司范畴而言，联合国 1993 年给中小型跨国公司划定的标准是，制造业雇员在 500 人以下，批发业雇员在 100 人以下，零售业雇员在 50 人以下的为中小型跨国公司。

中小型跨国公司在我国的经济生活中具有特有的功能，发挥着重要的作用。由于中小型企业数量巨大，涉及行业繁多，为社会创造了大量的物质财富，提供了丰富多彩的劳务产品，对市场起到了拾遗补阙的作用，满足了社会丰富多彩的需求。随着社会分工的不断深化和科技的日益进步，中小型企业在技术创新方面也将起到重要作用，例如，在美国，中小型企业研究新技术，开发新产品的效率要高于大型企业，中小型企业科研成果转化为新产品的过程一般只要 1—2 年，而大型企业通常需要 4—5 年。

就我国中小型企业跨国经营而言，它符合我国目前整体经济的客观需求。整体上，发展我国的跨国公司有两大战略动机，即获取资源和促进出口。我国是资源稀缺的国家，必须由更广泛的途径获得资源，一般而言，跨国直接投资获取国外资源是大型企业的能力范围。但中小型企业也可以凭这方面发生资源转移效果，中小型企业通过对外直接投资可以直接从国外获得较低成本的自然资源供给，间接地享受东道国当地资源供给和基础服务。这些中小型跨国公司，可以凭东道国的当地企业的资格，享受所在国提供的能源供给、原材料供给、交通运输、通信服务等，从而获取或享用国外的资源。在促进出口方面，中小型跨国公司的优势更为明显，由于中小型跨国公司的技术和产品更贴近市场，且经营灵活，比大型企业进入东道国的成本更低，易于被东道国接受。从出口的角度看，国外市场大致可分为发达国家市场和发展中国家市场，相对而言，发展中国家经济速度较快，需求增长

---

① 中美商务网（www.chinaus.net）。

也快，这是一个巨大但相对零星的市场，通过贸易增加出口是方式之一，但是打进发展中国家的市场不能只靠贸易，因为这些国家也同时在保护本国的市场，贸易壁垒始终存在。而发展中国家欢迎外国的直接投资，因为直接投资会给它们带来资金、技术和管理经验等，而且直接投资必然会给投资国带来更多的半成品，机械设备等的出口，这样中小型跨国公司的建立，带出的资金相对较少，又能促进出口。国际上，通过对外直接投资带动出口是基本战略，日本以及其后的亚洲"四小龙"都是通过发展自己的中小型跨国公司，来带动出口，尤其是对发展中国家的出口。

我国中小型跨国公司的发展状况，因 FDI 统计制度和该领域研究薄弱等原因，而缺乏详细的资料，在此仅以华人中小型企业在美国的直接投资状况作一个大致分析。因美国市场庞大，且是国际市场的制高点，企业一旦进入美国市场就很容易辐射全球，所以，对在美国直接投资的华人中小型跨国公司进行分析具有特定的意义。事实上，能进入美国市场也是一些有能力、有远见的中国企业家的奋斗目标，是一个十分明智的选择。但是，美国是一个十分成熟的市场，其进入的门槛要比进入其他国家和地区高得多。

根据最新的美国人口普查资料，在美国的华人共 288 万，其中来自中国大陆的占 43%，来自中国台湾的占 29%，来自香港的占 16%，其余的来自其他国家和地区。根据 2003 年的统计，在美国的华商（主要是港、台、大陆华商三大群体）总共有 16000 家，按人口比例的大致估计，大陆在美的企业约 7000 家，在美华商所从事的产业，已经从餐饮、制衣等传统产业进入超市、房地产、保险、金融、国际贸易、通讯、电脑、软件等行业，律师、会计师、医师、教师等专业人士也大量涌现。在美的大陆商人多为 20 世纪 90 年代前后赴美留学或移民，尚处在创业阶段，与在美的港商（20 世纪 60 年代开始发展）和台商（20 世纪 70 年代开始发展）相比，经济实力和从商经验不足，在当地经济的影响也有限。但是，中国改革开放的形势，以及他们对大陆的了解和人脉关系，使他们的商务业绩迅速发展，且获益匪浅，对中美经贸发展也起着十分重要的作用。总的来看，在美华商的发展表现出华商数量大幅增加，大陆背景比重加大，专业人才大量涌现，产业层次快速提升的特点。其主要原因是，中国的改革开放和经济高速发展，中国加入 WTO，中美贸易快速增长，以及十万大陆留美学生陆续进入社会就业等。美国政府对中小型企业采取的是鼓励政策，中国企业要在美国注册设立公司并不复杂，委托会计师或律师办理，通常两周左右便可完成。美国政府设有小企业局（SBA），对小企业提供资金贷款，职业培训和市场咨询帮助。美国政府认为，社会就业率主要靠众多的中小企业，中小企业对社会稳定具有至关重要的作用。因而制定了许多扶持政策。根据我国商务部的资料，至 2001 年底，中国在美兴办的贸易型和非贸易型公司共计 656 家，协议投资总额 9.3 亿美元，中方投资总额为 6.9 亿美元，而在民间（主要是中小型企业）估计有 2 亿美元，约 400 家企业①。可见，我国的中小型企业走出国门，对外进行直接投资的趋势正在形成。

但是，我国的中小型企业要成为跨国公司的成长点，还必须认清自己的优势和劣势。就我国中小型企业而言，其劣势主要有：（1）抗风险能力差。中小型企业因其经营规模小，经营单一，且资本不充足，使其在跨国投资中抵御风险能力很差，对非经济性风险、如战争风险、政治风险、国有化风险等，更是没有承受能力。而企业走向国外进行国际生产比产品出口要复杂得多，风险要大得多。（2）融资难。中小型企业因其跨国投资风险大的客观

---

① 中美商务网（www.chinaus.net），2005.7.8。

性，必然会遇到融资难的困境。中小企业融资难，不仅在中国如此，在其他国家也存在相同的难题。这一方面会使中小型企业难以实现对外直接投资，另一方面，已实现对外直接投资的中小企业因融资困难而增大了经营风险。（3）缺乏品牌。中小型企业因其不具备规模经济，因而不能形成较广泛的影响力，客观上就不具有形成品牌的条件，即便是少数形成品牌的产品，其影响也不大，以致可能做出口贸易要比进行海外直接投资有效益。（4）获取信息的能力差。中小型企业通常难以对投资地的投资环境、投资机会和有关法规等做详尽的了解和研究，对国外市场状况的了解也有限，这些必然给中小型企业直接投资和跨国经营带来困难和风险。（5）缺乏必要人才。我国中小型企业人员普遍知识结构偏低，更缺乏国际化经营人才。由于跨国经营管理是复杂的工作，因而需要具备丰富的知识，通晓国际惯例的复合型经营管理人才。由于人才的缺乏，常使中小型跨国公司经营受到限制，甚至陷入困境。

但是，我国的中小型企业所以会成为我国跨国公司的成长点，是因为在这些中小型企业中有许多企业具备了对外进行 FDI，实现跨国经营的能力和条件。事实上，中小型企业有其固有的所有权优势，使其在市场竞争中能够保持竞争优势，尤其是许多中小型企业还拥有独具特色的生产经营优势，如专有技术、差异产品、特有的工艺、独有的配方、灵活的营销方式和管理方式等。从一般意义上看，中小型企业的所有权优势表现在以下几个方面：

（1）成本优势

相对于外国企业而言，中国企业有明显的劳动力成本低的优势，这是中国企业在国际市场上参与竞争非常重要的一个优势；相对于国内的大型企业而言，中小型企业的成本优势体现在负担轻、人员精简、经营灵活等方面。大型企业通常都存在冗员过多，包袱过重，同时还有资源浪费、经营效率偏低等现象。中小型企业一般都进行劳动密集型、产业转移型产品为主的经营，这些产品的原材料等要素价格也比较低廉，同时中小型企业对成本能作较好的控制。中小型企业的低成本优势在市场上就是一种重要的竞争优势，这种优势通过企业对外进行 FDI，带入国际市场参与竞争，同样可使企业获得相应的优势。

（2）产权优势

相对于大型企业，我国的中小型企业，或者是经过改制，产权关系基本理顺，或者是无产权之忧的民营企业。明晰的产权关系，使得企业的战略决策和日常经营均以安全和效率为前提。企业的高层经营者或以股权的形式，或按企业所得提成的形式获得自己的收入，这种与企业经营效率直接挂钩的设计使经营者具有充分的积极性。此外，中小型企业在产权关系明晰的基础上就形成了简明高效率的组织结构优势，这种优势主要体现在高效率的运行和快速地适应市场变化的能力等方面。

（3）技术当地化优势

显然中小企业不一定拥有最先进的技术，但是，它们往往拥有符合当地市场需要的实用技术，这些技术是更接近于发展中国家市场的小规模生产技术和劳动密集型技术，这些技术的成本较低，这是由于中小型企业不具有大型企业那样的 R&D 能力，对技术开发研究投入水平低，为跟上市场的发展，往往是对现有的较先进的技术吸收后作较小改动，或直接使用现成的适用或成熟的技术。同时，这种规模技术的管理和使用费用低，而灵活性和适应性却更强。一般而言，投资企业与东道国的技术差距越小，就越容易在东道国实现投资。

（4）集群经营优势

在我国珠江三角洲和长江三角洲地区，形成了许多中小型企业集群经营的形式，这符合企业经营的内在规律，也将成为另一种趋势。从市场的角度看，集群企业经营会形成经营规模和经营氛围，从组织的角度看，集群经营可作为一种资源配置的空间形式，不仅能为企业带来经营设施资源共享的外部规模经济，也有利于企业分工协作的开展，有利于信息的交流与传播和交易费用的降低，有助于提高中小型企业的竞争能力。这种集群经济优势最初是形成出口创汇优势，随之就会发展为对外直接投资优势。目前以集群形式对外直接投资的案例不多，日本的丰田公司以大量中小型企业为基础的投资模式，和台商来中国大陆扎堆投资在广东东莞和江苏昆山形成集群都是较典型的集群经营优势的体现。

（5）经营灵活，适应性强优势

中小型企业通常都投入少，规模小，经营管理人员少，市场的进退成本低，对市场变化反应灵敏，这使得中小型企业比大型企业能更快地找到市场的切入点，更易于适应市场的变化，更便于转变经营方向。

（6）获得政府支持

由于中小型企业在经济生活中起着创造财富，完善市场供给，提供大量就业等重要作用，各国政府大都取扶持中小企业的发展。我国政府也已于 2003 年 1 月 1 日始执行《中小企业促进法》，该法规涉及对中小企业支持的内容包括资金支持、创业扶持、技术创新、市场开拓和社会服务等方面，其中第 35 条至第 37 条对支持中小企业开拓国际市场专门作出规定，其中的第 36 条明确规定"国家制定政策，鼓励符合条件的中小企业到境外投资，参与国际贸易，开拓国际市场"。[1]

从理论上看，绝大部分企业的成长都经历过市场利基角色

---

① 《中华人民共和国中小企业促进法》，法律出版社 2006 年版。

（或市场利基者）的阶段，中小型企业大都处在利基（Niche）阶段，以至于把利基战略视为一种企业的成长战略，即企业选定一个特定的产品和服务领域，集中力量并力争成为领先者，从当地市场到全国再到全球，同时建立各种壁垒，形成自己持久的竞争优势。在现实中，必然存在利基空间，这就是大型企业难以涉及也不屑于投入的市场，中小型企业就是通过专业化的经营进入这些领域而最大限度地获得利益成为市场利基者。一般而言，理想的利基市场通常具有以下特征：（1）小而专的商品市场，且多而广的地域市场；（2）具有持续发展的潜力；（3）市场小而差异性大；（4）企业的能力和资源与对这个市场提供的优质产品和服务相称；（5）企业已建立了良好的品牌声誉；（6）该市场没有垄断者。企业要把握的是，先选准一个小而专的产品（或服务），再集中所有资源专攻这一点，尽快形成优势，占领这多而广的地域市场，经济全球化环境为其提供了良好的条件和机会。利基战略是企业由小变大、变强的有效手段。事实上，那些大型跨国公司，都有着一段利基史。中国跨国公司的后来者，也要利用利基策略，创造新的优势，成长为跨国公司，最终在国际上占据有利的市场位置。

4.4　成长点4：具有边际产业特征的企业

由于我国的经济发展和人民生活近20年来处于快速上升时期，带动了大量企业的投资，同时由于市场需求的有限性和替代产品的不断出现，市场信息反馈又相对滞后，必然使得一部分产品的生产出现过剩的现象。生产过剩意味着国内市场竞争激烈导致企业获利水平下降，或生产能力不能完全实现，使成本上升，资源浪费，这意味着边际企业的形成。进入 21 世纪初，我国就开始出现产能过剩现象。根据国家统计局《统计年鉴》所列的"重点工业产品生产能力"与我国工业产品产量统计的对照（2000年），除资源性生产外，许多产品的生产能力过剩，如化学纤维、塑料、水泥、平板玻璃，而生活消费品的生产能力过剩则更多，从纺织服装到家用电器，从移动通讯手机到微型计算机等都有不同程度的生产能力过剩。根据日本经济学家小岛清的边际产业扩张论，一国应该将已经处于或即将处于劣势地位的产业转移到该产业正处于优势地位或具有潜在优势的国家，这样双方都可以获得比较利益。边际产业扩张论对我国的对外进行 FDI 的产业选择具有一定的借鉴意义。中国正成为世界制造基地，在纺织、服装、塑料、家电、化纤等行业拥有过剩的生产能力和技术，这些劳动密集型的行业在国内市场基本饱和，属于"边际产业"。根据产业转移的规律，可以将部分产业转移到国外，一方面，企业成长为跨国公司，去占据国际市场，利用国际资源，另一方面，那些生产能力过剩的企业，可以避免激烈的国内竞争，避免对国内资源的挤占和浪费。从战略上看，这也是我国产业结构调整的途径之一。将生产能力转移到有市场需求的国家，进行跨国经营，这实际是企业成长为跨国公司的动力之一，自然也是中国跨国公司的成长点。

由于一国的国际竞争力是通过该国的企业在国际上的竞争力具体体现出来的，故培养中国的跨国公司具有非常现实的意义。更多的中国企业成长为跨国公司是个必然的趋势，也是中国经济发展的重大战略，应该创造条件和机会促进有条件和能力的企业尽快走出国门。

5 中国跨国公司成长的
基础与路径研究

本章主要对中国跨国公司成长的基础与路径进行分析，并针对中国跨国公司成长的特殊性形成理论的观点和思考。

5.1 中国跨国公司成长的基础论

中国的企业成长基于其特定的基础条件和背景，脱胎于高度集中的公有制经济和计划经济，因而表现出以下的基础特征：

一、转型经济特征

中国长期单一的公有制模式和计划经济体制，严重制约了生产力发展和企业的成长。20 世纪 70 年代末期，中国开始了举世瞩目的改革开放，实行经济转型的历史创举。其大致经历是：第一阶段（1978—1984 年），转型的启动阶段。这一阶段是从农村联产承包责任制开始，向部分城市试点过渡，改革集中在扩大企业经营自主权，放权让利，其成果是初步建立商品生产意识，创建经济特区，开放 14 个沿海港口城市，开始引进外资，组建中外合资企业。第二阶段（1984—1991 年），转型的全面开展阶段。这一阶段以价格改革为突破口，以国有企业改革为中心，实施了更多的"放权让利"政策，并使企业更为相对独立。其基本成果是确定了发展有计划的商品经济，逐步建立和完善市场体系的转型取向，个体经济、私有经济和外资企业等非国有经济迅速发展，企业的改革以实现两权分离为指导思想。第三阶段（1992—2002 年），改革向纵深发展阶段，确定了建立社会主义市场经济体制的目标。这一阶段，在形式上是围绕企业改革和各项宏观经济的改革，如培育中国的资本市场，实行财税体制改革，对企业实行"抓大放小"政策，并在财政、社会保障以及在并购、破产和实施"债转股"政策等方面为企业解围。这一阶段的成果是确立了建立社会主义市场经济体制的目标，明确了建立"现代企业制度"的企业改革的主体思想，并对国有经济布局进行了战略性调整，建立有效的市场退出机制。第四阶段（2002 年至今），转型的攻坚阶段。中共十六大确定了再用 20 年使中国全面实现小康社会的发展目标，为此改革和转型引向更深层次，其重点是，以税费改革为核心的农村改革、金融改革、国有资产管理体制改革、政府行政制度改革和社会保障制度改革等。

中国的企业就是在这种转型经济中成长和发展的，而经济转型之前和其最初的一段时间，经历了高度集权，成分单一和封闭的经营环境，基本状态是，经济制度缺乏具体的法制规范，宏观经济运行总体是短缺型的，要素的流动处于严格限制的胶体状态，价格等市场机制处于严格管制之下，市场体系不完整，收入分配平均主义，与国际市场处于隔绝状态。经济转型就是要打破这种局面，建立一种充满生气的市场和企业经营环境。中国的经济转型采取的是明智的渐进式增量改革，这种渐进式增量改革是针对庞大的旧体制所形成的极大的改革阻力而实施的，其基本描述是在旧体制"存量"暂时不变的情况下，在增量部分首先实行新体制，随着新体制部分在总量中比重的不断增大，逐步改革旧体制部分，最终完成向新体制的全面过渡。这种渐进式增量改革对企业成长和发展具有特定的意义。根据资源依赖理论（Resource Dependence Approach），企业的生存和成功取决于它对外部环境的依赖，因而，企业的主要任务有两个：一是评估环境中群体的重要性以及企业从这些群体中获得哪些资源；二是管理与这些资源提供者的关系（Peffer and Salancik）[①]。显然，根据资源依赖理论，渐进式增量改革的直接结果就是在同一时间内出现了对企业而言具有不同成本和效率意义的资源获取途径，这样，就给企业提供了追求高收益资源获取途径和租金的强大激励。企业在这个过程中获得成长，而且新成立的企业的成长要优于原有企业。这一点与尤瑟夫·科林格斯（Jozef Konings）对中东欧转型国家研究的结果一致。他通过对企业生命周期阶段、企业规模和市场竞争情况的分析，比较不同类型企业的效绩情况，发现新建企业的业绩要好于原有企业（包括国有企业和私有企业），由此提出了对私有化的必要性和重要性的怀疑[②]。而本书由此所作的分析是，新建企业由于能更有效更低成本地获得有关资源，并且其内部管理与外部环境能保持较高的适应性，因而能较快成长。另一方面，在中国企业成长为跨国公司的进程中，目前能够跨出国门并进行较好经营的企业，也主要是得益于经济转型，通

---

① J. Peffer and G. R. Salancik, 1978, *The External Control of Organizations: A Resource Dependence Perspective*, Harper & Row: New York.

② 邬爱其、贾生华：《国外企业成长理论研究框架探析》，载《国外经济与管理》2002 年第 12 期，第 2—5 页。

常是大型国有企业有条件和机会获得政府的政策支持，包括金融政策、税收政策、国际间合作以及审批便利等优惠而顺利地对外直接投资，其他企业由于经济转型期而不能获得有效公平的对待。同时，由于经济转型是一个渐进而漫长的过程，目前仍然处在这个过程中，企业仍面对外部环境的不确定性和不完整性，自身的发展也不够成熟。

二、企业制度特征

中国的经济转型过程的各项战略和措施，在很大程度上是围绕中国的企业制度改革而进行的，推进公司制，建立现代企业制度，规范市场经济主体，是改革的重要内容，而健全法人治理结构是建立现代企业制度的核心。

企业法人治理结构，即公司治理结构，是一种据以对工商公司进行管理和控制的体系。公司治理结构明确规定了公司的各个参与者的责任和权利分布，诸如董事会、经理层、股东和其他利害关系者，并且清楚地说明了决策公司事务时所应遵循的规则和程序。同时，它还提供一种结构，使之用以设置公司目标，也提供了达到这些目标和监控运营的手段。公司治理结构是随着现代公司制中所有权和控制权的分离而出现的，并且是针对委托人和代理人所具有的不同目标函数，避免代理人的道德风险，规避"搭便车"等行为，保障委托人的利益不被侵害和滥用而作出的制度性安排。

一般而言，理想的公司治理结构有以下功能：（1）能够给经营管理者以足够的控制权去自由经营管理企业，发挥其经营管理才能，给其创新活动留有充分的空间；（2）保证经营管理者从股东利益出发，而不是只顾个人利益使用这些经营管理企业的控制权；（3）能够使股东充分独立于职业经营管理者之外，保证股东自由买卖股票，充分发挥开放公司的优势。要保证以上功能的实现，就要让所有者充分放权，但又要有足够的信息去判断其利益是否得到保证，期望是否得到实现，若其利益得不到保证，期望难以实现，股东应该有果断行为的权力，另外投资者还应该有充分的流动条件。

中国的公司治理，在改革开放之前，国有经济实际上也是典型的所有权与控制权相分离，形成了特殊的国有经济委托—代理关系，国有企业也存在法人治理问题，只是国家（所有者）解决法人治理问题的办法，采用的是最大限度地剥夺国有企业的经营自主权，政府完全掌控企业的剩余索取权和控制权的高度集权式的法人治理结构。这种法人治理结构的后果是激励不足，效率低下。改革开放以来，中国的国有企业改革经历了放权让利、利改税、经营责任制、承包制和建立现代企业制度等不同阶段，其本质上是沿着法人治理结构的主线推进。可以说中国国有企业改革的过程，就是其治理结构演变的过程，基本内容是，剩余索取权和控制权在政府和国企的经营者之间分配的变动。但是，由于国有资产管理体制的滞后等其他相关原因，尚未很好地建立起有效的法人治理结构。显然，作为一种微观制度安排，中国的公司治理结构的产生和发展具有与发达市场经济国家不同的初始状态和约束条件[①]。首先，它是宏观经济体制改革的一个组成部分，是从计划经济体制下的生产经营单位，转化为一个公司制的市场竞争实体，这个过程必然会受到客观制度环境和传统计划体制模式的影响和制约；其次，这是一个人为设计干预为主导的制度创新和突变过程，而不是伴随着现代企业的成长和发展应运而生的自

---

① 王远鸿：《我国公司治理结构状况分析》，中经网（www.cei.gor.cn），2002.12.23。

发演变过程；最后，当事人的主观意识和知识背景决定了其对市场经济和现代企业制度特征的认识有一个转变和深化的过程。因此，中国式的公司治理结构自然就带有浓郁的中国特色。

与此同时，非国有经济的公司治理也在改革的环境中以不同的方式发展，而国有企业的所有制呈现出多元化的趋势。根据陈佳贵和黄群慧的研究①，中国的企业存在三种治理模式，即政府主导型治理模式、家族主导型治理模式和法人主导型治理模式，而且其股权结构、内部治理机制和外部治理机制表现出不同的特征。其中，政府主导型的治理模式，主要是国有和国有控股企业，包括少数集体企业，股权结构是高度集中，其内部治理是以内部人控制为特征，董事会的决策职能与经理的执行职能不能分离，中小股东参与程度低，有的经营管理的激励与约束机制欠缺，企业各权利组织关系复杂。就外部治理而言，政府拥有经营管理人员的任命权，对企业重大决策的审批权，对经营管理者的外部监督约束权，而兼并、收购和接管等市场机制很少发挥作用。家族主导型治理模式，主要存在于私有企业和部分集体企业中，股权主要集中于家族成员手中。其内部治理是企业主个人决策或家族成员内部决策为主。经营管理人员的来源具有封闭性和家族化的特征，企业重视对管理人员的报酬激励，但是很少依靠外部市场机制的作用，它们在产品市场、资本市场和劳动力市场上的竞争激烈，并时刻面对破产、兼并、收购和重组的巨大压力。法人主导型治理模式则主要存在于法人控股的公司制企业中，股权相对集中。其内部治理特点表现为法人股东积极参与董事会决策，内部治理机制比较有效，重视对管理人员的报酬激

---

① 陈佳贵、黄群慧：《我国不同所有制企业治理结构的比较与改善》，载《中国工业经济》2001年第7期，第23—30页。

励，股东通过其在董事会的相应席位而拥有撤换经营管理者的权力。它们比政府主导型治理模式对外部市场机制的依赖程度要高，但仍不充分。

显然，中国企业在治理结构方面表现一些共同特点：（1）股权结构集中程度高，尤其是政府主导型的治理模式国有股"一股独大"；（2）内部治理机制不够规范，由于股权高度集中，使"用手投票"机制失灵，董事会缺乏独立性，出现内部人控制（Insider Control）问题；（3）外部治理机制不健全，同样是由于股权过于集中，"用脚投票"机制亦未真正形成，数量众多的小股东撼动不了企业的"当权者"的地位或对其形成压力。此外，公司治理法制环境不完善，《公司法》没能设立一种机制以确保股东大会不流于形式；没能确保董事会的相应职权；没有设立监事会履行职责的程序和保障制度等。与发达市场经济国家的企业相比，中国的企业在成长为跨国公司方面，企业制度因素是个重要的影响因素，与现代公司所要求的模式的客观差距，决定了中国跨国公司的成长受到限制，即使跨出国门，对外进行直接投资，也会因为其制度的不完善而影响其在国际市场上的竞争力，直至造成资产的流失。因此，对中国企业而言，企业制度应该构成其所有权优势的范畴。完善健全企业的法人治理结构是中国跨国公司成长的重要条件。

三、市场特征

企业与市场是一种共生的关系，企业的生存和发展是以市场为基础，市场也因需求和供给的存在而形成和发育。中国的企业处在经济转型期，使其所依赖生存的市场也表现出自己的特征。

（1）高度的不确定性

这种高度的不确定性的具体表现是市场的内在规则未健全和

完善，致使企业在这样的市场上会面临巨大的风险，也有巨大的商机。而造成这种市场高度不确定性的原因是：首先，市场化本身就是一个动态的过程，作为一个经济转型的发展中国家，改革的浪潮必然波及社会的各个层面和各个角落，市场作为竞争和利益实现的重要场所，必然会表现出不确定性；其次，经济转型是一个庞大的系统工程，与市场运行直接相关的法律框架、市场体系、运行机制以及相关的意识观念和文化等的建立需要很长一段时期才能完成，相对于西方发达国家经过数百年发展起来的成熟的市场体系而言，中国的市场经济环境显得具有较高的不确定性；最后，伴随着中国经济转型的是经济全球化现象，这使经济转型中的中国市场出现了"国内竞争国际化"的现象，即"内向国际化"[①]，这是一种新竞争环境，这种新环境是在高新技术快速发展和经济全球化的推动下形成的，对中国的企业和市场而言是一个新的复杂因素，是一种新的挑战，也是机遇。

（2）巨大的国内市场和高速增长的经济

中国是世界上第一人口大国，拥有世界人口的 1/4，达到 13 亿左右，有 3.7 亿多个家庭，加上改革开放以来的经济高速发展，这 30 年的平均增长速度达到 9％以上，市场需求极其旺盛，这使中国的企业拥有一个极大的国内市场，并且这个市场还有巨大的增长潜力。而经济全球化的趋势又使得国内市场国际化，这是实施所谓的"内向国际化"的结果。中国巨大的市场，强劲的经济增长为各类企业提供了众多的商机，这也是企业创业发展的动力所在。

（3）市场体系和运行机制存在缺陷

具体表现在，第一，市场体系不完善，中国的商品市场已有

---

① 鲁桐：《WTO 与中国企业国际化》，中共中央党校出版社 2000 年版，第 14 页。

相对较高的市场水平，但是资本市场、劳动市场、产权市场和技术市场等远没有成熟。与国际水平相比，中国经济的市场化水平较低。第二，法治体系不健全。法治是现代市场经济的基础，现代市场经济有效运作的体制条件是法治，其第一个作用是约束政府，第二个作用是约束经济行为，如果没有法治的这两个作用作为制度保障，产权从根本上说是不安全的[①]。第三，信用机制存在缺陷，其具体表现是假冒伪劣商品盛行、贷款和债务拖欠、合同失信、偷税漏税、欺诈哄骗、企业三角债、银行呆账坏账、上市公司虚假信息、中介机构无信誉等。信用机制缺失，使市场资源扭曲配置，严重影响市场运行效率，直接引发经济行为主体的过度冒险行为。第四，寻租频发。在经济转型的过程中，存在着产权不清晰的现象，直接导致权责不对称，寻租机会显示出高额收益的信号，加上市场体系不完善，法制不健全，这样会导致微观经济主体的冒险寻租行为。第五，缺乏现代观念和理性行为，中国的现代市场经济经历了非常特殊的历史背景和发展道路，它由封建经济基础上建立起高度的计划经济再转型市场经济，人们自然缺乏市场经济运行相关的现代观念和理性行为，如效率意识、平等意识、风险意识、信用意识等。

中国的企业面临这样特征的市场，一方面不完善不健全的市场体系和条件使市场不能很好地运行，另一方面企业又有较多的市场机会。从企业的跨国成长看，一方面巨大的国内市场使企业有充分的市场获利空间，影响了其对外进行 FDI，另一方面，国内市场的国际化使得企业有机会获得国际市场信息，形成国际视

---

① 钱颖一：《市场与法治》，载《经济社会体制比较》2000 年第 3 期，第 1—11 页。

野和思维，因而诱发其对外进行 FDI 的冲动。中国已经加入 WTO，意味着中国企业已面对因市场国际化所产生的压力。在经济全球化的背景下，企业在市场上若没有竞争力，就谈不上企业自身的生存和发展，就国有企业而言，就谈不上发挥国有经济的作用了。

近年来，随着中国加入 WTO，中国市场化进程明显加快，在政府行为规范化、经济主体自由化、生产要素市场化、贸易环境公平化和金融参数合理化等方面都有明显改善和进步，经济自由化程度有明显提高。根据北京师范大学经济与资源管理研究所参照美国传统基金会自由度指数的评分方法，我国 2001—2003 年市场化测度结果如表 5.1：

表 5.1 2001—2003 年中国经济市场化测度结果

指　　标	2001 年	2002 年	2003 年
1. 政府行为规范化	2.25	2.75	2.92
2. 经济主体自由化	2.20	2.27	1.84
3. 生产要素市场化	2.17	2.34	2.00
4. 贸易环境公平化	2.44	2.11	1.94
5. 金融参数合理化	3.00	2.34	2.84
总指标	2.51	2.36	2.31

注：指标得分越低，市场化程度越高。

资料来源：北京师范大学经济与资源管理研究所：《中国市场经济发展报告》，中国商务出版社 2005 年版。

而根据美国传统基金会（The Heritage Foundation）的《经济自由度指数》和加拿大弗雷泽研究所（The Frazer Institute）的《世界经济自由度报告》可以得到基本相同的结论。

表 5.2 美、加研究机构对中国 2000—2002 年经济市场化的测度结果

美国传统基金会《经济自由度指数》			加拿大弗雷泽研究所《世界经济自由报告》				
年 份	得 分	排 名	年 份	调整前		调整后	
				得分	排名	得分	排名
2000	3.55	127	2000	5.28	101	5.8	85
2001	3.64	128	2001	5.49	100	5.9	84
2002	3.46	112	2002	5.70	90		
156 个国家和地区排名			123 个国家和地区排名				

资料来源：www. heritage, 2003 年，2004 年，2005 年《经济自由报告》；
www. fraserinstitute. ca，2002 年，2001 年，2004 年《经济自由度指数》。

四、企业的能力基础特征

企业的成长、发展，最后成为跨国公司，取决于自己的竞争优势，而这种优势来源于企业的自身能力。关于企业能力的研究是属于企业战略管理理论的范畴。最早可以追溯到马歇尔（Marshall A）[①] 提出的企业知识基础理论和其提出的企业内部成长观点，认为由于专业化与分工导致企业内部出现新的协调问题，因而技能、知识和协调等不断增加形成新的内部专门职能，企业内部便发生相应的知识积累，从而推动企业不断发展，并提出知识是人类有力的生产力，认为企业组织有助于知识的增长。

之后，张伯伦（Chamberlin）[②] 重点研究了企业的异质性（Heterogeneity），认为特有的资产和能力是使企业处于不完全竞争状态，并获取经济租金的重要因素，他还列举了企业的几种关

---

① A. Marshall, 1925, *Principle of Economies*, London：Macmillan.

② Chanberlin Edward H., 1933, *The Theory of Monopolistic Competition*, Cambridge：Harvard University Press.

键资源，如技术能力、品牌知名度、管理者独立工作能力、与他人合作能力、商标和专利等。后马歇尔主义者彭罗丝（E. Penrose)[1] 的研究发展了马歇尔的"内部经济"思想，提出了企业内在成长理论，认为被新古典企业理论视作黑箱的企业资源和能力，是构成企业经济效益的稳固基础，是企业资源的异质性（Heterogeneity)，而不是同质性（Homogeneity）赋予了企业独有的特征。认为企业"不仅是一个管理组织而且是一个生产性集合体"，企业内部存在着知识积累以拓展其经营领域的机制，而且这种知识的积累是一种内部化的结果，企业节约稀缺的决策能力资源，新的管理者才能释放出解决新问题，促进企业成长的能量。彭罗丝认为，企业的规模取决于企业管理者拥有的知识和管理能力，这是企业理论中著名的"彭罗丝效应"。

自彭罗丝等强调企业能力以来，越来越多的学者投身企业能力理论的探索，特别是自 20 世纪 80 年代以来，企业能力理论发展非常迅速，目前已经成为企业战略研究的主流理论之一。但是随着研究的角度不同，也形成了不同的理论流派。主要有资源基础学派和企业能力学派。

资源基础学派是以沃纳费尔特（B. Wernerfelt）为代表，以其 1984 年在美国《战略管理》杂志发表的《企业资源学说》一文为标志[2]。指出，企业拥有各种有形资源和无形资源，在资源的差异能够产生收益的差异的假设下，认为企业之所以盈利，是由于企业的各种资源和积累的知识在企业间存在着差异，且资源优势会产生竞争优势；企业所具有的有价值性、稀缺性、知识性

① E. Penrose 1959, *The Theory of the Growth of the Firm*, New York: Wiley.

② B. Wernerfelt, 1984, "A Resource-based View of the Firm", *Strategic Management Journal*, 12(5): pp. 89-96.

和不可复制性，以及以较低的价格获取的资源，可以产生成本低和差异高的产品，这是企业获得持续竞争优势并取得成功的关键因素，企业竞争力就是这些特殊的资源。此后巴尼（Barney）提出了一个更具体的框架来鉴别创造持续竞争优势的资源特征，主要有资源是否是有价值的、稀缺的、难以模仿的、不可替代的[①]。并认为企业能力与资源是同一回事。科利斯（D. J. Collis）认为企业是实体资产、无形资产及能力三大要素的组合，企业的资产与能力决定企业的效率与成败，拥有最佳最适当资源的企业比竞争对手表现得更佳或成本更低，从而获得成功[②]。

企业能力学派认为，能力是企业有效组织使用资源，并使其产生作用，从而形成新的能力与新的资源的能力。其主要的代表理论有：（1）核心能力理论，认为核心能力（Core Competence）是企业（组织）中的积累性学识，其主要有三种类型，即市场通路能力（品牌发展管理、市场营销等）、与诚信有关的能力（质量管理、产品周期、供货能力等）、与功能有关的能力（提供差异的产品和服务等）（Prahald & Hamel)[③]。他们认为，核心能力是竞争优势的源泉。（2）基础能力理论，这是在核心能力基础上，提出综合动力性、系统性、认知性和整体性的能力概念，认为能力是为帮助组织实现目标而协同各种资源配置的组织能力，特别强调管理者认知和组织学习的能力。认为企业不应仅仅被描述为是一个经济实体或资源的积累体，而是一个有自我组织能力

① J. B. Barney, 1991, "Firm Resources and Sustained Competitive Advantage", *Journal of Management*, p. 17, pp. 99-120.

② D. J. Collis, M. Dynthis, 1995, "Competing on Resource Strategy in the 1990s", *Harward Business Review*, 7(8): pp. 26-36.

③ C. K. Prahald, and G. Humel 1990, "The Core Competence of the Corporation", *Harward Business Review*, 5(6): pp. 89-98.

的系统，一个有适应能力的有机体。而能力的动力性是指环境与组织变化和共同进化的动态性（Sanchez & Heene）[1]。（3）动力能力理论，这是在基础能力的能力动力性思想基础上的进一步延伸。认为资源是"黏性的"（Sticky），企业所拥有的特异资源不能随意改变或更新，而是依路径演化。该理论特别强调，企业为适应激烈变化的外部环境，必须不断地获取和整合具备能确认内外部的行政组织技术、资源和功能性的能力，可以在给定的路径依赖和市场位势条件下，不断获得新的竞争优势（Teece等）[2]。

事实上，对企业成长能力的研究无论是早期的企业内部成长观点，还是对企业异质性的探讨，无论是强调企业资源的意义，还是主张企业组织协调资源能力的作用，都表明影响企业成长发展能力的是企业所拥有的资源和其自身所具备的协调组织资源的能力。从这个角度看，可以判断中国企业跨国成长的能力基础。

国有企业在中国的企业发展中处于特殊的地位，在经济转型过程中，国有企业的成长和发展能力具有代表性。在资源占有方面，长期以来，由于国有企业的预算软约束和经营的低效率，使国有企业通常都占有大量的实物资源。而且，这种国有企业积聚实物资源的现象和行为一直延续到中国的经济转型时期。这是由于在转型经济中预算软约束仍然存在，致使国有企业仍偏好通过实物资源的积聚来谋求企业的发展；同时，由于制度的渐进式变迁，使得国有企业既有体制不稳定带来的政策性风险，又面临被推向市场而遭受较高的市场风险。面对各种风险，这些逐步具有

---

① R. Sanchez, A. Heene, 1997, *Managing Articulated Knowledge in Competence Based Competition*, Chichester: John Wiley and Sons.

② D. J. Teece, G. Pisano, A. Shuen, 1997, "Dynamic Capabilities Strategic Management", *Strategic Management*, 18(7): pp. 23-36.

独立利益的企业，为了经营的安全而有意识地保留较多的实物储备；此外，由于我国的经济转型是一个渐进的过程，在这个过程中，要素市场不可能在短期形成，因而国有企业也无法通过市场来实现这些大量沉淀的实物资源所带来的利益。所以客观上，国有企业占有着大量的实物资源①。

就企业资源来言，另一类是技术、专利、品牌等无形资产，这可以说是企业持续竞争力的源泉，也是企业异质性的主要体现。中国的企业相当部分无形资产匮乏，致使严重影响企业的竞争力和成长能力。其原因主要有：第一，起点低，传统上中国的企业缺乏经营的意识、创新的意识，自然也就缺乏品牌和技术的积累；第二，巨大的国内市场，使得许多企业在技术要求不高的条件下也能够正常经营，它们没有创新的压力和创立品牌的要求；第三，研发投入水平低，中国的绝大部分企业没有研发投入，而有研发投入的大型企业，其投入水平也明显低于国际上大型企业研发投入占销售额的 5%—7% 的水平。但是另一方面，随着中国国内市场的国际化，中国的许多企业实际是在与外国的先进企业进行竞争，因此，发展自主技术，创立自有品牌，提高经营效率，已成为中国企业的客观要求和压力。事实上，已经有许多企业具备了相当的竞争能力和成长能力，形成了自己的技术优势，逐步创立自有品牌。

企业的能力具体表现为组织协调能力、技术创新能力和融资能力等，实际上这几种能力相互关联，最终决定企业的成长能力或发展能力。企业主要经营管理者必须对现有的资源进行有效的组织和协调，以充分发挥其功能，最终获得企业的效益。企业的

---

① 张映红：《公司创业战略——基于中国经济环境的研究》，清华大学出版社 2005 年版。

融资能力与企业自身的实力、信誉有关，还与外部融资体制和条件有关，此外国有企业还有一些非市场的因素优势。同时企业还必须要有创新的意识和能力，形成激励创新的有效机制。

中国的民族工业中，有一批企业已经具备了极强的成长发展能力，并且成功地进行了跨国经营。其中电信业以华为、中兴等为代表，已经拥有了自己的核心技术和品牌，它们在固网产品、移动通信（3G）、软交换、数字集群、光通信和微波通信系统、有线和无线接入网系统等方面已进入国际先进水平；在 IT 行业以方正和联想集团为代表，方正集团真正拥有原创性核心技术，联想集团则已经形成了自主产权的核心技术体系，获得了国际产权组织（WIPO）授予的中国杰出发明专利奖；在家电行业，海尔、海信和 TCL 等是旗帜，海尔在 2004 年蝉联中国最有价值品牌第一名，海信则研发出我国电视领域第一块拥有自主知识产权的产业化数字电视处理芯片，结束了中国彩电依赖国外芯片的历史。最值得一提的是，汽车行业中，民族企业的代表奇瑞公司，目前已成长为年产数十万辆轿车，具有自主研发的大型轿车企业。奇瑞直接研发汽车核心动力发动机，现在可以生产 0.8 升到 4.0 升汽车发动机，几乎囊括了当今国际内燃机最新技术。这些企业所表现出来的成长发展能力与其研发投入和技术形成直接相关。

表 5.3　中国部分企业专利申请及研发投入情况

企　业	行　业	成立时间	累积申请专利	研发投入占销售额比重（%）
华为	电信	1988 年	8000（至 2004 年）	13.62[a]
海尔	家电	1984 年	4943（至 2003 年）	6.00[b]
中兴	电信	1985 年	2300（至 2005 年 5 月）	10.00[b]
方正	IT	1988 年	200 多（至 2003 年）	4.50[a]

企　业	行　业	成立时间	累积申请专利	研发投入占销售额比重（%）
联想	IT	1984 年	233（至 2004 年）	3.01[a]
奇瑞	汽车	1997 年	344（至 2004 年）	8.00[b]
海信	家电	1969 年	1193（至 2004 年）	5.00[b]

注：a. 2000 年数，目前华为年研发投入达 40 亿元人民币，联想、方正 2004 年研发投入超过 10 亿元人民币；b. 2004 年数。

资料来源：中企联合网（www.cec-ceda.org.cn），2005.12.15。

通常，能在技术研发方面取得成就的企业，都拥有较丰富的人力资源，积累了大量前期技术资源和技术开发及其应用的硬件设备资源，又不断地形成新的技术资源。当然，中国这些企业的研发投入的技术开发能力与发达国家的企业比还有明显差距。但它们是中国跨国公司的先行者。

5.2　中国跨国公司成长的阶段论

一个国家的跨国公司的发展状况以及在世界上所处地位的形成，是一个过程，而且始终处在一个过程中，而在这个过程中，判断其所处的阶段是一个重要的问题。对中国跨国公司的发展阶段作出判断具有实际意义。

关于企业国际化经营的阶段理论，国外的许多学者都做了不少的探讨，主要的理论有：

（1）罗宾逊六阶段理论

即企业的国际化经历起始阶段、出口阶段、国际经营阶段

（开始对外进行 FDI，以参股形式开办子公司）、多国阶段（建立跨国性的企业集团）、跨国经营阶段（母子公司从松散转向紧密）、超国际阶段（企业将全球战略贯穿整个经营过程），共六个阶段[①]。

（2）安索夫三阶段理论

企业国际化经营从低级到高级发展的不同形态分，有：出口阶段；国际阶段（对外进行 FDI）；跨国经营阶段（将整个公司纳入全球一体化的经营战略之中)[②]。

（3）企业经营国际化的阶段性理论

从企业经营管理的过程分，有：民族中心主义（Ethnocentric)（即按母国的行事方式、规范文化等开展经营管理）；多元中心主义（Polycentric）（即公司决策既考虑母公司的利益，也兼顾众多子公司及其所在国的要求）；全球中心主义（Geocentric)（即出于全球思维，以全球利益为最高利益，母公司与各外国子公司全面协作配合)[③]。

以上是对跨国公司一般的动态发展过程的研究和归纳，中国的学者也根据这个思路对中国跨国公司的发展阶段进行了分析，其基本结论是中国的跨国公司处在发展的初级阶段。但重要的是，要判断出中国对外进行 FDI 的横切面水平，其相对发达国家所处的阶段和水平，以分析出中国跨国公司的发展进程。这方面的实证研究几近空白。

---

① 理查德·罗宾逊著，马春光等译：《企业国际化导论》，对外贸易教育出版社 1989 年版。

② H. Igor Ansoff, 1965, *Corporate Strategy*, New York; Mc Graw-Hill.

③ 艾伦·M. 鲁格曼、理查德·M. 霍杰茨：《国际商务》，经济科学出版社 1999 年版，第 199－200 页；转引自鲁桐：《WTO 与中国企业国际化》，中共中央党校出版社 2000 年版，第 99－100 页。

通常一国跨国公司发展与其经济实力有直接的关系，这一点邓宁在他的国际直接投资发展阶段论的出色研究中已经充分说明。判定中国跨国公司的成长阶段，首先要分析其所处的经济发展水平以及相应的投资水平。

根据中国 2004 年的 GDP 规模，其相当于美国 1976 年的水平，相当于欧洲英、法、德、西、意、荷 6 国 1978 年的总和，相当于日本 1986 年的水平。

根据人均 GDP，我国 2005 年为 1700 美元/人，而根据世界银行《发展报告》，有关国家资料如表 5.4 所示：

表 5.4　有关发达国家 1970 年、1980 年人均 GDP 资料

国家		日本	美国	加拿大	德国	英国	法国	意大利	爱尔兰	奥地利	西班牙	葡萄牙
人均 GDP（美元）	1970	1940	4950	3880	2860	2250	2990	2000	1035	1950	1100	700
	1980	10440	12830	11040	14150	8550	12660	8010	5690	10660	5660	2800

资料来源：世界银行：《发展报告》，2000 年、2001 年。

由此推断，中国大陆 2005 年人均 GDP 相当于日本 20 世纪 60 年代末的水平，相当于欧美发达国家 20 世纪五六十年代的水平。但如果考虑地区特征，考察我国经济发达的珠江三角洲和长江三角洲，则有 2004 年资料如表 5.5 所示：

表 5.5　2004 年珠三角、长三角及其有关城市人均 GDP

地　　区	GDP（亿元）	人均 GDP	
		人民币元	美元
长江和珠江三角合计	42169.4	39546	4930.92
长江三角洲	28775.4	35040	4369.08
其中：上海市	7450.3	55307	6869.13
苏州市	3450.0	57992	7230.92

地 区	GDP（亿元）	人均GDP	
		人民币元	美元
无锡市	2350.0	52825	6586.66
宁波市	2158.0	39173	4884.41
珠江三角洲	13394.0	54639	6812.84
其中：广州市	4115.8	56271	7016.33
深圳市	3422.8	59271	7390.40
佛山市	1656.5	47658	5942.39
东莞市	1155.3	71997	8977.18
中山市	610.1	44005	5486.91

注：表中数据系2005年普查后调整数；人民币与美元汇率取8.02：1。

资料来源：中国统计统计网，2005.12.16；

国家统计局国际中心杨京英、王强、任小燕：《2005年长江三角洲珠江三角洲经济发展研究》。

可以看出，2004年我国经济发达地区的经济水平相当于欧美发达国家20世纪七八十年代的水平。另外，从制造业水平看，2004年我国已达到美国20世纪80年代的水平，达到欧洲英、法、德、西、意、荷6国1985年的总体水平，达到了日本1987年的水平。

从总体上看，中国的经济发展大致处在主要发达国家20世纪70年代的水平。

对中国的对外直接投资所处的阶段，可从以下几个方面作出分析：

（1）年度对外直接投资水平

我国2000—2004年的对外直接投资规模资料如表5.6所示：

表 5.6　2000—2004 年中国对外直接投资流量

	2000	2001	2002	2003	2004
对外 FDI 流量 （亿美元）	9.16	68.85	25.18	18.00	18.05

资料来源：UNCTAD，*World Investment Report* 2005，作者整理。

计算这 5 年的平均数作为我国最近对外直接投资水平，即有我国年度对外投资平均水平为 27.85 亿美元，而发达国家达到这一水平的时间见表 5.7：

表 5.7　有关发达国家在 20 世纪七八十年代有关年份对外直接投资水平

	法国	德国	意大利	英国	加拿大	美国	日本
对外 FDI 流量（亿美元）	31.37	24.18	24.56	20.17	22.78	75.90	28.98
年　份	1980	1977	1986	1972	1978	1970	1979

资料来源：UNCTAD，*World Investment Report* 2005.

可见中国的对外直接投资水平大致处在发达国家 20 世纪 70 年代的水平。

（2）对外直接投资存量水平

中国 2004 年的对外直接投资存量总规模为 388.25 亿美元，而有关发达国家对外投资存量达到这一规模的时间见表 5.8：

表 5.8　有关发达国家 20 世纪 80 年代对外直接投资存量

	法国	德国	意大利	英国	加拿大	美国	日本
对外 FDI 存量（亿美元）	377.53	431.27	374.32	804.34	358.30	2153.75	379.20
年　份	1985	1980	1988	1980	1984	1980	1984

注：因无 1980 年之前的资料，德国、英国、美国在 1980 年之前已经超过 388.25 亿美元的存量。

资料来源：根据 UNCTAD，《世界投资报告 2004》整理。

从以上对外直接投资存量规模看，中国当前的对外直接投资相当于发达国家 20 世纪 80 年代的水平。

（3）FDI 流出绩效指数[①]

根据联合国贸发会议 2005 年的《世界投资报告：跨国公司与 R&D 国际化》，中国的 FDI 流出绩效指数（OND），用三年移动平均有 2002—2004 年的位次为 72 位。

2001—2004 年主要发达国家 FDI 流出绩效指数见表 5.9：

表 5.9 有关发达国家 2001—2004 年 FDI 流出绩效指数

	法国	德国	日本	英国	美国	加拿大	平均位次
OND_{04} 排位	16	81	40	14	25	13	32

资料来源：UNCTAD，*World Investment Report* 2005。

可以计算中国与主要发达国家绩效指数的平均位差[②]，来反映中国与有关国家 FDI 的流出绩效指数位次的差距。中国 2002—2004 年 FDI 流出绩效指数位次与以上发达国家该指标的平均位差为 41。若以每年前进三位计算，则中国对外直接投资的流出绩效指数相当于主要发达国家 20 世纪 80 年代的水平。

FDI 流出绩效指数可以反映一国跨国公司总部决定对外直接投资的两个因素的情况，一是"所有权优势"，即企业特有的实力，二是"区位因素"，主要反映跨国公司在母国和东道国之间不同产品和服务生产中起传导作用的经济因素。

（4）FDI 外流量占固定资产形成总额比重

中国 2000—2004 年的相关指标见表 5.10：

---

① *FDI* 流出绩效指数：$OND_i = \dfrac{FDI_i \big/ FDI_w}{GDP_i \big/ GDP_w}$。

② 绩效指数的平均位差 $= \dfrac{1}{n} \sum\limits_{i}^{n} (OND_c - OND_{fi})$。

表 5.10　2000—2004 年中国对外 FDI 及其占固定资产总额比重

	2000	2001	2002	2003	2004
对外 FDI 占 gfcf 比重（%）	0.2	1.5	0.5	0.4	0.2
对外 FDI 额（百万美元）	916	6884	2518	1800	1805

注：表中 gfcf 为"固定资产形成总额"。

资料来源：UNCTAD, *World Investment Report*, 2004, 2005, 作者整理。

用序时平均数原理计算，这 5 年外流 FDI 规模占固定资产形成总额的平均比重为 0.5%。而主要发达国家在 1970 年该指标即远远大于 0.5%，其中日本恰好为 0.5%。由该指标判断，中国对外直接投资相当于主要发达国家 20 世纪 60 年代的水平。

从以上四个方面分析看，中国的对外直接投资大致处在主要发达国家 20 世纪 70 年代的水平，与其经济水平相当但略显滞后。

与日本相比，中国目前正好处在小岛清提出的边际产业转移理论所解释的年代，即 20 世纪 70 年代。边际产业转移理论以较完美的逻辑合理地解释了当时日本企业直接投资的现象。而注意到日本随后从进入 20 世纪 80 年代始，其对外直接投资就以惊人的速度发展，从 1980—1990 年，10 年的年平均增长速度为 35.02%，而 1980—2000 年这 20 年的平均增长速度也达到 13.78%。中国目前已经或即将出现边际产业，具体表现为：首先，自然资源的紧缺。根据中国地质科学院在 2003 年 1 月发表的报告，中国所有的矿产资源都处于紧张状态，将在二三十年内面临包括石油、天然气在内的各种资源的短缺。改革开放以来，中国的工业化进程突飞猛进。从 1990 年到 2001 年，中国石油消费量增长 100%，天然气增长 92%，钢增长 143%，铜增长 189%，铝增长 380%，锌增长 311%，十种有色金属增长 276%。

这样的消费速度，迅速消耗了国内的资源。中国人口占世界的21%，但石油储量仅占世界 1.8%，天然气占 0.7%，铁矿石不足 9%，铜矿不足 5%，铝土矿不足 2%。到今天，我们已经不可能靠国内资源来支撑今后的发展。从消费总量看，到 2010 年，我国的石油对外依存度达到 57%，铁矿石将达到 57%，铜将达到 70%，铝将达到 80%[①]。其次，中国部分产品产能过剩，根据商务部发布的《600 种主要消费品和 300 种主要生产资料商品供求调查报告》称，2005 年中国商品市场出现新情况，部分行业库存增加，供求关系发生逆转。国内 600 种消费品中，86.9% 的商品供过于求。种种迹象表明，我国市场供大于求的矛盾有再次加大的趋势，部分行业产能过剩的现象将面临大面积扩散的可能[②]。在这方面，我国已有许多家电、纺织、服装等行业成功地对外进行直接投资，实现生产和对外技术的转移。在纺织领域华源集团投资墨西哥的项目是一个成功的案例，华源集团根据国内纺织和纺机设备市场饱和，产能过剩的情况，于 1999 年在墨西哥投资 9220 万美元，建设 10 万锭的棉纺企业，2001 年投产，只通过三年多的努力，其 SINATEX 棉纱品牌就已经占据了美国市场的重要地位，成为北美地区的知名企业，SINATEX 已成为一个著名的棉纱品牌，其销往美国的棉纱占全部棉纱销量的80%，2004 年占墨西哥出口美国棉纱份额的 20%，占美国从全球进口棉纱份额的 4.33%。通过对外直接投资，促成生产成品与初级产品之间的纵向专门化，增长这类失去相对比较优势的产品的进口，或扩张国际生产能力和销售能力，将过剩产能转移，

---

① 中国科技信息网（www. chinainfor. gor. cn），2003 年 1 月 14 日和 2004 年 2 月 11 日发布。

② 新华网（www. xinhuanet. com），2005. 12. 1。

形成顺贸易导向的投资。最后，中国目前部分产业频繁遭遇的贸易壁垒，也使这些产业处于相对劣势地位，有必要对外直接投资。同时注意到，通过对外直接投资，可以将部分高能耗、高污染的产业一定程度地向外转移，这事实上也是对外直接投资的功能之一。

参照日本当年的经济水平和随后的对外直接投资的规模和速度，中国的企业也应该有所准备。

5.3　产业转移极限论：中国跨国公司成长与产业结构问题

目前有不少学者把对外直接投资视为产业转移，进而是作为我国产业升级的措施，他们把小岛清的"边际产业转移理论"和弗农的"产品生命周期"理论作为跨国公司理论中解释产业转移的经典理论依据，有的还把这个演绎成是我国的"走出去"战略依据，把发展自己的跨国公司视为是一个提升我国产业结构的重大战略部署（刘文钢等[①]）。

但是笔者认为，中国的对外直接投资在很长一段时期内将与产业结构调整没有直接关系。

理论上，费雪（A. G. B. Fisher）1935 年在其《物质进步的经济含义》中首先提出三大产业概念，在其前后的早期经济学家都只从产业本身的运行考察宏观经济结构问题，大都仅限于产业

---

① 邓洪波：《中国企业"走出去"的产业分析》，人民出版社 2004 年版。

的增长，尚未对产业方面的结构性问题进行研究。近代经济学家中，英国的科林·克拉克（C. G. Clark）的《经济进步的条件》[1]是真正对产业结构研究的开端，他研究了劳动力从第一产业、第二产业转移的规律。随后美国经济学家西蒙·库兹涅茨（Simon Kuznets）进一步研究了克拉克的结论，更完整地论证了三大产业结构的演变规律，提出了经济结构各阶段演变的特征以及其所反映的不同时期生产力的性质，为以产业结构状况来判别一国生产力发展水平提供了基本标准[2]。此后，钱纳里（H. B. Chenery）和塞尔昆（M. Syrguin）[3]，等先后用经济发展统计数据和经济增长模型对经济结构和产业结构进行了定量分析，对实际经济运行检验，分析了所考察国家在经济增长和技术进步共同经历的经济结构变化的格局，比较得出结构变化引致经济增长的模型与现实相符的结论。刘易斯（W. A. Lewis）则对发展中国家经济结构变化作了开拓性的研究，分析了发展中国家普遍存在的"二元经济"实现产业升级的方式[4]。之后费景汉（C. H. Fei）和拉尼斯（G. Ranis）将"二元经济"的发展划分为若干阶段，提出可通过现代工业部门从资本浅化到深化的发展，使"二元经济"结构消失[5]。此外，日本经济学家赤松要、筱原三代和宫泽健一等在产业发展形态理论和产业经济学的建立方面

---

[1] C. G. Clark，1957，*Condition of Economic Progress* 3reded Macmillan.

[2] 西蒙·库兹涅茨：《各国经济增长——总产值和生产结构》，商务印书馆1999年版。

[3] H. 钱纳里、M. 塞尔昆：《发展的形式：1950—1970》，经济科学出版社1988年版。

[4] 刘易斯（W. A. Lewis）：《劳动力无限供给下的经济发展》，载《二元经济论》，北京经济学院出版社1989年版。

[5] Fei C. H. & Ranis G. ，1961，"A Theory of Economic Development"，*The American Economic Review*，vol. 51，(4)Sep. ，pp. 533-565.

作出了卓越贡献。在产业经济学的文献中，主要涉及产业结构变动的形态、产业变动的原因和产业变动的结果（主要是对经济增长的影响），而几乎没有论及通过对外直接投资的形式实现产业结构的升级。

实际上，中国的对外直接投资不是产业结构调整的手段，尤其是不会按照通常产业升级的标准，通过向外转移相关的制造业来提升第三产业的比重，或转移落后技术，使行业内技术水平迅速提高从而达到所谓产业结构的升级。这是基于这样的客观事实：中国的国内市场巨大，而劳动力价格低。巨大的国内市场，使我国必须保持充分的制造业水平和能力，其绝对规模必须足够大，这样才能保证国内市场的需求，同时充裕而价格低的劳动力供给，在相当长时期内可以使得国内消费者的福利不减甚至提高，而该比较优势有利于中国商品在国际市场拥有竞争力。一旦劳动力价格上升，致使相关产业失去竞争力时，部分企业自己会做出调整，对外直接投资无疑是重要选择。但是中国绝对不会等到那个时候再去进行对外直接投资。中国产业结构的升级不是靠对外直接投资转移有关制造业来实现，而是靠提高劳动生产效率，培养更广泛的消费市场和形式，因而降低农业的就业数量和农业增加值在经济总量中的比重来实现。需求和需求结构的变化必然会带动和引导产业结构的相应变化。发达国家的产业结构变换率高，主要是由于需求结构的高变换率以及对外贸易和技术革新的高速发展而引起。事实上发达国家第三产业比重高，主要是由于其有充分的制造能力和贸易体系，是由于劳动生产率的极大提高和物质产品极为丰富的结果，而并非完全是靠转移出主体制造业的结果，美国 2005 年的制造业增加值规模比我国 2005 年全年的 GDP 还要大。

显然，中国的对外直接投资不是产业结构调整的手段，但是中国仍有对外直接投资的需要和动力。中国的对外直接投资主要是剩余产能的转移，是市场需求导向、资源需求导向和技术需求导向型的对外直接投资。在此，本书提出产业转移极限论来解释发展中的大国——国内市场大，有劳动资源优势的国家，如中国、印度等国的跨国公司的形式及形成的观点。

许多产品的世界市场需求是客观存在的，而且数量巨大，如纺织品、服装、家用电器、家具、纸张、塑料制品等，这些产品的市场特点是需求量巨大，主体需求的技术含量不高且需求规模稳定，易于形成规模经济等。如果说，发达国家已经将这些所谓的"夕阳工业"转移出去，而发展"朝阳工业"的话，那也肯定不存在这种模式的无限循环。这些"夕阳工业"转移到中国、印度、巴西、阿根廷等这类国家——劳动力资源丰富，国内市场巨大，吸纳某种程度的污染能力强，具有相应的技术条件等，则将成为产业转移的极限。因为其他小国没有能力去接续这种产业的转移，也没有能力与这些大国进行竞争（难以形成规模经济等）。于是，便出现了这些发展中的大国的这些产业在这些层次上的跨国公司，这些企业同样具备跨国公司所须拥有的所有权优势、内部化优势——拥有自己的经营管理特色和效率，拥有特定的营销技巧和方式，且拥有某些特定技术，并寻找区位优势进行直接投资（FDI）。它们在国际市场上竞争，推动技术的升级。它们对外直接投资是为了获得更大的国际市场份额，寻找比较优势，而非进行产业转移，其国内仍保留着相当大的生产能力，它们掌握着这些"夕阳工业"的市场，而不会转移出去，以谋求所谓的产业升级。显然，在这个层次上，目前中国处于领先的地位。鼓励、扶持这些企业跨出国门进行 FDI 具有战略意义。

5.4 中国跨国公司成长的后发优势

中国企业在成长为跨国公司的过程中所面临的客观现实是，大量的发达国家的跨国公司利用先进的技术、管理方法和营销手段占据着较大份额的国际市场，中国的企业在这场竞争中处于后进地位。

但是处在后进地位的中国企业具有后发优势。在传统的发展经济学文献中，美国经济史学家亚历山大·格申克龙（Alexander Gerschenkron）被认为是后发优势概念的最早提出者（一般认为，演化经济学的创始人凡勃伦最早提出了后发优势思想（1915年））。1962 年格申克龙在其《经济落后的历史回顾》一书中创立了后发优势理论。"后发优势"是指后起国家在其推动工业化方面所拥有的由后起国家的落后地位所决定的特殊益处，这种益处既不是先进国家所能拥有，也不是后进国家自身创造的，而完全是与其经济的相对落后性共生的。其主要表现在以下几方面：一是相对落后会造成紧张状态，这种状态会激起国民要求工业化的强烈愿望，以致形成一种社会压力，从而激励制度创新，并促进以本地适当的替代物填补先决条件的缺乏。二是替代性的广泛存在。对缺乏某些工业化前提的后进国家，可以，也只有创造性地寻求相应的替代物，以达到相同的，或相近的工业化结果（替代物的意义不仅仅在于资源条件上的可供选择和时间上的节约，更重要的在于使后进国家能够根据自身的实际，选择有别于先进国家的不同发展道路）。三是引进先

进国家的技术、设备和资金。技术引进是进入工业化国家获得
快速发展的首要因素，后进国家引进先进国家的技术和设备可
以节省科研费用和时间，同时资金的引进也可以解决后进国家
工业化中资本严重不足的问题。[①]

美国经济学家列维（Levy）在 1966 年分析了后进国家与先
进国家在经济发展前提条件下的异同，认为后进国家的现代化有
五个方面的后发优势：一是后进国家对现代化的认识要比先进国
家在现代化的初期对现代化的认识丰富得多；二是后进国家可以
大量采用和借鉴先进国家成熟的计划、技术、设备以及与其相适
应的组织结构；三是后进国家可以越过先进国家的一些必须经过
的发展阶段，特别是在技术方面；四是由于先进国家的存在，可
使后进国家对自己现代化前景有一定的预测；五是先进国家可以
在资本和技术上对后进国家提供帮助（Levy）。[②] 之后，阿伯拉
莫维茨（Abramoitz）[③]、伯利滋和克鲁格曼（Brezis&Paul Krug-
man）[④] 等也先后对后发优势作了更深入的研究，丰富了后发优
势理论。

后发优势理论用于中国企业成长为跨国公司的解释，主要体
现在两个方面：

一是技术方面的后发优势。通常发达国家的跨国公司都花了
巨额的资金和大量的时间来开发新技术，这些先进的技术知识可

① Alexander G. , 1962, *Economic Backwardness Historical Perspective*, New York: Harvard University Press.

② M. Levy, 1966, *Modernization and the Structure of Societies: A Selling for International Relations*, New Jersey: Princeton University Press.

③ M. Abramoitz, 1989, *Thinking about Growth*, Cambridge University Press.

④ E. Brezis, P. Krugman, D. Tsiddom, 1993, "Leap-frogging in International Competition: A Theory of Cycles in National Technological Leadership", *American Economic Review*, 83(5), Dec. , pp. 1211-1219.

以被视为是公共产品，其本身具有很大的外溢效应，可以低成本获取，这对技术相对落后的中国企业而言，是一个极为有利的条件，它们不需要投入大量资源来重新开发这些已经存在的技术，而只需要花极少的成本和时间引进和吸收这些先进技术知识，并应用于生产之中，因而只用更短的时间和更小的成本缩短了与先进企业的技术差距。在这方面，经济全球化的事实也起着积极的作用。经济全球化的发展，由于全球化的竞争缩短了技术的生命周期，使发达国家的企业的技术优势更快地转化为发展中国家的成本优势，使后进企业得以加速使用外国的先进技术。经济全球化使得中国的进出口贸易量极大地增加，企业获取新技术的渠道更多，加上全球科技进步飞速，科技转化为生产力的时间大大缩短，国际技术转移加速，规模增大，使得技术供应来源增加，技术市场竞争加剧，这些都为中国企业发挥技术的后发优势，追赶先进企业提供了机会。另一方面，应该认识到，经济全球化和科技的高速发展也为中国企业发挥技术的后发优势带来困难。首先，技术创新的演进要求后进者改变传统的技术学习模式，现在的技术创新具有显著的网络特征，要求不同的行为者（企业、科研机构、消费者等）之间进行大量交流，技术创新主体不仅要有效地整合内部资源，还须动员各种外部资源，这就要求后进企业在学习使用先进技术时必须具备技术学习所要求的创新网络和学习网络，以及对内、外资源的整合和动员，但这对大部分的后进企业是困难的；其次，当代技术创新的知识密集度提高，技术学习的知识基础要求越来越高，技术的黑箱化趋势在加强，这影响了使后进企业技术学习的可行性和有效性。同时，技术生命周期缩短，使技术学习的周期相应缩短，技术学习的速度大幅度提高，这给起点低的后进企业发挥后发优势带来困难；最后，在经济全球化的环境中，在 WTO 的框架下，技术学习的制度规范加强，各国为鼓励技术创新，加强了对知识产权的保护，WTO 成员签署了《与贸易有关的知识产权协定》，使知识产权保护成为多边贸易体制的一个组成部分，这无形中也给后进企业利用技术后发优势设置了制度障碍。

二是制度方面的后发优势。在理论界，强调制度后发优势更甚于技术后发优势的学者占相当的比例，这主要是由于相对于制度而言，技术更易于学习、模仿和吸收，且见效快。技术模仿显然在发展初期可能取得不错的绩效，但这种短期的成功可能又是"对后进者的诅咒"，它可能用技术模仿代替制度改革，会给长期的发展留下许多隐患，因此要获得后发优势，一定还要有成功的制度作保证。事实上，制度是技术后发优势发挥的基础和环境，它影响技术吸收和应用的效果。从企业的角度看，主要是体现管理思想和观念的学习环境和条件，以及能力准备的方式和环境。在这方面，中国的企业在发挥着后发优势。考察中国跨国公司与日本跨国公司的发展，日本企业整体看比中国企业早 20—30 年开始进行对外直接投资，两国对外直接投资的初期都主要是选择绿地投资（或新建投资）的形式，然后再逐步采用海外并购的方式。由于海外并购的方式要比新建方式在经营管理上（实则是企业制度上）要求高得多，故中日企业大都是在以新建企业为主要方式进行对外直接投资持续了很多年后，海外并购才上升为重要的直接投资方式。但是这个过程日本用了大约 35 年，而中国用了 25 年[①]。显然，中国企业的作为，肯定有发挥制度的后发优势的因素，当然也有中国加入 WTO 所带来的机会和新的竞争压力

---

① 康荣平、柯银斌：《中日企业海外扩张模式比较》，《环球企业家》2005 年第 8 期。

的因素。

中国企业对外直接投资的后发优势是因为中国企业的相对落后而客观存在，要充分发挥这种后发优势，必须同时关注技术的后发优势和制度的后发优势。技术的后发优势是后进企业缩小与先进企业的差距以致赶超先进企业的直接手段，但制度的后发优势的发挥是技术后发优势的保障。1995 年，罗巴和萨拉易马丁就认为，一国进行技术模仿的成本是该国过去已经模仿的技术种类占现有技术总数量比例的增函数。这就意味着，一国过去模仿的技术越多，其继续实行模仿的相对成本就越高[①]。单纯的技术模仿成本会不断提高，就企业层面而言，应该同时进行模仿创新技术和模仿创新管理。例如，华源墨西哥棉纺的 SINATEX 在模仿技术创新方面就是利用美国市场的技术优势和人才优势向美国和加拿大纺织工厂借鉴学习，与杜邦、COSA 和 TENCEL 等国际著名原料商合作，不断开发高盈利产品。在模仿创新管理方面，主要是建立明晰的产权制度，实现多元投资，完善企业治理结构，形成各负其责，协调运转的有效的企业治理机制；建立合理的母子公司管理体制，按市场化原则选择职业经理人和各级管理团队，降低经营在经营决策中的机会主义；学习和借鉴西方跨国公司的管理经验，实施科学的战略管理、资源管理、产品质量管理、市场营销管理和生产组织管理，推行企业文化建设等；充分发挥国际会计事务所等中介机构的作用，加强对企业的财务监督。中国的企业应该充分发挥客观存在的后发优势，尽快缩小与发达国家的差距，实现对外直接投资，参加国际竞争。

---

① 杨小凯：《后发优势》，2002 年 4 月。

5.5 制度优势论：跨国公司
成长中的制度因素

制度分析是用经济学的方法去研究制度问题，并由此形成了制度经济学这一学术分支，随着新制度经济学家布坎南（J. M. Buchanan）1987 年获得诺贝尔经济学奖以及科斯（Ronald H. Coase）和道格拉斯·诺斯（Douglass North）分别在 1990 和 1993 年获得诺贝尔经济学奖，把新制度经济学的崛起推向高潮，新制度经济学派的成果也越来越令人瞩目。但是，布坎南研究的是广义的新制度经济，以公共选择为研究对象。科斯则以交易费用（Transaction Cost）为核心，提出在交易费用为零的情况下制度是不重要的这个所谓科斯定理，其反证则是只有存在交易费用的情况下，制度是重要的。诺斯则把制度分析定位在"规则"上，并对科斯定理作了完整的叙述，即假如交易费用为正，制度是重要的。同时，新制度经济学还关注制度的效率与运行制度的交易费用关系问题，认为交易费用较低的制度会带来资源配置较高的效率，交易费用较高的制度会带来资源配置较低的效率。因此，随着用交易费用较低的制度替代交易费用较高的制度这样的制度变迁，制度的交易费用会不断下降。这个基本结论成就了诺斯的诺贝尔经济学奖。

虽然在新制度经济学体系中，"交易"和"规则"具有非常广泛和完整的内容，但其考察的重点仍是平等关系和直接的管理关系，这一点从交易成本的概念看得更清，"交易成本包括事前准备合同和事后监督及强制合同执行的成本，它是履行一个合同的成本"[①]。道格拉斯·诺斯则认为制度就是在多人、多次重复的情境中的人的行为规范或游戏规则。对于宏观制度下，约束者的制度效率和交易费用鲜有论证或分析，即便是存在寻求社会最佳的交易结构的研究中，也主要是探讨对诸如污染等外部性问题（外部效应）及探讨最优规则或产权结构等涉及监督成本问题。对于如在宏观政策（制度）约束下对对外直接投资约束的制度效率问题（其特点是无须监督，仅在发生环节予以约束）没作探讨，交易费用的概念在这里无所适用。然而这确实是个制度问题。

主流的跨国公司理论，是建立在现实的市场经济条件下的经济学理论，它一般不需解释不同经济制度对跨国公司成长影响的优劣，即主流的跨国公司理论没有考虑政策（制度）对一国企业成长为跨国公司的影响。经典的跨国公司理论是以邓宁的国际生产折中理论或 OIL 范式为代表，其基本的思想是：一个企业要成长为跨国公司对外进行直接投资，必须同时具备所有权优势（O）、内部化优势（I）和区位优势（L），该理论的模型可以表达为：

$$FDI=O+I+L$$

显然这是在企业作为投资主体，要素可以自由进出的背景下所建立的范式。但事实上，至少在中国，制度因素（这里是指宏观政策、法律、法规、企业治理等）直接影响和决定了企业对外进行 FDI。首先，制度对所有权优势（O）有影响，影响其形成的形式、方向和水平；其次，制度直接影响内部化优势（I），它

---

① Matthews, R. C. O., 1986, "The Economics of Institution and the Sources of Growth", *Economic Journal*, vol. 96, Dec., pp. 903-918.

决定企业能否实现内部化和是否低成本实现内部化，以及实现什么程度的内部化。

因此，对 OIL 范式必须加上制度优势（Institution Advantage）才能够完整地描述一个企业成长为跨国公司的条件，才是一个完整的模式。记制度优势为 S（以与内部化优势 I 相区别），根据制度优势（S）与上述三个优势的关系，新的跨国公司理论模型可以表达为：

$$FDI = S_1 + (O+I)S_2 + L$$

制度优势是在企业成长为跨国公司过程中，除所有权优势和内部化优势之外的凡能影响企业对外投资效率的外在因素。这类因素可以单独起作用，也就是模型中的 S_1 部分，如审批制度、融资制度、外汇制度等，也可以通过影响所有权优势（O）和内部化优势（I）来影响企业对外进行 FDI，如产业政策、技术政策、企业体制等，即模型中的 S_2 部分。

一般而言，发展中国家的市场的发展与政策之间的关系更为密切，政府的作用或影响力要大些。因此与国外一些国家相比，中国政府在推进经济发展，促进企业成长方面拥有相当大的影响力。中国是一个发展中的国家，政府是通过一系列的制度宏观地对企业成长予以支持，具体表现在整体的宏观战略导向（如中国的"走出去"战略安排）、企业的融资政策、对跨国投资企业的技术和服务的支持机制、税收制度、汇率政策（本币的对外升值有利于促进对外进行 FDI），中国加入 WTO 后一系列开放措施和与成员国之间的经济合作关系等都会直接影响到企业对外进行 FDI 的成本或效率。这些都是制度因素对企业成长为跨国公司过程的影响。进一步，制度对跨国公司经营发展也会产生重大影响。一般而言，缺乏制度性基础结构（如公司治理等）的私有化或股份化，对于增长没有积极效应①，这也是中国企业对外进行直接投资中出现资本外逃现象的根源之一。

宏观制度因素的特点是，它是客观存在，企业不能选择。能适应和利用那些有利于促进企业成长为跨国公司的制度就是跨国公司成长模型中的制度优势。就企业而言，在具体的制度下，利用制度以提高自己对外直接投资效率的过程是一种博弈。诺斯就是把制度定义为"博弈规则"②，而青木昌彦也认为思考制度的思路是将制度概括为一种博弈均衡③。

理论上，企业作出的任何一次制度选择都是在当时、当地具体条件下作出的选择，其运行效益大于运行成本的制度，即为制度净效益大于零的制度。否则，企业也不会作出这种制度选择，故制度净效益大于零是制度选择的必要条件。一种制度安排和制度结构只要净效益大于零，且在各种可供选择的制度安排和制度结构的动机中净效益最大，这项制度就是最好的制度④，企业就会对它感到满意和满足，此时就达到制度均衡。另一种情况是制度的非均衡，即企业对现有制度的一种不满意和不满足，这是缘于现行制度安排和制度结构的净效益小于另一种可供选择的制度安排和制度结构，也就是出了一个新的盈利机会，这时就会产生新的潜在的制度需求和潜在的制度供给，这种情况便会诱发制度创新。中国的促进跨国公司成长的制度，总体上和宏观上是积极

---

① 约瑟夫·E.斯蒂格利茨著、夏业良译：《全球化及其不满》，机械工业出版社2004年版，第130页。

② 道格拉斯·诺斯，陈郁等译：《经济史中的结构与变迁》，上海三联书店1991年版。

③ 青木昌彦：《比较制度分析》，上海远东出版社2001年版。

④ 张曙光：《论制度均衡与制度变革》，载《经济研究》1992年第6期，第30—36页。

的，表现出一种制度优势，但一些具体的制度方面，面临着制度的变革或创新的要求，具有潜在的制度优势空间。

西方经济学大都是以成熟的市场经济模式和背景下的经济现象作为研究对象，在研究国际经济时，也多是以此为基本条件，并且假定国际经济政治秩序与一国之内无异，这一方面与西方国家在这一秩序中占有优势有关，另一方面，市场经济秩序已经成为绝大多数经济体共同遵守的规则。然而经济学是在特定的经验积累基础上发展起来的，中国作为一个发展中的大国，同时又是一个从计划经济模式转型为市场经济的大国，在世界经济中已显现重要的影响，因此，缺少中国的经验，经济学也将缺少一般性。

6 中国跨国公司成长与宏观影响因素及相关宏观经济变量的关系分析

中国跨国公司成长于特殊的背景和环境，也成长于特殊的时期，但是目前理论界对中国跨国公司的成长和发展尚未形成系统的研究。本章就中国跨国公司的成长与宏观促进因素，及中国对外直接投资流出量与有关的宏观经济变量之间的关系进行分析。

6.1 中国跨国公司成长的宏观促进机制分析

跨国公司在经济全球化过程中承担着商品、服务和资本流动的载体，知识、信息和技术传播的使者的角色，而且在推动经济全球化的过程中，跨国公司本身也获得了巨大的利益，推动了世界经济的发展，也为提高本国的福利作出了贡献。事实上，随着经济全球化的深入，市场将变为一个市场——世界市场，资源也就成为一种资源——全球资源。而企业却具有明显的国别属性，拥有跨国公司数量最多的美国和日本等发达国家是经济全球化过程中的最大获利者。因此，从国家利益的角度看，中国迅速成长起一批自己的跨国公司，参与国际竞争，占有世界市场，共享全球资源就是非常现实和迫切的任务。

中国跨国公司的发展仅有 20 多年的历史，其最显著的特点之一是发展速度非常快，在过去的 20 多年中，我国海外企业总数和对外直接投资额的平均增长速度都达到了 50％左右。但是在中国企业跨国经营高速增长的背后，也是隐藏着企业规模小、经营水平低、投资规模小、创利能力弱的事实，与世界 500 强中的跨国公司比，中国企业的跨国经营在规模、竞争力、盈利水平等方面存在着十分明显的差距，而且其发展的状况与中国作为一个经济大国的地位不相称。因此，目前中国企业除了尽快形成和加强自身的竞争优势，使自己具备跨国经营的条件和素质外，政府还应建立或形成一种宏观促进机制，以利于中国跨国公司的尽快成长。

有如下中国跨国公司成长各种相关宏观促进机制模型，见图 6.1。

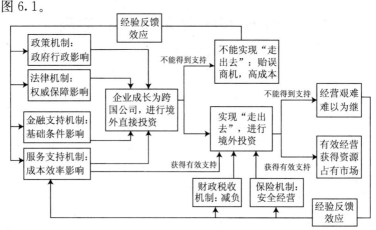

图 6.1　中国跨国公司成长宏观促进机制模型

6.1.1 政策机制——政府行政的影响机制

政府的政策对中国跨国公司的成长起着非常直接和关键的作用。目前关于政府的政策对跨国公司成长发展的促进作用的研究尚未形成较系统的理论体系，但任何国家的促进跨国公司成长的政策肯定都是出于国家整体战略的考虑。由于跨国公司成长的行为主体是企业，在典型的市场经济国家，早期的企业跨国经营行为完全是企业行为，几乎没有政府的政策或制度因素，这也就是在西方跨国公司的理论中，几乎没有涉及制度或政策与跨国公司发展的理论的原因。但实际上，一旦政府认识到一国的跨国公司的跨国经营行为对本国的经济具有整体的长远的战略意义时，其政策或制度的促进机制作用便会显现出来。而我国政府的现行有关政策对促进跨国公司的成长尚有极大的改进空间。

一、外汇管理

外汇管理的目的是为了维护本国国际收支平衡，保持汇率的有序安排，维护金融的稳定。从某种程度上说，严格的外汇管理是经济不发达、对外开放程度不够的一个产物，当创汇能力有限，国内国外价格体系不连接以及宏观经济金融秩序不稳定的时候，便需要建立和加强外汇管理体系。显然，外汇管理的存在，必然会与现实的经济发展产生矛盾，特别是在经济发展较快的阶段。目前我国的境外直接投资发展与外汇管理就出现了这样的矛盾。

我国外汇管理部门对境外直接投资的管理主要有：境外直接投资项目立项后，审批前的外汇风险和外汇来源审查；批准境外直接投资项目后的外汇管理；境外直接投资项目在境外的融资管理；境外投资者利润汇回保证金管理。

现有的外汇管理方式不利于鼓励企业走出去进行境外直接投

资，具体表现在以下几个方面：

（1）外汇管制过严，影响了境外直接投资的进行

按规定，企业的境外直接投资，企业自有外汇的，先使用自有外汇进行投资，没有外汇的可以通过贷款等进行投资，同时鼓励企业用实物投资，或允许不结汇出口。但是我国绝大部分企业自有外汇十分有限，而筹措贷款进行境外投资的能力和条件又十分不足，实物投资的难度很大，因为现有的许多设备难以符合投资项目的要求，其技术落后，甚至处在淘汰状态。而以货物不结汇出口的投资方式，固然是在一定程度上解决境外直接投资的资金的较好的方式，但它又受到企业销售能力的制约，且出口的货物须在销售出去后方能变成投资资本，其结果是许多项目因无法及时获得外汇资金而失去投资机会。显然，这些规定不利于企业的境外直接投资的规模扩大和有效经营。另外，现有的规定还限制企业购汇用于境外股权的投资，该规定完全可能导致企业丧失一些有价值参股或合作的机会。例如，2002年2月，首钢集团与澳大利亚确定了一个铁矿合作项目，按照协议，首钢在该项目中参股5%，涉及投资金额990万美元。该项目对首钢集团的战略结构调整，加快产业结构升级具有重要意义，可使首钢集团获得还原铁技术，使产品技术含量提高，达到国际先进水平，而且首钢还将获得该项技术在国内的独家代理权。首钢集团在办理该项业务时，外汇管理局当时只批准了首钢的自有外汇进行投资，而当时首钢集团保留在经常项目上的外汇有限，但人民币资金比较充足，首钢集团希望能够购汇支付投资额。显然，限制购汇投资的规定成了政策障碍。

（2）长期实施的汇回利润保证金制度不利于企业周转

按规定，境外直接投资按照汇出外汇资金额的5%缴存汇回

利润保证金，境外直接投资利润或其他外汇收益应在当地会计年度结束后6个月内调回境内。汇回利润保证金制度是我国外汇管制的重要内容，目的是引导企业将境外投资所得汇回国内，改善国际收支状况，但客观上却占压了大量的企业资金，使企业资金周转困难，影响其正常经营。对那些刚刚走出国门的企业，创业初期，企业大多难以创造利润，扣压的保证金无疑增加了企业的负担；而对经过创业，能够获得盈利的企业，大都希望再投资，扩大规模，进一步提高盈利能力，若将利润汇回后再投资，则又要经过繁杂的程序。2003年7月，国家外汇管理局宣布，取消境外直接投资汇回利润保证制度，对境外直接投资项目不再收取保证金。同时国家外汇管理局还发布了《关于退还境外投资汇回利润保证金的有关问题》，宣布将已经收取的保证金退还给相应的投资主体。如果说，2003年之前境外直接投资汇回利润制度是我国跨国公司发展的阻碍因素的话，则国家外汇管理局取消利润汇回制度则必将形成一种促进因素，在很大程度上减轻了企业负担。

（3）限制企业的国际商业贷款，影响了企业有效地利用国际资本市场融资

充分利用国际资本市场进行海外融资，是我国企业在资本拥有量不足的情况下应该采用的方式，也是各跨国公司的通行做法。但我国的外汇管理部门把境内企业使用国际商业贷款进行境外直接投资列入外债管理的范畴，实行一种严格的审批制度，政府依据1999年颁布的《中华人民共和国外汇管理条例》等政策法规，对非金融企业法人的直接借用国际商业货款作了较严格的限制，涉及企业的盈利水平、净资产占总资产的比例、外汇借款的额度等。这在很大程度上阻碍了境内企业对外部资本市场的利

用，不利于境内企业使用国际商业贷款进行境外直接投资。实际上，境内企业利用国际资本市场，常常可以获得更为有利的融资条件，融资成本可能更低，还能获得与项目相关的重要信息，更有利于提高企业的国际竞争力。而且那些能够获得国际大金融机构贷款的项目，一般都是具有较好的盈利前景。企业能够获得国际资本市场上较优惠的融资，无疑有助于企业向海外进一步扩张，提高企业的盈利能力和国际竞争力。

2003 年国家外汇管理局为适应我国经济的发展需要，进行了有关改革工作，确定了 10 个省市，为外汇管理改革的试点省份，试点的省份有 5000 万到 2 亿美元不等的外汇额度，在额度范围内，企业 300 万美元以下的用汇项目，可以由地方外汇管理分局审批，企业购汇投资问题也是试点范围，如北京市外汇管理部门就获得了 2 亿美元的国内企业对外直接投资的购汇额度。2005 年 5 月 19 日国家外汇管理局发布了《关于扩大境外投资外汇管理改革试点有关问题的通知》，指出将境外外汇管理改革的试点范围扩展到全国。并且境外直接投资的用汇额度从 33 亿美元增加到 50 亿美元，试点地区外汇局的审查权限，从原来的300 万美元提高到 1000 万美元，汇回利润保证金制度则完全取消。尽管外汇管理方面的工作取得了一定的进展，但仍有许多的限制。外汇管理的一系列的改革有助于我国企业的跨国经营的发展，有助于我国跨国公司的成长，是一种重要的成长促进机制。

二、行政审批

我国对外直接投资行政审批的形成和现实状况，是由其历史背景和我国现实的经济状况决定的。首先，我国的整体经济实力还不太强，尚未达到对外直接投资的成熟阶段。其次，目前我国还不具备资本项目可兑换的有关条件，虽然我国的外汇储备水平和国际收支状况已经不是制约对外直接投资的主要因素，但资本项目可兑换需要分步进行，否则会带来较大的风险。最后，我国经济的二元经济特征还比较明显，工业化的过程仍在进行，国家的整体经济社会发展战略的推动，仍需要大量资金，等等。所以，对外直接投资进行行政审批的设置正是这些因素的结果。但是产生于 20 世纪 80 年代中期从《关于在国外和港澳地区举办非贸易性合资经营企业审批权限和原则的通知》（1984 年 5 月），到 20 世纪 90 年代末《关于鼓励企业开展境外带料加工装配业务的意见》（1999 年 2 月）的对外投资行政审批制度也有许多内容已经不适应新形势发展的要求。具体表现为：审批层次多，导致贻误时机，增加成本；审批内容过细，并存在重复，且审批制度不透明，致使审批效率低；企业事实上难以获得有关优惠政策。对外投资的行政审批是必要的，但是评价它的效能的标准应该是审批是否有效率，政策设计是否有利于企业提高境外经营的竞争力。

近年来，我国对外直接投资发展迅速。随着对外直接投资形势的不断发展变化，我国企业对外直接投资能力和愿望的增加，建立统一、规范的境外直接投资管理办法的要求日益迫切。2004年 10 月，根据国务院发布的《国务院对确保需保留的行政审批项目设定行政许可的决定》和《行政许可法》及其他有关规定，商务部在征求地方商务主管部门意见的基础上，制定下发了《关于境外投资开办企业核准事项的规定》（以下简称《规定》）。该《规定》将地方企业在 135 个国家投资办企业的核准事项委托给地方省级商务主管实施，并明确"国内企业境外投资开办企业在经济、技术上是否可行，由企业自行负责"。在核准内容上，《规定》明确要求有关核准机关主要从国别（地区）投资环境、国别

（地区）安全状况、投资所在国（地区）与我国的政治经济关系、境外投资导向政策、国别（地区）合理布局、履行有关国际协定的义务、保障企业合法权益等方面进行把握与核准。

为了促进地方省级商务主管部门境外直接投资核准工作规范、科学、高效和透明，商务部根据《规定》制定了《境外投资办企业核准工作细则》（以下简称《细则》），供省级商务部门在核准境外直接投资开办企业过程中把握，切实转变政府的行政职能，体现政府提供公共服务的精神。

《规定》和《细则》的出台，有利于各级商务主管部门认真履行职责，规范行政行为，提高行政水平，为境外直接投资管理的顺利实施创造了良好的条件。进一步明确了省级商务主管部门的核准重点，推进了对外直接投资便利化进程，是政府切实转变行政职能、提高行政效率的具体体现，有利于提高各种所有制企业开展对外直接投资的积极性，促进我国对外直接投资的快速发展。《规定》和《细则》的出台，确立了我国对外直接投资的核准规范，是我国境外直接投资管理体系的完善，对于建立法制健全、审批科学、监管高效、服务到位、促进和保障有力的境外直接投资管理体制将起到积极的推动作用。

三、资产管理

资产管理作为我国跨国公司成长的政策机制的内容之一，其基本逻辑是，迈出国门的企业只是实现了跨国公司的形式，但要有效地成长发展，还必须管理好境外资产，使其有效地保全、增值。事实上，跨国公司境外资产的管理，始终是其在海外成长的核心问题之一，而要有效地管理好境外资产，又与政府部门的职能、公司的治理结构、母公司对子公司的控制以及对投资主体的外部监督等一系列的政策相关。另外，无论何种性质的企业成长为跨国公司，对外进行直接投资形成境外资产，这部分资产按照国民经济核算的国民原则，都属于国民资产，这一点与其在国内经营的资产属性的划分有所不同。因此，对境外资产，国家负有对其保全、防止风险（外逃、灭失等）的责任，体现在对资产的管理上，就是对境外资产进行不同形式和不同程度的监管。

但是，目前我国的大型企业是"走出去"进行境外直接投资的主体，尽管这些大企业的所有制形式有所不同，但其中最具竞争力和数量最多的还是国有企业，因此，目前对境外国有资产的管理成为关注的重点。应该认识到，无论何种性质的企业的境外投资，一旦形成境外资产就是成为国民资产，是国家财富的形式之一。企业出于其切身利益，对境外资产进行保全和增值有其内在的要求和动力，国家则应视之为国家的整体利益而负有保障其安全进行某种形式的监管的责任。这方面国外对其企业在对外直接投资后的管理与监控的做法值得借鉴。在发展中国家中韩国跨国公司的发展较为成功，其对境外直接投资的监管的主要方式有：受理申报银行的监管，银行建立有关档案，接受受理有关投资业务申请和清盘报告，对违规和违反当地法律的企业进行新投资的限制；驻地使领馆的管理，主要是了解掌握当地企业的经营行为，对企业经营需要作有关指导和协调；对重点对象企业的管理，按照规定确定的重点管理对象企业是政府监管的重点；提交事后报告，包括投资资金到位报告、法人设立报告、本息回收报告、年度业务实绩和决算报告、投资业务进展及资产变动报告等；此外还有投资资金的回收、投资业务的清盘、对海外直接投资的制裁等。发达国家显然在对外直接投资方面采取自由化政策，但也不是放任不管，而是采取定期或不定期的监控、监测方式，如美国商务部每三年进行一次强制性的基点调查，而在两次基点调查之间的年份进行抽样调查；加拿大和英国也是每三年向所有在海外投资的厂商进行全面调查；德国则强令本国厂商每年报告其所有对外直接投资规模及其累积数，日本则由财务省按国别和行业分类进行统计。

世界各国尤其是发展中国家实施境外直接投资战略，在管理体制上都经历过一个从严到宽的渐进过程。我国现行的境外直接投资管理办法大部分是在 20 世纪 90 年代初期或更早以前制定的，在当时的历史条件下，许多内容体现了政府部门管理国有资产的职能，与国内投融资管理总体思路一脉相承。1999 年 9 月，财政部、外交部、国家外汇管理局、海关总署发布了《境外国有资产管理暂行办法》。但是在新的形势下改革境外直接投资管理体制，重点要分析哪些政府部门负责在境外直接投资管理中的哪些环节，以及如何充当国有资产出资人角色的问题。从宏观的层面上看，加强境外资产管理的政府职能转变的方向是，加强宏观指导，审查、监管投资主体。政府部门应修改拟定境外直接投资管理规章，应充分体现国有资产管理改革和投融资体制改革的方向，合理界定政府、市场、企业的关系，转变政府职能，调整审批、监管内容，提高行政效率，赋予企业境外直接投资决策更大的自主权。

第一，政府在境外直接投资审批中不再承担国有资产所有者的职能。在境外投资主体所有制结构多元化、资金来源多渠道、企业投资领域不断拓展、市场瞬息万变的情况下，政府部门无法承担具体投资项目的风险责任，因而确实没有必要再从所有者的角度，对境外直接投资项目逐一审查和批准。

第二，投资主体的资信和资质应作为政府部门审批的重要依据。国家对境外直接投资有总量控制，除宏观目标外，还应根据投资主体的资信和资质，确定优先审批顺序。对优势企业的认定，可以从工商税务部门、证券监督部门、外汇管理部门、银行、保险公司以及独立的会计、审计和评级机构等多种渠道收集信息，如人民银行正在建立信用咨询体系，信息资源应在政府部门中共享。同时，也可由希望获得优先批准的企业主动提供信息。在条件成熟时，一些独立的中介机构应建立企业档案库。培育大型跨国公司作为政府的宏观目标之一，应通过投资主体审查予以体现，经认定的大型优势企业可享有更大的自主权。

　　第三，综合部门需要加强对境外直接投资的宏观指导和服务的职能。国家实施"走出去"战略有一系列宏观目标，如开发海外资源、促进产业结构调整、扩大外部市场、培育大型跨国公司等。企业到境外直接投资也有自己的利益动机。有时政府目标和企业目标是吻合的，有时两者不能对应甚至相互背离。这就需要综合部门在审批时加以指导和协调。在投资的国别、市场和合作对象的选择上，企业的取向也可能与国家整体利益不一致，或盲目投资、重复建设形成潜在风险。在这些方面，政府占有更多的信息，应本着对国家负责、为企业服务的精神，尽可能及时向投资者披露，如不便披露，应向申报企业说明缘由。

　　第四，政府监管对象是境内的投资主体。一方面可以解决直接对海外公司施行监管存在的许多困难，提高对境外国有资产的实际监管效果和效率；另一方面，既然境外直接投资的经济风险由境内投资主体承担，对投资的事中、事后监管也应以境内投资主体为对象。审批部门应从宏观管理和审批依据的角度确定重点监管的对象和内容，财政、审计等国有资产管理部门应从国有资产保值增值的角度实施监管。政府部门的事后监管要防止重复检查等给企业造成的不必要的负担。

所以，政策是一种氛围，在这种氛围中企业可以理直气壮地朝着跨国发展努力，并且可以对发展方向作出预期；政策是一种机制，它可以促进企业的跨国发展，在这种机制下，企业可以用正常的成本，甚至较低的成本获得自己所需要的资源。

6.1.2 法律机制——权威的保障机制

法律法规是调节行为主体各种关系的强制文件，它既可约束行为主体的有关行为，又可对行为主体的利益进行保护。我国的企业要成长为跨国公司，对外进行直接投资，需要确定其法律地位和法律法规认可的形式和行为规范，受到一种最权威的保障，这就是促进中国跨国公司成长的法律机制。目前我国在这方面存在的问题主要表现在两方面：

一是尚未形成规范中国企业对外直接投资的法律体系。目前根本就没有《中国对外投资法》或《境外直接投资法》，或其他名称的关于中国企业对外直接投资的成文法律文件，更没有形成这方面的法律法规体系，而目前执行的政策文件显得不成熟，不规范，其形式上不是"试行稿"和"暂行规定"就是"意见"等，具有明显的探索性、临时性和不稳定性的特征，有的已经过时陈旧，手段和调整范围已经不适合我国企业对外直接投资发展的情况。例如，由于现行的一系列境外直接投资文件都是根据国有企业对外直接投资而设计的，但是在我国的对外直接投资实践中，民营企业也有对外直接投资的要求，而且事实上也在进行对外直接投资。由于我国迄今没有一部系统的调整境外直接投资的基本法规，更缺乏相关的配套的法律体系，使得在实践中缺乏执行的依据和宏观指导，致使我国的对外直接投资出现一定的盲目性，使投资的区位结构和产业选择不合理，有的则钻政策法规的空子，在境外直接投资中侵害国家的利益，造成国有资产的流失，有时也使得一些遵纪守法的投资主体失去对外直接投资的时机和依据而遭受损失。

根据一些新兴工业化国家发展境外直接投资，促进本国跨国公司成长的经验，要保证境外直接投资战略的顺利实施，保证国家的利益不受到损害，必须尽快建立一套符合本国国情和当代国际投资特点的法律体系。当前一项重要的工作是尽快制定一部调整我国对外直接投资的基本法，它应肯定我国企业对外直接投资，成长起自己的跨国公司，对于开拓国际市场，利用世界资源，优化经济结构，促进经济发展的积极作用；肯定企业发挥竞争优势参与国际竞争的正确方向，并就我国的投资主体、投资方式、审批程序、资金渠道、收益分配、资产管理、争议解决等行为和目标作出原则性的规定；也要对境外直接投资的促进、服务措施以及对境外直接投资的监管、监测作出规定。还应注意以该基本法规为基础，适时制定出具体的实施细则和其他单行法规，最终形成调整我国对外直接投资的法律体系。

二是尚未形成双边和多边投资的国际法律保护机制。对外直接投资通常都涉及两个或多个的国家，是典型的国际间事务，仅靠母国自身法律难以保护本国企业的境外直接投资的权益。在国际上，随着跨国投资金额越来越大，涉及的国家也越来越多，国际投资法律体系和相关制度也随之建立和完善。通常，作为引资国的东道国为引进和管理外资会建立专门的外资法规，同样作为投资国的母国也会对其国内企业的境外直接投资实施鼓励和保护政策。但是由于各国的社会经济制度以及经济技术水平存在明显的差距，故单独的国内立法难以起到全面保护投资者的安全和利益的作用，特别是在涉及外资待遇、国有化、投资争端的解决等较重大问题上的利益冲突方面，往往不是国内法律所能完满解决的。为了能在互利基础上促进国际间经济技术合作，有必要诉诸国际法律，建立双边和多边的合作机制，以维护有利的投资环境，对境外投资者实行法律保护。

关于国际间投资保护的法律法规形式主要有：（1）双边投资条约或协定，主要有双边投资保险（保证）协定，相互鼓励和保护投资协定等，由于是两国间的协定，因此具有明显的针对性和较好的适应性和操作性，是调整两国间投资关系的有效形式，对于促进双边投资和经济技术合作的发展具有重要的作用；（2）区域性投资条约，是具有明显区域特征的国家之间共同认可签订的投资条约，只要加入了某个区域性合作组织，就会受到条约的保护；（3）普遍性条约，即世界各国共同参与制订的条约，其形式主要有缔结统一的国际投资法典或公约、建立国际投资保险机构、建立解决投资争端的多边机构三种。参加这种双边和多边投资保护法律体系，除了能够获得良好的投资环境，投资利益受到保护外，另一方面，当我国企业在有关国家和地区受到不公正待遇时，可以依据双边协议中的对等原则，对对方在华企业作出相应的惩罚，客观上起到制约对方保护本国企业的作用。

总之建立完善国内关于境外直接投资的法律法规体系，参加和利用国际多边和双边投资的法律保护体系是我国保护对外投资者利益，促进我国跨国公司成长的重要机制。

6.1.3 金融支持机制——起步的扶持机制

企业成长为跨国公司对外进行直接投资，最基本的实现条件就是要拥有资金。在大多数情况下，企业仅依靠自有资金难以完成项目的投资，或完成投资后难以进行正常的周转和经营。因此最通行的解决方法是获得金融支持或在资本市场上进行资本运营。其中国内金融扶持政策所体现的对企业境外直接投资的金融支持力度，反映的是政府的政策倾向是鼓励为主还是限制为主。据原外经贸部的调查，我国境外加工贸易企业希望得到的政策性支持中，希望获得政策性金融支持的占77％。目前，绝大多数国家都已经认识到对外直接投资对一国的重大战略意义，多采用鼓励为主的政策。经合组织（OECD）成员国中，大多数国家通过各种类型的发展援助为企业对外直接投资项目提供资金支持。日本是发达国家中促进境外直接投资最为积极的国家，最少有8家机构从事境外投资的促进活动，而与境外发展援助相结合是其重要特点。法国政府对于本国的企业向发展中国家投资，可由官方的援助协作基金机构提供类似出资的超长期贷款；德国的发展中国家投资融资公司、除了为在发展中国家建立子公司、发展业务或收购企业提供贷款外，还提供风险资本和长期贷款；许多国家的开发融资机构，如法国中央经济合作局、英国英联邦开发公司、瑞典发展中国家合作基金、比利时国际投资联合会等，除了对发展中国家的投资项目提供贷款外，还通过少数股权收购的形式提供股本融资，即在投资项目运营并有所盈利后，向这些部门或其他伙伴出售少数股权，进一步获得所需资金，这样融资机构参与了项目，降低了风险，又为投资项目提供了资金。

我国的关于对外直接投资的金融支持政策主要体现在中国人民银行和原外经贸部下发的《关于支持境外带料加工装配业务的信贷指导意见》和原外经贸部、财政部、原国家经贸委、中国人民银行、国家外汇管理局制定的《境外加工贸易企业周转外汇贷款贴息管理办法》中，其主要的支持对象是境外带料加工装配业务，其基本内容为：允许国内银行对符合该条件的海外投资提供融资；贷款利率优惠；优先提供出口信贷；直接金融支持。此外，一些地方政府也对境外带料加工装配项目提供一定程度的金融支持，如福建省每年从省级外贸发展专项资金中安排 1000 万贴息贷款；深圳市对境外加工贸易项目的中长期贷款由地方财政再贴息 2 个百分点。

但是，我国在对境外直接投资的金融支持机制方面是非常初级的，支持的力度太小，远远没有形成金融支持的体制和支持体系，而且还远远落后于形势的发展。其主要表现为以下特点：

（1）涉及的范围狭小，指定优惠对象，导向失当

这主要表现在两方面：一是该金融支持的优惠政策主要指向"境外带料加工装配业务"。事实上在对外直接投资项目中，加工贸易项目只是其中的一部分，而境外带料加工装配的项目又是其中的一部分。加工贸易投资多为促进出口类型，而在跨国公司成长过程中，对外直接投资根据其战略的要求不同具有多种不同的类型，主要有资源寻求型、市场寻求型、技术寻求型、效益寻求型，其中前三种类型对国家的长远发展具有战略意义，但是却都不在现有的金融支持政策的覆盖范围。二是金融支持优惠政策具有明确的所有制限制，在《关于鼓励企业开展境外带料加工装配业务的意见》中，对其涉及的投资主体作出了明确的限制，只有国有企业和国有控股企业才能申请援外合资合作基金。事实上，各种类型的所有制经济体都是我国国民经济的组织部分，都有合法的地位，我国经济体制改革的根本取向也就是要创造一个各种所有制企业平等竞争的宏观经济环境。何况在对外直接投资问题上，企业走出去参与国际竞争，经过有效经营，在获得企业自身利益的基础上，客观上也为国内经济发展作出了贡献。实际上，许多民营企业凭着其合理的制度，科学的体制，有效的经营，形

成了明显的竞争优势，具备了对外直接投资的条件，而现行的金融支持政策的歧视性不利于中国跨国公司的成长。

由于金融支持主要关系到企业能否顺利地走出去，影响到对外直接投资的第一步的迈出，是跨国公司形成的初始阶段，所以对境外直接投资予以金融支持，对跨国公司的成长非常关键。金融支持政策首先要摒弃所有制的歧视，同时还应废弃把金融支持项目限制在"境外带料加工"范围的规定。

（2）金融支持力度不大，且形式单一

按规定，对指定的对象（国有企业的境外带料加工装配业务）允许国内银行提供融资；在利率方面，对符合条件的项目在国家规定的范围内适当下浮，对人民币长期贷款和外汇贷款，可由中央外贸发展基金给予贴息；有关银行可根据《贷款通则》的要求及企业的经营状况、偿债能力和境外项目规模，为开展境外带料加工装配项目的国内企业核定项目的出口信贷额度等。所有这些并不是什么真正的优惠政策，至少可以说是没有力度的支持，在实践中，进出口银行所提供的贷款金额相当有限，而且形式单一，与国外的金融支持的力度和形式相比具有明显的差距。

为了真正从资金上鼓励我国跨国公司的成长，帮助它们迈出坚实的第一步，首先应该扩大贷款的规模，增加贴息和降息的幅度；扩大企业的境外融资数，按照国际惯例在境外融资，是解决企业资金需求的有效形式，也是跨国公司运作的惯例；积极促进跨国公司与银行结合，相互扶持，共同发展。

（3）操作效率低，成本高，政策透明度不高

现有的金融支持，由于审批标准严格，环节太多，手续繁杂，且有重复，效率太低。一项境外直接投资项目要获得有关的金融支持，不论其规模大小，都要层层审批，一个项目要经过这

些审批程序一般都要至少半年时间，常常是一个几十万元的投资项目，消耗大量的人力、物力，其所得到的金融支持政策优惠仅仅够补偿层层报批所花费的费用，而且还贻误了商机。另外有关政策的通达方式是以内部文件的形式颁布的，许多企业，特别是中小型企业和民营企业没法了解政府的有关政策，因此，现在的情况是有的企业根本不知道有什么相关政策，有的企业听说了有相关政策，但不知道何处可以获得政策文本，以全面掌握政策，也就无从获得有关优惠政策支持的可能性。

由于金融支持是对部分企业成长为跨国公司基本条件的支持机制，关系到这部分企业能否直接"走出去"。政府在扩大金融支持政策的覆盖面，增大支持力度，提高效率和透明度等几个方面作出改进，就会形成我国跨国公司成长的一个重要的促进机制。中国人民银行在其"十一五"金融改革六大着力点中的实现人民币资本项目可兑换，规范金融机构市场退出机制的改革中指出，进一步放宽境内机构对外直接投资限制，支持企业走出去。

6.1.4 财政税收支持机制——促进有效经营机制

如果金融支持机制关系到企业是否能迈出走出国门的第一步的话，那么财政税收支持则就是对迈出国门的企业有效经营的促进机制，其作用是减负，从资金的角度保证和扶持企业能正常运转，不断扩大规模，提高竞争能力。

给予财政支持和税收优惠是许多国家和地区鼓励本地企业开展对外直接投资，扶持本国跨国公司成长的通行做法。澳大利亚、比利时、加拿大、法国、德国等对在签有双边税收协议国家投资的本国企业都提供税收减免的财政优惠，根据这一优惠政策，对于发展中国家为吸收外国投资所给予的减税和免税优惠，母国也不再征收抵补税。芬兰、日本、荷兰、瑞典和英国等也都对其海外直接投资项目给予税收减免优惠。日本建立了海外投资亏损准备金制度，还对投资在发展中国家制造业、矿业、农林水产业、建筑业项目的亏损，给予投资总额 12％的亏损补贴。发展中国家也大都把税收减免视为鼓励本国跨国公司成长的重要措施。

我国的财政税收支持政策仅仅对境外带料加工装配业务给予财政支持和税收优惠，允许境外带料加工装配企业将获利后 5 年内所获利润用于补充资本金，以扩大其生产规模；其利润所得自获利年度起 5 年内（即投资项目所在地注册会计师审计后的财务报告确认的获利年度起连续 5 年）免于上交。对企业作为实物投资的出境设备、原材料及散件给予出口退税优待，其中对二手设备按其提取折旧后余额计算应退税款，对新设备和原材料按增值税专用发票所列明的进项税额计算应退税。

国际税收协定从其作用和功能上看，由于有助于企业稳定资金规模，减轻负担，因而有助于促进境外直接投资和跨国公司的成长，成为财政税收支持机制的重要部分。税收协定，即政府间"关于对所得（和财产）避免双重征税和防止偷漏税的协定"，是两个以上主权国家，为了促进国家之间的经济技术交流与合作以及人员的相互流动，协调国家间的税收管辖关系和处理有关税务问题，通过政府间的谈判而缔结的法律文件。它通过协调缔约国双方的税收管辖权，避免和消除所得税和财产各方的重复征税问题，为纳税人从事跨国投资、生产经营、国际运输、人员流动以及科技文化交流等活动的税务处理提供了法律依据。从促进对外直接投资的角度看，税收协定可以有效地免除对外投资者的双重税收负担，防止东道国的税收歧视，从而有利于清除税收障碍，促进公平竞争，在东道国营造良好的投资环境。1983 年 9 月我国与日本签订了我国历史上第一个政府间税收协定，到 2003 年底，我国已经与 100 多个国家正式签署了税收协定，其中 70 个已生效。税收协定鼓励对外直接投资，是扶持跨国公司成长的促进机制。由于税收协定所提供的优惠和保护涉及国际间的税收制度，所以不像国内税收优惠由政府做出相应减免决定那么简单。

我国在对境外直接投资或促进跨国公司成长的财政税收支持机制方面仍有覆盖面窄、支持力度小、落后于经济发展形势的问题。如财政税收支持目前还主要限于对境外带料加工装配项目的优惠，国内的税收优惠与国际上许多国家相比，从力度到形式都有明显差距。应该对符合条件和要求的所有境外直接投资项目给予相同的财政税收支持，可借鉴采取国际上通行的税收抵免、税收饶让、延期纳税和免税等方式鼓励本国企业去境外投资，适当进一步放宽对境外投资企业的免征所得税的年限，以便为企业的资本扩充提供机会和条件。真正发挥财政税收支持的机制作用。

6.1.5　保险支持机制——经营风险防范机制

与境内投资相比，境外直接投资往往面临更大的风险，包括商业风险和政治风险，这些风险一旦发生，便会给境外投资者的经营带来不同程度的损失，甚至是灭顶之灾，严重影响投资者的经营。处理和防范风险的有效方式是保险，但是，境外直接投资的许多风险不在保险公司的承保范围，这就要求国家建立相应的境外投资保险机制，以保护境外投资者的利益，促进跨国公司的成长。

许多发达国家为帮助企业降低境外投资风险，制定了国家投资保险计划，为本国企业在对外直接投资中可能发生的东道国国家征收、战争和本国汇回风险提供保险保障。荷兰、芬兰和瑞士等国家只为在发展中国家直接投资的政治风险提供保险，而英国、奥地利和瑞典等国则把这类保险扩大到在所有国家的投资。日本建立了"海外投资保险制度"，主要为企业在投资所在国遇到战争、社会动乱等非商业风险时提供保险，并对因海外合作伙伴破产造成的损失提供信用保险，这两项保险的补偿率分别为95％和40％，而且企业投保的费用可申请由政府贷款解决。大部分的发展中国家因经济实力所限，尚未建立境外投资保险的政策机制。韩国是少数在国家层次制订对外直接投资保险计划的国家，在其成为 OECD 成员之前，其出口保险公司就为境外直接投资者承担大部分政治风险。大部分的发展中国家是利用 1985 年成立的多边投资担保机构（MIGA）来解决其对外直接投资保险方面的问题，主要是为成员国企业境外直接投资非商业风险提供保险服务，大大缓解了发展中国家对境外直接投资保险需求的矛盾。MIGA 自成立以来已有 100 多个发展中国家和经济转型国家成为其成员国，它为在发展中国家的私人直接投资所提供的保险形式极为灵活，可以为资产、股东贷款、技术援助和管理合同等提供保险，保险期限最长可达 20 年。

我国则规定出口信用保险机构为境外带料加工装配国家鼓励的项目提供政治风险（包括战争、动乱、国家征收等系列和非商业性风险的保险），对境外带料加工装配项目下出口的设备、技术、零配件、原材料等，可比照中长期出口信用保险的条件提供保险。

随着我国经济的发展壮大，企业的竞争优势进一步加强，成长起自己的跨国公司，出现更多的境外直接投资是一个必然的趋势，目前仅有一类境外直接投资项目得到政策性保险机制提供政治风险的保险，是非常有限的，不符合经济发展的要求。我国应尽快建立有效的境外直接投资保险机制，扩大投保人的范围，不限于境外带料加工装配项目的企业法人，还可包括中方控制的其他境外企业等，扩大保险范围（除原有的政治风险，还应包括资本不能自由转移风险、政府违约风险、恐怖主义风险、延迟或停止支付风险等），并不限于投资区域（不仅包括对发展中国家的投资，还要包括对发达国家的投资），以使该保险机制成为我国企业对外直接投资真正的促进和保障机制。

6.1.6 服务支持机制——经营效率促进机制

中国跨国公司成长的服务支持机制是在跨国公司成长发展过程中能对其提供有利于提高企业经营效率，进而提高其生存能力、竞争能力，有利于改善其发展条件的一系列要素和配套体系等。企业境外直接投资的服务支持有着很宽泛的内容和形式，是政策性质的机制之外而对跨国公司的成长而言又是基本条件和基本环境的促进机制，主要有：

（1）信息援助

境外直接投资项目的可行性是建立在充分准确的有关信息基础上的，否则带有盲目性的投资会给企业带来损失甚至整个项目的失败；有的信息则能激发企业的投资冲动，明确投资意向。发达国家一般是通过建立投资促进机构为企业的境外直接投资提供全方位的信息服务，基本的信息包括东道国的宏观经济情况、税收与财务制度、企业成本要素、与外国投资相关的法律、法规的基本框架、管理的体制和程度等。有的国家还为有兴趣进行境外直接投资的企业建立信息库，为发展中国家企业寻找合作伙伴提供服务。如日本贸易振兴会、美国海外私人投资公司、芬兰基金等机构提供这类信息服务。许多国家还利用出版物、研究会、交易会发布传递信息，组织企业管理者与政府官员参加的投资访问代表团，或接待潜在投资东道国访问团来发布信息。有时候还会根据投资者的要求，提供有关国家特定行业甚至是特定项目的信息，由于政府有机会和条件获得大量的相关信息，这是任何一家企业都不可比的，政府的身份也决定了其出面组织的信息活动或牵线搭桥能取得较好的效果。我国有关境外直接投资的信息服务，主要由驻外使领事馆的商务机构提供，基本内容是驻在国的宏观经济、市场需求信息，法律框架等。我国政府在境外直接投资的信息援助方面应该加大力度，除了能为有需求的企业提供有关国家和地区的政治经济等投资环境，以及投资条件、有关程序、政策法规、合同要求和形式等基础信息外，从内容上还应建立投资国别的项目信息库、有关国际组织的有关法规和政策导向，以及国际市场上的有关变化趋势等信息，从形式上，可以定期发布有关境外直接投资指南，组织境外直接投资研讨会和信息发布会，组织有关访问考察等。充分准确的信息将在两个方面促进境外直接投资：一方面是对有投资意向的信息搜集者帮助其确定投资指向，有时有价值的信息还会激发投资的冲动；另一方面是帮助投资者做可行性论证，以及投资后顺利地适应环境。

（2）投资的技术援助和人员培训

这主要是为具体的投资项目提供有关的服务支持，主要针对可行性研究、项目的开发与启动，以及人员培训方面的支持。许多发达国家为项目可行性研究提供部分援助，一般情况下，政府为最终决策前的可行性论证提供50％的经费资助，一些国家还特别为中小型企业的境外直接投资者提供启动支持，包括帮助筹措项目资金，准备法律文件，根据东道国具体条件调整技术，培训有关人员（包括当地人员）等。为境外投资企业提供"走出去"所需要的技术援助和人员培训，是完全服务性的，可以帮助企业更高效率，更低成本地完成这一阶段的事项。因为大多数企业在涉外事项上完全不熟悉，即使有过境外投资的企业，也只是有过相似经历，在对新的投资区位也要重新了解和探索，若政府部门能提供这类的援助则会明显缩短这个过程的时间和降低相应的成本。

（3）政府间合作

体现在境外投资方面的政府间合作，主要是投资国和引资国双边或多边签订投资协议，目的是为了保护境外投资者在东道国的利益，其内容主要是保证投资者在东道国的国民待遇，对投资者提供相应的投资经营保护，避免双重征税等。在签订双边或多边投资协议问题上，虽然投资协议适用于双方的投资者，但由于发达国家是主要的投资输出国，因此，发达国家通常很热衷于签订双边投资协议，以保护本国投资者的利益。可以预见将有越来越多的中国企业进行境外直接投资，因此，我国政府加强政府间的合作，签订更多的投资协议，是促进我国跨国公司成长，保证境外直接投资顺利进行的重要机制。在区域层次上的投资协议也非常重要，《罗马条约》为境外投资者在欧盟投资提供了公平待遇，所有公约成员国可获得促进和保护投资，提供信息的服务，以鼓励对外直接投资。亚太经合组织 1994 年也通过了一些非约束性的对外投资原则，为亚太经合组织成员在这个领域的合作提供了基本的指导框架，亚太经合组织为该非约束性投资原则的落实提供信息、指导和培训，也会就原则的执行情况进行讨论；北美自由贸易协定将美加自由贸易协定中的投资原则推广到发达国家与发展中国家的自由贸易协定中。在多边合作层次上，虽然目前还没有一部统一的综合的多边国际投资规则，但多边的投资保护协议体系也在形成之中，规范国际投资活动的松散法律框架还是存在的，如 GATT（现 WTO）于 1994 年达成的《与贸易有关的投资措施协议》（TRIMS）及《服务贸易总协定》（GATS），要求成员国对外国的投资实行国民待遇，为一个行业中的跨国公司投资制定了一个框架。联合国贸易与发展会议（UNCTAD）自 1997 年开始讨论一项可能的《多边投资框架》。此外，世界银行投资争端解决惯例和多边投资保护协议，也为国际直接投资提供了有利的国际框架。我国政府在积极签订国家与国家之间的投资协议的同时，还应积极参与多边投资规则的制定，努力维护自身利益。作为最大的发展中国家和对外投资的重要参与国家，在制定未来的多边投资框架时，中国的全面参与和利益要求，对于我国跨国公司的成长，促进对外直接投资有重要意义，同时对建立真正意义上的多边投资框架有重要影响。

（4）中介组织

中介组织是市场经济运行的支持系统之一，它在经济活动中起着媒介的作用，其特点具有服务性、专业性、公正性、居间性和广泛性，而其形式主要有各种商会、行业协会、专业服务机构，如会计、法律、审计等事务所、交易中介与代理机构和经济签证机构等。中国的企业要顺利地"走出去"，进行境外投资，实现跨国经营，离不开中介组织的支持和参与。如浙江温州市级行业协会近百家，分布在国内外各个地方，其触角遍及全球，它们为企业"走出去"提供信息服务，开展各种咨询和技术培训，为企业跨国发展牵线搭桥，组织会员企业出国考察，参加各种国际博览会，为企业"走出去"进行境外投资发挥着重要作用。由于对外直接投资进行跨国经营，涉及国内外行为主体，而其内容又涉及信息流、资金流、人才流、物流等，企业作为一个生产或经营主体，其境外经营活动只有依靠中介组织，才能提高效率，降低成本，同时也能提高自己的信誉。例如，万向集团在美国的公司，资金筹措靠银行，财务管理委托会计师事务所，出现纠纷聘请律师事务所等，不把资产的安全性寄托在对个人的信任上，由于该公司直接利用中介组织，实行规范管理，遵守当地法律，恪守信用，而建立了良好形象。2002 年，万向美国公司获得外国银行受信额度超过 8000 万美元，这是我国跨国公司成长过程中有效利用中介组织的一个成功案例。

但是当前我国的中介组织发展滞后，主要表现出：①数量少、规模小、服务能力弱。美国有几千个行业协会，中国目前工业系统内国家级的行业协会仅 200 多家，中国国际贸易促进会和中国国际商会的各级分机构也只有 600 余家。②中介组织独立性不强，存在部门垄断。这主要是因为脱胎于计划经济体制，这种状况在迅速改变。③从业人员职业道德和法律意识淡漠，执业不规范。④部分主体资格不合格，行为不规范。⑤从业人员业务素质不高。要充分发挥中介组织在我国企业"走出去"迅速成长为跨国公司这一过程中的促进机制作用，就要充分认识中介组织的功能，积极扶持中介组织体系的形成，消除行政色彩，保证其独立性，并以市场机制和健全的法律体系为基础规范和完善中介组织体系。

中国跨国公司的成长是一个必然的趋势，除了企业自身积极培养自己的所有权优势或竞争优势，依据区位优势原理，并迅速形成内部化优势，具备这些跨国公司成长的内在因素之外，还需要建立和形成跨国公司成长的外在促进机制，只有这样才能迅速成长起一批具有竞争力的中国跨国公司，实现资源利用和市场占领的国际化大转移。

6.2 中国 FDI 流出量与有关宏观经济变量

中国对外直接投资规模作为一个宏观经济指标，它受其他宏观经济指标如 GDP、固定资产形成规模、出口额、外汇储备等的影响，同时它也会影响这些相关的指标。为分析中国对外进行 FDI 规模的变化规律及相互作用因素，在此，用中国对外直接投资及相关的共 6 个指标作 VAR 分析，建立相应模型，并进行弹性分析、协整分析、脉冲分析以及方差分解分析等。在这里使用 1980—2004 年共 24 年的数据，资料如表 6.1 所示。

表 6.1　中国对外直接投资规模及相关指标时间序列资料

	FDIout flow (milli $)	GDP (milli $)	GFCF[a] (milli $)	FDIoutstock (milli $)	Export (milli $)	FER[b] (milli $)
1982	44.0	202088.0	78899.0	42.40	22320.0	6990.0
1983	93.0	227375.0	86502.0	49.52	22230.0	8900.0
1984	134.0	256107.0	91619.0	87.49	26140.0	8220.0
1985	629.0	304912.0	89932.0	130.91	27350.0	2640.0
1986	450.0	295716.0	89725.0	182.77	30940.0	2070.0
1987	645.0	268217.0	100535.0	465.19	39440.0	2920.0
1988	850.0	307167.0	124231.0	1315.20	47520.0	3370.0
1989	780.0	342292.0	115242.0	1658.61	52540.0	5550.0
1990	830.0	354644.0	98929.0	2488.61	62090.0	11090.0
1991	913.0	376617.0	111583.0	3401.61	71910.0	21710.0
1992	4000.0	483012.0	150818.0	7401.61	84940.0	19440.0
1993	4400.0	601083.0	225271.0	11801.61	91740.0	21200.0
1994	2000.0	542515.0	195577.0	13801.61	121010.0	51620.0

	FDIout flow (milli $)	GDP (milli $)	GFCFᵃ (milli $)	FDIoutstock (milli $)	Export (milli $)	FERᵇ (milli $)
1995	2000.0	700253.0	243078.0	15801.61	148780.0	73600.0
1996	2114.0	816510.0	280679.0	17915.61	151050.0	105030.0
1997	2562.0	898222.0	303435.0	20478.61	182790.0	139890.0
1998	2634.0	946312.0	333747.0	23112.61	183710.0	144960.0
1999	1774.0	991363.0	356060.0	24887.61	194930.0	154680.0
2000	916.0	1080415.0	394079.0	25803.61	249210.0	165570.0
2001	6885.0	1159025.0	444762.0	23687.61	266100.0	212160.0
2002	2518.0	1266052.0	506446.0	35206.02	325570.0	286410.0
2003	1800.0	1409848.0	619162.0	37006.02	438370.0	403251.0
2004	1805.0	1649387.0	741609.0	38825.00	593370.0	609932.0

注：a. 为固定资本形成总值（Gross Fixed Capital Formation）；

　　b. 外汇储备（Foreign Exchange Reserves）。

资料来源：UNCTAD, *World Investment Report* 2005, 作者整理；出口额、外汇储备分别根据商务部和国家外汇管理局网站资料。

有关变量符号定义如下：FDI（对外直接投资流出量），GDP（国内生产总值），GFCF（固定资本形成总值），FDIOST（FDI 流出存量），EXPO（出口额），FER（外汇储备额）。

一、模型建立

本模型为了使变量序列更平滑，并能做弹性分析，对所有变量取自然对数，用 Eviews3.1 软件计算估计结果如表 6.2 所示。

表 6.2　VAR 模型有关参数计算表

	LFDI	LGDP	LGFCF	LFDIOST	LEXPO	LFER
LFDI	−0.063983	0.024338	0.064478	0.145836	0.034958	0.013062
(−1)	(0.31329)	(0.02934)	(0.05136)	(0.06616)	(0.05349)	(0.16065)
	(−0.20423)	(0.82942)	(1.25546)	(2.20424)	(0.65353)	(0.08131)
LFDI	−0.406567	0.001763	0.034541	−0.016560	0.112913	0.104701
(−2)	(0.35818)	(0.03355)	(0.05872)	(0.07564)	(0.06116)	(0.18367)
	(−1.13510)	(0.05255)	(0.58825)	(−0.21892)	(1.84632)	(0.57006)

续表 6.2

	LFDI	LGDP	LGFCF	LFDIOST	LEXPO	LFER
LGDP	2.744321	−0.553503	−1.286264	−0.867221	−0.569065	1.581244
(−1)	(5.00168)	(0.46848)	(0.81995)	(1.05629)	(0.85399)	(2.56474)
	(0.54868)	(−1.18148)	(−1.56871)	(−0.82101)	(−0.66636)	(0.61653)
LGDP	2.340566	0.116221	0.783877	1.864366	0.096630	−1.339715
(−2)	(2.08142)	(0.19496)	(0.34122)	(0.43957)	(0.35538)	(1.06730)
	(1.12450)	(0.59614)	(2.29730)	(4.24137)	(0.27190)	(−1.25524)
LGFCF	−0.539884	0.111935	0.740014	0.263452	0.242729	0.530953
(−1)	(1.86617)	(0.17480)	(0.30593)	(0.39411)	(0.31863)	(0.95693)
	(−0.28930)	(0.64038)	(2.41890)	(0.66848)	(0.76178)	(0.55485)
LGFCF	−3.123558	0.036945	−0.595184	−1.760910	−0.152151	0.055524
(−2)	(1.66577)	(0.15603)	(0.27308)	(0.35179)	(0.28442)	(0.85417)
	(−1.87514)	(0.23679)	(−2.17954)	(−5.00559)	(−0.53496)	(0.06500)
LFDIOST	0.506335	0.020621	−0.092162	0.548243	−0.218493	−0.518666
(−1)	(0.93489)	(0.08757)	(0.15326)	(0.19744)	(0.15962)	(0.47939)
	(0.54160)	(0.23548)	(−0.60134)	(2.77681)	(−1.36879)	(−1.08193)
LFDIOST	0.235348	−0.017348	−0.034724	0.112815	0.051707	0.480911
(−2)	(0.86971)	(0.08146)	(0.14258)	(0.18367)	(0.14850)	(0.44597)
	(0.27061)	(−0.21296)	(−0.24355)	(0.61422)	(0.34821)	(1.07836)
LEXPO	3.099785	0.546862	0.910204	0.463996	0.903493	−0.455994
(−1)	(1.83683)	(0.17205)	(0.30112)	(0.38791)	(0.31362)	(0.94188)
	(1.68758)	(3.17856)	(3.02273)	(1.19613)	(2.88083)	(−0.48413)
LEXPO	−4.438404	−0.002118	−0.040386	0.484947	0.624149	1.091022
(−2)	(2.54047)	(0.23795)	(0.41647)	(0.53651)	(0.43376)	(1.30269)
	(−1.74708)	(−0.00890)	(−0.09697)	(0.90389)	(1.43892)	(0.83751)
LFER	−0.018778	−0.042376	−0.053772	0.159408	−0.003495	1.001932
(−1)	(0.81446)	(0.07629)	(0.13352)	(0.17200)	(0.13906)	(0.41763)
	(−0.02306)	(−0.55549)	(−0.40274)	(0.92678)	(−0.02513)	(2.39907)
LFER	−0.060847	0.214617	0.233448	−0.269877	−0.019944	−0.700376
(−2)	(0.96118)	(0.09003)	(0.15757)	(0.20299)	(0.16411)	(0.49287)
	(−0.06330)	(2.38387)	(1.48155)	(−1.32953)	(−0.12152)	(−1.42102)
C	−2.753970	9.099919	5.726200	−2.434546	−0.058551	−10.64631
	(24.6706)	(2.31078)	(4.04438)	(5.21010)	(4.21230)	(12.6505)

续表6.2

	LFDI	LGDP	LGFCF	LFDIOST	LEXPO	LFER
	(−0.11163)	(3.93803)	(1.41584)	(−0.46727)	(−0.01390)	(−0.84157)
R-squared	0.859125	0.997367	0.993731	0.998728	0.996140	0.991085
Adj. R-squared	0.647811	0.993416	0.984328	0.996819	0.990350	0.977713
Sum sq. resids	2.244079	0.019688	0.060309	0.100085	0.065421	0.590056
S. E. equation	0.529632	0.049608	0.086825	0.111851	0.090430	0.271582
F-statistic	4.065647	252.4862	105.6780	523.2890	172.0482	74.11689
Log likelihood	−6.317322	43.41128	31.65670	26.33799	30.80240	7.708927
Akaike AIC	1.839745	−2.896312	−1.776829	−1.270285	−1.695467	0.503912
Schwarz SC	2.486354	−2.249703	−1.130220	−0.623676	−1.048858	1.150521
Mean dependent	7.242510	13.30962	12.26878	8.590760	11.60935	10.51265
S. D. dependent	0.892455	0.611391	0.693551	1.983182	0.920562	1.819199

Determinant Residual Covariance	4.34E−16
Log Likelihood	192.6321
Akaike Information Criteria	−10.91735
Schwarz Criteria	−7.037692

可建立如下模型：

$$
\begin{pmatrix} LFDI_t \\ LGDP_t \\ LGFCF_t \\ LFDIOST_t \\ LEXPO_t \\ LFER_t \end{pmatrix} = \begin{pmatrix} -0.063983 & 2.744321 & -0.539884 & 0.506335 & 3.099785 & -0.018778 \\ 0.024338 & -0.553503 & 0.111935 & 0.020621 & 0.546862 & -0.042376 \\ 0.064678 & -1.286264 & 0.740014 & -0.092162 & 0.910204 & -0.053772 \\ 0.145836 & -0.867221 & 0.263452 & 0.548243 & 0.463996 & 0.159408 \\ 0.034958 & -0.569065 & 0.242729 & -0.218493 & 0.903493 & -0.003495 \\ 0.013062 & 1.581244 & 0.530953 & -0.518466 & -0.455994 & 1.001932 \end{pmatrix} \times \begin{pmatrix} LFDI_{t-1} \\ LGDP_{t-1} \\ LGFCF_{t-1} \\ LFDIOST_{t-1} \\ LEXPO_{t-1} \\ LFER_{t-1} \end{pmatrix}
$$

$$
+ \begin{pmatrix}
-0.406567 & 2.340566 & -3.123558 & 0.235348 & -4.438404 & -0.060847 \\
0.001763 & 0.116221 & 0.036945 & -0.017348 & -0.002118 & 0.214617 \\
0.034541 & 0.783877 & -0.595184 & -0.034724 & -0.040386 & 0.233448 \\
-0.016560 & 1.864366 & -1.760910 & 0.112815 & 0.484947 & -0.269877 \\
0.112913 & 0.096630 & -0.152151 & 0.051707 & 0.624149 & -0.019944 \\
0.104701 & -1.339715 & 0.055524 & 0.480911 & 1.091022 & -0.700376
\end{pmatrix}
\times \begin{pmatrix}
LFDI_{t-2} \\ LGDP_{t-2} \\ LGFCF_{t-2} \\ LFDIOST_{t-2} \\ LEXPO_{t-2} \\ LFER_{t-2}
\end{pmatrix}
+ \begin{pmatrix}
-2.753970 \\ 9.099919 \\ 5.726200 \\ -2.434546 \\ -0.058551 \\ -10.64631
\end{pmatrix}
+ \begin{pmatrix}
u_{1t} \\ u_{2t} \\ u_{3t} \\ u_{4t} \\ u_{5t} \\ u_{6t}
\end{pmatrix}
$$

模型中 u_{it}（$i=1,2,\cdots,6$）为第 i 个模型的随机扰动项，亦称为新息（innovation）。

从该 VAR 模型可以看出，就滞后 1 期而言，影响我国与外进行 FDI 流出量的主要因素是 GDP 和出口额，分别达到每增加一个单位的 GDP，可使 FDI 流出量上升 2.74%，而每增加一个单位的出口，可使 FDI 流出量上升 3.1%。就 GDP 与 FDI 流出量的关系看，此处基本印证了邓宁的对外直接投资发展阶段理论，即随着经济发展水平的提高，对外直接投资水平也不断提高，最终可达到 FDI 的净流出，只是邓宁所用的指标为人均 GDP（邓宁，1981），以此分析一国对外直接投资水平的发展阶段。就中国的情况而言，沿海地区，特别是长江三角洲和珠江三角洲地区的人均 GDP 已经达到 5000 多美元，这些地区事实上也已经成为我国对外进行 FDI 的主体。此外，就出口与对外进行 FDI 的关系看，小岛清的理论已经说明投资与外贸是互补关系，而弗农的产品生命周期理论也指明了这样的结论，当厂商出口产品在东道国市场达到一定份额时，对东道国的直接投资就是必然的结果。另一方面，从我国对外直接投资的变化对 GDP、固定总资本形成、FDI 流出存量以及出口额等宏观变量的影响看，均出现符合逻辑的变化。其中，对 FDI 流出存量的影响最为明显，每增加 1% 的 FDI 可使 FDI 流出存量增加 0.14%，GDP 增加 0.024%，固定总资本形成增加 0.065%，出口增加为 0.035%。尽管在实践中不存在这样严格的数量对应关系，但该模型所描述的我国 FDI 流出量与有关宏观经济变量的关系确是现实的。

二、拟合效果

从纯技术的角度看，该模型的拟合效果较好，见图 6.2.1（静态拟合）和图 6.2.2（动态拟合）。

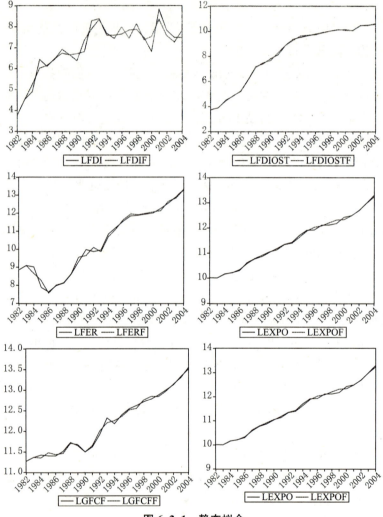

图 6.2.1　静态拟合

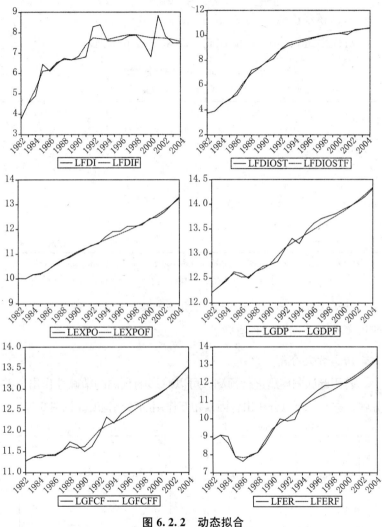

图 6.2.2 动态拟合

图 6.2 中虚线为各指标的拟合值。

从图 6.2 可以看出，整体的模型拟合效果良好，拟合值与实际值趋势一致，用以进行预测可以取得较好的效果。

三、模型检验

对模型进行 Johansen 检验，结果如表 6.3 所示。

表 6.3　Johansen 协整检验表

Series：LFDI LGDP LGFCF LFDIOST LEXPO LFER

Eigenvalue	Likelihood Ratio	5 Percent Critical Value	1 Percent Critical Value	Hypothesized No. of CE（s）
0.993587	248.7775	94.15	103.18	None **
0.969860	142.7382	68.52	76.07	At most 1 **
0.728967	69.19833	47.21	54.46	At most 2 **
0.645584	41.78251	29.68	35.65	At most 3 **
0.568206	19.99956	15.41	20.04	At most 4 *
0.106451	2.363638	2.16	6.65	At most 5 *

*（**）denotes rejection of the hypothesis at 5% （1%）significance level

L. R. test indicates 5 cointegrating equation （s）at 5% significance level

结果表明，该回归模型具有协整关系，说明变量之间存在长期均衡关系，回归方程有效。

四、方差分解

若用此回归模型进行预测，可以对影响预测的精确性作出方差分解，进一步可以分析出各因素相互作用的影响程度。见图 6.2.3。

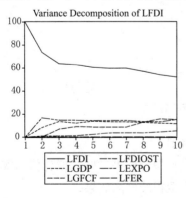 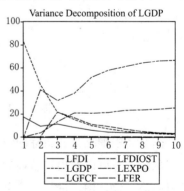

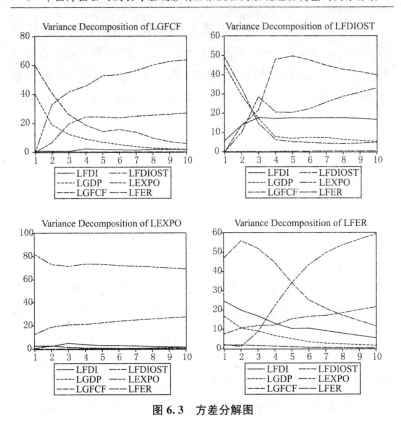

图 6.3　方差分解图

对回归模型：

$$LFDI = -0.06398267546 * LFDI_{t-1} - 0.4065673069 * LFDI_{t-2} +$$

$$2.744320562 * LGDP_{t-1} + 2.340566058 * LGDP_{t-2} -$$

$$0.5398839493 * LGFCF_{t-1} - 3.123558213 * LGFCF_{t-2}$$

$$+ 0.5063346288 * LFDIOST_{t-1} + 0.2353483094 * LF-$$

$$DIOST_{t-2} + 3.099784679 * LEXPO_{t-1} - 4.438404465 *$$

$$LEXPO_{t-2} - 0.01877834426 * LFER_{t-1} - 0.06084656145 *$$

$$LFER_{t-2} - 2.753969851$$

用于对 LFDI 的预测，其误差来源从而也是影响预测精确度的因素，从方差分解结果看，主要来自其本身，其误差所占比重在考察期的第 7 期以来的各期最少也接近 60％，在第 7 期之后的各期，也在 50％以上。其次是出口额和 GDP，出口额在各期预测中其误差来源所占比重平均在 14％左右的水平，GDP 在各期的误差所占比重平均为 13％左右的水平，这两个因素的影响还表现出一定的稳定性特性。另一个重要的影响因素是固定资本形成总额，在考察期的第 7 期之前，其误差来源占 15％左右，影响相对较强，在考察期的第 7 期之后，其误差来源所占比重约为 9％。而 FDI 存量的影响平均为 3％左右，外汇储备的影响几乎为 0。由于预测的误差来源直接决定预测的精确度，因此可视误差来源的大小的变量为对因变量（此模型中为 LFDI）的影响重要程度大小的因素。可见该模型的方差分解结果较为符合客观实际，经济发展水平、出口规模和固定资本形成规模是影响我国对外 FDI 的重要因素，对外汇储备对我国对外 FDI 水平几乎没有影响的现象，理论上，由于投资主体是企业，随着市场经济体制的建立和完善，企业用自有资金或自我融资的手段进行 FDI 成为最重要的形式，国家的外汇储备对它的影响不大。

就 FDI 对其他变量预测的误差来源看，对 GDP 的影响，从考察期的第 4 期以来平均达到 12％左右，成为在所考察的因素中，仅次于出口额和固定资本形成总额的另一个重要影响因素，而且趋势较为明显，但在考察期的第 7 期之后，其影响较弱。这表明，在我国宏观经济发展中，近年来我国的对外直接投资影响在增强。我国对外直接投资流量对存量的影响较强，在考察期的第 2 期之后达 17.0％左右，而第 2 期以来，也在

10％左右，整体地看，对外直接投资流量对其存量的影响是相对重要的，这符合这两个指标之间的逻辑关系，但对外直接投资流量对存量的影响要小于出口额和固定资本形成的影响，而明显地大于其他三个因素，并且其作用力处于一个稳定的水平。对外直接投资对外汇储备的影响，自观察期第 6 期以来，其影响均在 10％以上，而且从整个时期看，对外直接投资对外汇储备的影响较大，且趋于稳定，这显然表明，随着我国跨国公司的发展其对外汇储备的形成的影响作用明显。从我国对外直接投资对出口的影响看，近期比远期的影响略大，但就影响水平看不大，大致在 2％—3％的水平，从中可以分析出我国对外进行 FDI 的结构性特征，即目前我国对外进行 FDI 对我国出口的促进作用不明显，而主要以资源导向型的 FDI 为主，这一点符合目前我国对外进行 FDI 的实际情况。另一方面，我国的对外贸易发展太快，规模巨大，相对而言，对外直接投资对外贸出口的影响很微小。我国对外直接投资对固定总资本形成的影响是微乎其微，整体的影响水平在 1％左右，这可以表明，随着我国经济的发展壮大，固定资产的投资规模也越来越大。据统计，2004 年我国全社会固定资产投资达 66000 多亿元，折合为 8000 多亿美元，相对而言，我国对外直接投资的规模或水平太低，也表明相对于整体经济发展而言，我国的对外直接投资是滞后的。

五、脉冲响应分析

从该模型的脉冲响应分析看（见图 6.4），FDI 对其自身的一个标准差的外部冲击的影响（即 FDI 对其自身的一个标准差的新息的响应），在追踪期的首期反映较强，其正值达到 0.32 左右，

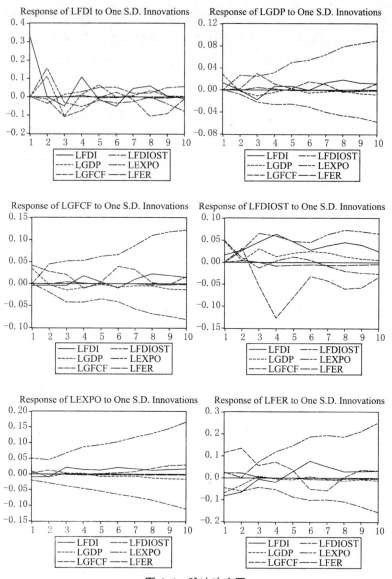

图 6.4　脉冲响应图

但其影响的时期不长，在第 2 期即回到原点，且随后呈正负起伏波动状态，强度也较大，表明在本模型考察的因素之外的影响因素在起着较大的作用，可以判断，其中政策因素和企业自身因素的影响是存在的，这些可归结到前文提出的 OIL 新模型中的制度变量中。FDI 模型中的其他几个因素的一个标准差新息（或一个标准差的外部冲击）的响应，从整个追踪期看，都是起伏不定的，表明模型的其他变量之外的因素对 FDI 的影响始终存在，而且除了外汇储备模型外，其他模型的一个标准差新息的影响都较大。而从 LFDI 模型的一个标准差新息对其他几个模型的影响看，其对 LGDP、LFDIOST、LEXPO 和 LFER 的影响，最少在追踪期的第 4 期之后都是正的影响，表明凡是影响 LFDI 的模型之外的因素，都会影响以上几个宏观经济指标，这种联系的建立具有重要的政策意义。但从技术上要找出这些模型之外的影响因素，以便采取相应的政策措施。

通过模型分析，可以得到一些基本认识：（1）所考察的宏观经济指标，除外汇储备因素以外，都对我国的对外直接投资有较明显的影响，表明随着我国宏观经济的发展和壮大，我国的对外直接投资也将相应地得到发展，中国有更多的企业成长为跨国公司是一个必然的趋势；（2）目前我国的对外直接投资对宏观经济相关指标有一定的影响，但作用不太明显，表明我国目前的对外直接投资的规模和水平相对宏观经济的影响比较小，尚未取得应有的地位；（3）模型之外的因素对我国对外进行 FDI 有较明显的影响，初步的定性分析可以判断，这些因素中主要有政策（制度）、企业自身的能力等，而且对我国跨国公司成长的外在促进因素越来越多。

6.3 中国企业跨国经营的文化
适应性分析

如今已经进入了经济全球化时代，这是以资本、劳动、商品自由流动，以信息、知识、技术快速交流为特征的时代，而经济全球化的主要推动者是跨国公司。跨国公司在全球化过程中承担着各国经济交流、要素流动的媒介职能，并且在全球经营活动中获得了巨大的自身利益，又推动着全球经济发展。

在经济全球化的背景下，中国的更多企业成长为跨国公司，走出国门进行跨国经营是个必然的趋势，也是我国企业分享世界市场，利用世界资源的必然选择。尽管目前中国跨国公司在全球跨国公司大家庭中处于非常弱势的地位，但是中国企业走出国门进行跨国经营已经是个事实，而要使企业的跨国经营能稳定持续的发展，除了技术的开发、市场的开拓、营销的创新以外，还必须在跨国经营的过程中，适应当地的文化并建设适宜的企业文化。实事上文化因素构成了企业竞争力的重要因素之一。

文化是一种普遍认同和共同遵守的价值观念、道德规范和行为准则。文化具有层次性，根据范围的不同，有国家文化、区域文化、企业文化等，这些不同层次的文化都对企业的跨国经营产生影响。国家文化是在国家整体范围占主导地位的文化，它是在一个国家长期的历史发展过程中，由居主导地位的传统精神和宗教思想的影响而形成，如中国文化就受儒家精神和佛教思想的影响；地域文化则是在国家文化总体环境下，由不同地域的自然条件、人文环境、经济发展状况而形成的具有地方特点的文化，如岭南文化，在中国文化整体背景下，形成了包容、务实、开放、勤劳、变通、开拓、效率等的文化特征，与其他地域形成一定区别；而企业文化则是企业在其长期的经营管理实践中形成的，符合企业经营理念，又为全体职工普遍接受的价值观念、行为准则和规范，它形成企业的精神和价值取向。每一个层次的文化都影响企业的跨国经营，在很大程度上决定企业经营的成败。经济全球化，使得跨国经营的企业有机会，也必须在世界范围内寻找潜在的市场和劳动力及其他要素，但只有具备了理解和适应不同文化特征的管理人员在这方面才有可能获得成功，并能在世界市场上进行有力的竞争。

由于跨国经营是在一个与母国文化差异很大的环境中进行，文化的差异可能导致文化的冲突。例如在全球并购热潮中，戴姆勒—奔驰公司与克莱斯勒公司的兼并轰动一时，但该兼并案例暴露出的德美企业间的文化冲突也较为典型。克莱斯勒公司被兼并后，公司的首席执行官吉姆·霍尔登拟订了一项扭转局面的计划，准备向戴姆勒—克莱斯勒公司设在德国斯图加特的总部提出，但从未得到机会。而他的德国老板尔根·施伦普却以书面方式通知他，说他在担任克莱斯勒公司首席执行官一年来是如何一再达不到自己的盈利目标的。在 1998 年，这两家大汽车公司斥资 360 亿美元实现"同等地位者之间的合并"，当时被视为全球汽车业强手联合的典型，其股票价格也暴涨到了 3 位数。但很快这场合并便充满了大西洋两岸之间的文化冲突。克莱斯勒本来人才荟萃，但这些优秀人才却陆续离去，包括 20 世纪 90 年代初该公司鼎盛时期的总裁，以及十多位高级经理，而留下的是混乱的业务和失控的成本。2000 年出现了巨额亏损，股票价格大幅下降，致使两家公司加起来的价值还达不到戴姆勒－奔驰公司单独一家时的市值。面对这种局面，公司老板尔根·施伦普只得决心"以德国方式"使与克莱斯勒的结合产生效力。显然，这是企业在跨国经营中因文化冲突而引起企业经营混乱的典型案例之一。注意到这还是发生在两个发达的西方国家的两家优秀企业之间的冲突。可以推论，中国的企业"走出去"进行跨国经营，其产生文化的冲突的可能性会更大，这主要是缘于较大的文化差异。

著名的组织行为学专家，荷兰的吉尔特·霍夫斯蒂德（Geert Hofstede）博士在国家文化层次对不同的国家群从五个方面归纳了基本的文化价值观，也可以视为五个分析要素指标，分别是权力化程度（人与人之间平等的期望）、个人主义（社会中个人与群体的关系）、男性主义（性别角色的期望）、不确定性规避（对不同的危险事物的典型反应）和长期取向（对时间的基本取向，这是基于亚洲研究人员反映儒家价值观的问题提出的概念）。并且经过广泛的调查分析，主要是通过对 IBM 遍及全球各地的 39 家子公司的研究，得出了霍夫斯蒂德文化方面的要素排序表，见表 6.4。

表 6.4 依据文化群选择的一部分国家（地区）
按霍夫斯蒂德文化方面的指标排序

（100＝最高，50＝中等）

文化群/国家（地区）	权力化程度	不确定性规避	个人主义	男性主义	长期趋向
英语国家（地区）					
加拿大	28	24	93	57	19
英国	21	12	96	84	27
美国	30	21	100	74	35
远东地区					
中国	89	44	39	54	100

续表 6.4

文化群/国家（地区）	权力化程度	不确定性规避	个人主义	男性主义	长期趋向
中国香港	73	8	32	67	96
新加坡	77	2	26	49	69
日本	32	89	55	100	—
日耳曼国家（地区）					
奥地利	2	56	68	98	—
德国	21	47	74	84	48
拉丁美洲					
阿根廷	35	78	59	63	—
墨西哥	92	68	42	91	—
拉丁欧洲					
比利时	64	92	87	60	—
法国	73	28	82	35	—
意大利	38	58	89	93	—

注：表中数据为百分比，其含义是排在该国之后的国家所占比例，如英国的"个人主义"得分为96，是指有96%的国家的个人主义都低于英国。

资料来源：表中资料根据 Hofstede 1980；Hofstede 1991；Hofstede in Pucik，Thichy，and Barnet 1993b 等整理。

本书转引自克里斯托夫·A：巴特利特，休曼特拉·戈歇尔：《跨国边界管理：跨国公司经营决策》，人民邮电出版社 2002 年版。

根据霍夫斯蒂德的研究，将所涉及的分属 7 个区域的 29 个国家（地区）的五个文化因素的按区域计算指标如表 6.5 所示。

表 6.5　　　　不同区域霍夫斯蒂德文化指标排序

地区	权力化程度	不确定性规避	个人主义	男性主义	长期趋向
英语国家	26	22	97	72	32
远东地区	63	39	34	62	89
日耳曼国家	13	48	72	92	—

地区	权力化 程度	不确定 性规避	个人主义	男性主义	长期趋向
拉丁美洲	72	68	30	83	——
拉丁欧洲	55	77	81	55	——
近东地区	54	71	50	48	——
北欧	11	22	77	7	——

资料来源：同上表。

上述五项因素中：（1）权力化程度主要解决平等问题，具有高度权力化程度的国家在这方面的准则和价值观认为：不平等从根本上讲是可取的；每个人都有自己的地位，有的人地位高，有的人地位低；大多数人应该服从依赖一位领导；权力者被授予特权；权力者不应隐藏其权力。像中国、新加坡、墨西哥等国家就是高权力化程度国家，远东和拉丁美洲地区也具有高权力化程度。（2）不确定性规避与容忍模糊（即不确定性）的价值观和信念有关，高不确定性规避的国家和地区的文化，寻求建立那种命令和可预测性至上的制度（包括政治的、教育的和商业的），其中规章制度占主导地位，在这种文化中，风险会使人们紧张和不安，人们力图避免诸如变换工作这样的行为。日本、阿根廷、比利时等国属于高不确定性规避国家，英国、美国、香港、新加坡等属于低不确定性规避国家（地区）。就区域而言，拉丁美洲、拉丁欧洲和近东地区具有较高不确定性规避文化特征。（3）个人主义是与集体主义相对应的价值观，强调的是个人与群体之间的关系。个人主义强调个人的价值和作用，人们主要依据个人的成就、地位和其他相关特征对个人作出评价；集体主义则主要依据人们所属的群体作出评价，家庭、组织、团队等社会群体皆优先于个人。高个人主义的文化价值观和信念是，人人对自己负责；

个人成就是理想；人们不必动情地依靠组织和群体。美国、英国、加拿大、意大利、法国、比利时等国属于高个人主义的国家，而中国、新加坡、香港等则为低个人主义或高群体主义文化国家（地区）。（4）男性主义是性别在社会生活中的角色、地位、作用等而表现出的文化的一个方面。男性主义文化支持传统的男性取向的整体趋势，即高程度男性主义表明一个社会的企业文化体现更强的男性主义价值，如强调发展、进取和盈利。高男性主义文化的基本价值观和信念表现为，应该区别性别角色；男人占支配地位；夸大男权是好事；男人应该具决策性；工作优先于其他职责（如家庭）；成就和金钱都是重要的。日本、奥地利、德国、墨西哥等是高男性主义文化国家，就区域而言，日耳曼语国家和拉丁美洲国家为高男性主义文化国家，而北欧的男性主义倾向最低。（5）长期取向是霍夫斯蒂德及其他学者后来的研究所增加的一个文化因素，具有长期趋向文化的价值观和信念认为储蓄应丰裕；顽强坚持以达到目的；节俭是重要的；愿意为将来投资；注重实效以适应现代关系；接受缓慢的结果。中国大陆、中国香港和台湾地区具有较强的长期取向。显然，不同的文化价值取向及其信念和准则必然使跨国经营者带来管理学意义和文化适应性意义的启示。

对文化的研究从来都是难以精确的定性分析，霍夫斯蒂德的量化研究只是一种分析的手段或方法，其结果可以给人以直观的概念，而不是一种精确的结论。

中国的企业走出国门进行跨国经营，必然要进行文化适应性的调整，以顺利有效地进行经营，获得利益。一般而言，中国企业的跨国经营，可从两个角度认识和思考文化的适应性，一是从进入者的角度看，要努力适应当地文化，即为外部或环境适应性问题；二是从管理者的角度看，要建立适宜的企业文化，属于内部适应性问题。

进入者的文化适应性，是指中国的企业进入国际市场进行经营时，要努力调适自身文化取向，去适应当地的文化环境和价值观，遵守当地文化传统和商业规则。这又可表现为两个方面：一是通过学习，了解当地文化特点，及当地普遍的价值倾向和准则，融入当地文化之中，与当地的环境和谐相处；二是发扬中华民族优秀文化的精粹，克服自身的劣根文化倾向。中国的优秀文化从善、从真，是全世界共同的文化财富，也必然会被世界各地接受，即便是在霍夫斯蒂德的研究体系中，中国集体主义准则和长期趋向特征就表现出许多优秀的文化元素。但不可否认的是，当前我国一部分经营者仍具有浓烈的劣根文化因素，这必然影响企业的跨国经营。所以，了解、学习当地文化，坚持发扬中国优秀文化是中国企业跨国经营的两个方面。

西班牙烧鞋事件就有深刻的中国经营者文化适应性背景。2004 年 9 月 28 日，在西班牙的埃尔切城，温州人陈九松的鞋店仓库被当地游行示威者烧毁，这一事件固然有一定的经济根源，即肇事者的经济利益受到严重侵害。从文化根源上分析，根据霍夫斯蒂德的体系，西班牙有较高的不确定性规避，其得分为 78，因此危机意识较强，导致其使用违法手段使矛盾表面化。但中国经营者的文化适应性因素肯定是事件的重要根源之一。在西班牙，温州人能够赚到钱，能够生存下来，但绝大多数的温州人没有进入西班牙的主流社会，即使是经营者也完全按自己的生活方式和自身的文化价值观和信念生活，远离西班牙人的晒日光浴，在酒吧花一两个小时喝一杯酒，周末关掉手机等大众主流的生活方式，自然造成一种隔阂，这使得即便是自己的商业合作伙伴也没在心理上接受你。其结果是使 95％的大陆产品没有进入西班牙的主流渠道，许多好的中国商品也只能成地摊货。这样，无论是人群，还是产品，在西班牙都没有能够赢得尊重。而造成这种现象的根本原因就是温州人在文化上的顽固性和不兼容性。温州人地区文化或性格中有优良的一面，讲亲情、敢冒险、灵活、坦荡，但也有其固有的弱点，行为不讲规则，缺乏理性，不具有兼容性。在海外的温州人大都可以赚到钱，但大部分只是囿于自己的小圈子，同时因为能赚到钱，而不积极去了解、认同当地文化，结果给自己制造了局限和障碍。要知道西方国家成熟的市场体系是经历了 200 多年形成的，才有了现在的商业文明、商业文化和商业惯例，这是一种先进的事物和文化，中国经营者只有调适自己的文化适应性，学习先进的东西，遵守共同的规则才能顺利经营。在中国人之前，同是亚洲的日本人和韩国人也分别进入欧洲的电子市场和汽车市场，但他们和欧洲人用的是同一套规则，使当地人服气。

管理者的文化适应性，是指中国企业通过对外直接投资在海外设立企业进行经营时，要建立适合当地环境的企业文化。这方面根据霍夫斯蒂德的文化模型有助于提高中国企业跨国经营的文化适应性。

企业管理的实践内容主要包括人力资源管理（有选拔、培训、评价、晋级、报酬等）、决策与组织设计、战略等，这些都会受到文化的影响。

根据霍夫斯蒂德的体系，中国是高权力程度国家，在这种文化中，小孩要服从父母和长辈，上学后，老师占主导地位，学生必须非常尊敬老师，极少挑战老师的权威；进入社会后，组织（企业）承担更多的父母和老师角色；对从事管理工作的人选，要来自上层社会或毕业于名牌大学，认为这些特点使他们具有先天的领导素质，即你的出生和地位比你以往的表现更重要。在激励方面，基本假设是人们不喜欢工作并尽量避免工作（责任），因此认为管理人员必须成为权力主义者，要强迫工人去劳动，密切监视其下属，相应的，对雇员的培训也是强调服从和可依赖。与这种假设相适应便建立了相应的组织结构和制度，决策是集权化的，而建立的是一个有多层结构的组织金字塔。显然中国的跨国经营者若进入英语国家、日耳曼国家和北欧国家，在这方面要作相当大的调整，大大降低权力化程度的文化价值观和准则。

在不确定性规避方面，对具有高不确定性规避国家的企业文化，设置有使雇员可依赖的、可预期管理的制度和程序；录用新雇员注意其对企业的忠诚性和适应性的潜力，因此偏重录用"可靠"的人（如亲友、同乡等），使其有更大的可预期性，减少人际的冲突，雇员也视忠心于企业为一美德；对晋升和提拔人员，首要的是资历深厚，对企业有长期利益和有管理专长的人。在这种文化中，人们更偏爱任务导向的领导（即给予属下十分明确的任务和指导），因为属下可以确切地知道对他们的预期。这类企业也订有很多明文的规定、制度和程序。相对而言，高不确定性规避文化的人不喜欢冒险，也害怕失败，决策方面也偏保守。拉丁欧洲、近东地区和拉丁美洲多属高不确定性规避文化地区。而低不确定性规避文化的领导偏向更大的灵活性，允许下属在工作中有更多的选择，企业的规章制度较少，每位经理分管的下属都较多，这样使雇员受到的监督较少，而具有较大的自主权。英语国家和北欧等属低不确定性规避文化地区。

在个人主义文化倾向方面，高个人主义的文化管理内涵体现在对管理人员的选拔是以个人特征为基础，设定公认的标准；对雇员的培训是为了获取个人成就所需要的一般技能，评价和晋升的依据是个人的业绩，领导的风格也是基于个人业绩的个人奖惩。中国的组织明显的具有集体主义倾向，强调集体利益和个人的道德参与，对雇员的培训也集中于公司需要的技能，决策是群体的也是缓慢的。因此，中国有企业要去英语国家、拉丁欧洲、日耳曼国家及北欧地区等高个人主义文化国家经营，必须突出个人主义的企业文化倾向。

在男性主义文化倾向方面，高男性主义文化的国家，工作具有明确的性别区分，而且男性通常选择与长期职业生涯相关的工作。工作也成为男人生活的核心，在工作上得到认可被认为是一种激励因素，培训具有职业生涯的适应性取向，管理风格则表现出权力主义。日本是典型的男性主义文化国家，此外日耳曼国家和拉丁美洲国家也是高男性主义文化地区，北欧地区的男性主义倾向最低，中国的男性主义倾向属中等水平，其跨国经营的文化适应性调适便于进行。

就长期倾向而言，对高长期趋向文化的企业，经理人员的选拔主要是考虑其与企业相应的个性，受教育的特点和其他背景特征。相对而言，个人的具体技能并不重要，培训则侧重投资于长期供职的技能；在晋级方面，主要培养技能和忠诚安全，雇员也注重工作保障，企业领导致力于发展社会义务，建立社会责任，并视当前报酬次于个人和企业的长期目标；在组织设计方面，首要的是为了管理企业内部社会关系，认为良好的社会关系最终会带来成功，企业战略的出发点是，用渐近的方式获得长期利润与增长。而弱长期趋向的文化的企业，选拔具有企业可直接使用的技能的人，培训也限于企业目前的需要，评价雇员是用立竿见影的基于技能贡献的工资方式；企业战略是快速的、期望可计量的回报；领导的风格表现在利用增加经济收入的刺激方式。中国是具有非常强的长期趋向的国家，必然具有相应的企业文化，而英语国家的长期趋向很弱，中国的企业在这些国家和地区经营则须作出相应的调整，以适应当地文化。

中国将有更多的企业成长为跨国公司进行跨国经营，因此努力调整自己的文化适应性，建立适宜的企业文化，参加国际竞争是中国将要走出国门的企业共同面临的紧迫任务。

7 中国企业跨国直接投资状况、能力、意向的问卷调查分析

7.1 样本的合理性分析

为了对中国企业的跨国直接投资的状况、能力、意向等有一个实际的了解，笔者设计和运用了问卷"企业跨国程度与跨国准备评估表"、"中国跨国公司发展及企业跨国意向问卷"和"中国企业跨国能力评估问卷"。于 2005 年 9 月完成问卷调查，获得原始资料，历时两个多月。受条件的限制，此次调查是在广东省范围内抽取样本企业，这种样本来源的合理性在于，广东省是一个经济发达地区，其工业发展在全国处于前列，而且大部分企业都具有外向型特征，在国际化经营方面基本是领先一步，从分析中国企业跨国直接投资和进行跨国发展看，样本具有代表性，不会影响整体的判断。从分析方法的角度看，也可以把这当作区域性个案，以此分析中国企业跨国发展的问题。从接受调查的样本结构看，有 46 家企业回答了"企业跨国程度与跨国准备评估表"，

从样本产生的过程看，这 46 家企业具有规模较大，实力较强的特点，直观的判断是已经跨国投资或具备跨国直接投资能力占一定比例的企业。共有 119 家（含上述 46 家）接受了"中国跨国公司发展及企业跨国意向问卷"和"中国企业跨国能力评估问卷"调查。样本的产生有两个途径，接受"企业跨国程度与跨国准备评估表"调查的 46 家企业，来自于一所著名的重点大学的 MBA 班的学员，接受调查的对象主要来自于其所在企业的高层管理者，而且这些企业大都实力较强，他们同时还回答了另外两份问卷；其他 73 家样本企业，主要来自笔者所在高校的国际经济与贸易专业的学生家庭的就近企业，而且指定是调查制造业。由于这两部分学生的来源都具有随机性，因此，这个样本的产生也具较强的随机性。根据抽样理论，此处的样本是一个大样本。

7.2 调查问卷的结构和内容

此次调查共使用三份问卷（见附录），各有不同的主题和测试目标。其中"企业跨国程度与跨国准备评估表"，从人力资源、全球战略、全球运营、全球结构、全球学习和全球文化等 6 个方面测定中国企业的跨国状况或跨国化程度及跨国准备程度，共分为四个跨国阶段。通常一个优秀的跨国公司都具有全球的思维和全球的竞争力，具体表现在战略、运营和人力资源以及文化等方面都是全球性取向。问卷的设计，在以上每一个方面都设置了5—9 项不等的具体的项目，并且是以被调查者打分的形式表明本企业的跨国化程度，最终按所得总分的多少判断企业的跨国化状况和水平，以及跨国准备的情况。该问卷共 6 个大的方面，共设计有 40 个小的具体问题，每一个问题的表述，企业根据自己的吻合程度，按照强弱分别记 4、3、2、1 分，最后积累总的得分作出判断，也可以分别分析 6 个大项的各自得分水平来判断在整个评价体系中某些因素的状况和水平。

"中国跨国公司发展及跨国意向问卷"主要用以分析目前中国的企业对跨国公司的认识、企业跨国经营的意向，以及跨国经营的基本情况。其基本的内容结构包括：企业的基本情况（如企业的类型、行业、规模等）；已经是跨国公司企业的基本情况（对外进行 FDI 的时间、规模、企业的优势和区位选择等）；尚未进行跨国直接投资的企业的原因、对外直接投资的意向和计划等；企业对跨国公司的认识和了解等四个方面。该问卷共 19 道客观题，一道主观题。

"中国企业跨国能力评估问卷"主要是测定中国企业的跨国发展能力，具体包括企业的成本水平、技术水平、研发能力、品牌知名度、资金实力、管理能力等几个方面，共 18 个客观题，主要是由企业自己判断自己以上几个方面在国内和国际上的地位和状态。

7.3　问卷分析

7.3.1　企业跨国状况与跨国准备评估

共有 46 家企业接受了该项调查。这些企业的基本情况是：72.7％的企业是国有控股企业，集体企业占 25.5％；就行业分布看，大部分集中在电子信息、电气机械或及专用设备、石油化学、汽车、通讯、电网等行业，约占 89.2%；企业规模方面，职工人数平均为 1500 人，资产总额平均 3.3 亿元，销售额平均在 2 亿元以上；其中 18.2% 的企业为跨国公司。

根据对问卷的分析，用 SPSS 软件计算，有如表 7.1 所示总体结果：

表 7.1　样本企业第二层次指标平均得分及标准差

	全球人力资源	全球战略	全球运营	全球结构	全球学习	全球文化	总 计
平均得分	13.57	13.15	16.28	8.57	9.74	12.35	73.52
标准差	4.62	5.57	6.60	3.51	4.04	5.85	28.26

问卷得分评判的参照标准如表 7.2：

表 7.2　企业跨国阶段（第一层次指标）得分参照标准

	全球状态	多国状态	跨国状态	国内状态
得　分	140—160	100—140	60—100	60 以下

根据样本企业的平均得分，按照上述参照标准判断，中国的企业目前是处在跨国状态。而处于跨国状态的企业，从结构上看是非中心化的，即既不以本国市场为中心（若得分接近下限，则偏重于国内市场），也不以国际市场为中心，整体地看，对外直接投资的规模不大，实现对外直接投资的企业数量也不多，但已经开始进行对外直接投资。同时处在这个阶段的企业，其战略是在多个国家内经营，文化敏感性开始变得重要。也有学者从人力资源的角度分析，认为这一阶段的企业是典型的民族中心主义，管理者更信任本国国民，公司运作集中于国内总部，国际职位只招募、培训和派遣本国国民，而忽视和低估外国经理和雇员。若

以95％的把握程度去估计企业平均得分的区间，结果是（65.35，81.69），仍处在第二阶段，这与宏观的面上资料反映的结论基本一致。

但深入一步，分析第二层次的指标，可以更进一步认识到我国企业在这6个方面与跨国发展第三阶段的真正的多国状态的具体差距。每小题的计分以1个分差为进阶，即每一个状态为前一阶段的进1分，则分别计算第二阶段（跨国状态）和第三阶段（多国状态）的得分及对比如表7.3所示：

表7.3　企业跨国程度6因素得分对照表

	全球人力资源	全球战略	全球运营	全球结构	全球学习	全球文化
跨国状态（1—2分）[a]	7—14	7—14	9—18	5—10	5—10	7—14
多国状态（2—3分）[b]	14—21	14—21	18—27	10—15	10—15	14—21
样本平均分	13.57	13.15	16.57	8.57	9.74	12.35
样本平均分与第三阶段下限相差值	−0.43	−0.85	−1.43	−1.43	−0.26	−1.65

注：a. 跨国状态等级平均每题计1—2分，若某项二级指标共7题，则得分区间为7—14分；

　　b. 多国状态等级平均每题计2—3分，若某项二级指标共7题，则得分区间为14—21分。

可见，按照这6项指标分差从小到大的顺序排列，为全球学习、全球人力资源、全球战略、全球结构、全球文化。显然，中国的企业与进入多国状态（即真正进入对外直接投资状态）差距最小的是"全球学习"变量，表明随着全球化的来临，中国加入世贸组织，善于学习并通过学习来提高竞争力是中国企业的重要意识和行为；差距第二小的是"全球人力资源"变量，表明中国的企业在跨国发展方面已经认识到了人才的重要性，并且愿意付诸行动来动员和运用全球人力资源，但是缺乏人才，尤其是缺乏跨国公司经营管理人才是中国企业普遍而严重的问题。相对而言，中国企业在"全球运营"、"全球结构"和"全球文化"等方面与真正多国状态的要求相差较大，其中差距最明显的是"全球文化"。中国的企业真正形成自身企业文化的不多，而建立和形成适合跨国经营的企业文化的企业就更少，这与企业文化的形成需要一个较漫长的过程有关，毕竟中国的对外开放只有 30 年的历史，而企业真正接触国际化经营的时间更短，这类企业也更少。

再深入一步，对第三层次的指标进行分析，可以看出分别影响这 6 项二级指标的各种基本因素的作用。在此，仅选出与企业跨国准备度相关的影响因素进行分析，有如下跨国准备相关的项目及其得分表（见表 7.4）：

表 7.4　样本的跨国准备度第三层指标得分及准备度判断

	跨国准备变量	得 分	准备度
1. 全球人力资源	A. 本企业管理人员与非管理人员都认同"全球的"竞争力（1）	2.54	++
	B. 本企业培训项目常常包括跨文化沟通、全球问题和多国语言（3）	1.80	+
	C. 职工的海外经历得到重视并有对应项目支持（5）	1.78	－
2. 全球战略	A. 本企业有建立在全球价值观和规范基础上的全球使命（1）	2.20	++
	B. 本企业对全球机会和威胁进行系统分析（2）	1.91	+
	C. 本企业确立了具体的全球目标和业绩目标（3）	1.83	+
3. 全球运营	A. 本企业的服务和产品质量要根据全球标准来衡量（4）	1.95	+
	B. 本企业有全球化的全球通讯系统来搜集、处理和传播信息（9）	1.81	+

	跨国准备变量	得 分	准备度
4. 全球 结构	A. 本企业的组织结构是无边界的、精简的和整体的（4） B. 本企业工厂设施是根据文化、成本、劳动力质量和 　　市场来定位和布局（5）	1.50 1.78	— —
5. 全球 学习	A. 本企业无论是个人还是组织的学习都得到了鼓励 　　和奖励（1） B. 本企业包容外来文化，将自己的培训项目的设计、 　　传播和评估予以全球化（4）	2.33 1.78	++ —
6. 全球 文化	A. 本企业有一个全球思维倾向，并且认识到这个世 　　界既无国界也无文化偏见（2） B. 本企业定期参加全球会议并阅读全球出版物（4） C. 本企业在全球范围内寻求发现全球最佳的实践经验 　　（5）	1.74 1.83 1.76	— + —

注：++准备充分；+准备较充分；—准备不充分。

　　从问卷的共40个基本变量（即40个基本指标）中提出以上15个跨国准备变量，并计算出样本平均得分，仍以1个分差为等级区别，即第二层次（跨国状态）为［1，2］，第三层次（多国状态）为［2，3］。可见准备相对充分，可以进入第三层次的指标有1—A，2—A和5—A，分别在全球人力资源（企业认同全球的竞争）、全球战略（有全球性价值观和使命）和全球学习（鼓励和奖励学习）等几个方面准备较充分。接近第三层次下限的指标有1—B、2—B、2—C、3—A、3—B和6—B共6项，表明企业在这几个方面具有一定的跨国准备，但还应该强化。而准备不充分的项目共6项，占40%。在以上各因素中，差距最明显的是影响"全球结构"的两个因素，这比较真实地反映了中国企业目前的客观实际。中国企业的产权结构、组织结构和经营结构都与跨国化经营的要求差距甚大，即便是民营企业，也同样具有相应的问题。因此，完善和加强企业的结构，使之更适应跨国发展是中国企业的艰巨和紧迫的任务。而总体看，中国企业的跨国准备不是很充分，其总体平均得分为 1.90，仅接近第三阶段（多国状态）的下限。

基本结论：中国企业目前处在"跨国状态"，对外直接投资处在初始或启动阶段，整体而言，企业成长为跨国公司的准备不太充分。

7.3.2 中国跨国公司发展及跨国意向分析

接受此项调查的主要是股份制形式的各类企业，所占比重60%左右，行业分布主要集中在电子信息、电气机械及专用设备、纺织服装、石油及化学、通讯、电力、汽车、建材、金属加工等，以中型企业为主，约占60%，小型企业（员工人数600以下，销售额1000万元以下，资产总额2500万元以下）约占1/3。

根据对问卷的整理，被调查企业对跨国公司的了解程度如表7.5所示：

表 7.5　受调查企业对跨国公司了解程度分布

	非常了解	了解	一般了解	不太了解	不了解
比重（%）	5.9	26.9	51.3	11.8	4.2

可见，中国企业了解跨国公司现象的为 1/3 以上，达32.8%，其中非常了解的有6%左右，大多数企业对跨国公司还是有基本了解，其比例为51.3%，真正完全不了解的也只占少数为4.2%。有1/3多的企业是了解和非常了解跨国公司的，表明中国的企业在关注跨国现象，其中不乏在思考本企业的跨国发

展问题的企业。

在被调查的企业中，有 22％的企业认为自己是一个跨国公司，这是一个较高的比例，估计其中有的企业没有把握好跨国公司必须进行对外直接投资，从事国际生产的要点，而没作出正确的判断。在成为跨国公司的企业中有 65％的企业拥有 3 个以下的海外子公司。这些企业跨国投资的区域分布如表 7.6 所示：

表 7.6　受调查跨国公司对外直接投资区域分布

	亚洲	欧洲	北美洲	南美洲	非洲	其他
子公司数（家）	21	11	9	3	1	2

表明企业遵循对周边国家和地区投资，或对市场成熟及稳定的国家和地区投资的一般规则，符合客观规律。

这些企业能够对外直接投资的优势分布如表 7.7 所示：

表 7.7　受调查企业对外直接投资的优势

	1. 技术	2. 产品	3. 营销	4. 优秀人才	5. 管理水平	6. 规模经营	7. 成本	8. 其他
百分比（％）	32.0	48.0	48.0	16.0	24.0	24.0	48.0	—

可以看出，我国企业以产品、营销和成本作为对外直接投资的主要优势，而技术优势的比重偏低，只占 32％，但这是体现所有权优势的重要方面。同样体现企业竞争或所有权优势的是管理水平，规模经营和优秀人才，但中国的企业都处在较低的水平，不作为企业的明显优势，其中优秀人才更是缺乏。另外，从各项优势因素的分布看，我国的企业并不是集中在某一些方面，没有一项是超过 50％的优势，表明从整体看，中国企业的跨国

投资优势不具特色和强有力。

企业对外直接投资的动因调查有如表 7.8 所示结果：

表 7.8　受调查企业对外直接投资的动因

	1. 占领海外市场	2. 获取先进技术	3. 利用海外资源	4. 国内市场竞争激烈	5. 东道国投资环境较好	6. 国家政策鼓励	7. 企业发展战略需要	8. 其他
百分比（%）	42.31	42.31	38.46	3.85	23.08	26.92	69.23	—

可见，有近 70％的企业将对外直接投资是作为自己发展的战略需要，表明企业大都具有长远的战略考虑，进入国际市场是更多企业最终的选择。此外，占领海外市场和获取先进技术作为企业跨国投资的动机的比例也很高，这确实是跨国公司的一般目标取向。因国内市场竞争激烈而对外直接投资的企业所占比例不高，表明目前我国边际产业的形成尚未表现出趋势性的发展，或者表明企业目前尚能够承受国内的竞争压力，还有自己的发展空间。此外，可以看出，企业的对外直接投资的内在动力要大于外部因素的刺激。

问卷整理还表明，从投资区位的角度看，企业投资的目的地选择主要是考虑市场的规模和发展潜力，选择该项的企业最多，达到 65.38％。同时还考虑易于市场的开拓，其选择的比例为19.24％，占第二位，此外，企业考虑较多的是东道国的税收优惠（为 7.69％）和政治、经济局势的稳定（7.69％），其他的似乎不是企业投资区位选择的目标。表明寻求和占有海外市场是影响企业区位选择的主要因素。

对于尚未进行跨国直接投资的企业，其原因如表 7.9 所示：

表 7.9　受调查企业尚未对外直接投资的原因

	1. 没有能力和条件	2. 国内市场足够大，不用跨国投资	3. 不了解国家相关的政策	4. 不了解跨国投资渠道	5. 国家相关政策支持力度不大且烦琐	6. 其他
百分比（%）	39.33	32.58	7.87	11.24	16.85	10.11

目前，我国有些企业之所以未进行对外直接投资，主要原因是没有能力和条件，近 40% 的企业处于这种状态，这符合我国目前的实际情况。另有 32.58% 的企业认为国内市场足够大，不用跨国直接投资，这是我国企业较普遍的心态，也是它们面临的现实，中国国内具有巨大的市场，给企业的生存和发展留有充分的空间。在有这种心态的企业中，有一部分是具备了跨国投资能力而不进行对外直接投资的企业，毕竟去国际市场投资经营的不确定性要大于国内。此外，还有 16.85% 的企业认为国家相关政策支持力度不大且烦琐，这是一个不小的比例，在 6 个选项中占第 3 位，而且这部分企业通常都具有真正的投资意向，与此相关的是不了解国家相关政策，占 7.87%，这两部分与国家政策相关的因素的比例相加，则占 24.72%，可见国家政策在这方面的工作需要加强，国家政策是我国跨国公司成长的主要促进机制和导向机制，也是重要的制度优势变量。有 11.24% 的企业尚不了解跨国投资的渠道，这一方面反映企业有跨国发展的愿望，但苦于找不到渠道，表明中介服务不充分，另一方面也反映企业的信息获取能力不强，如果将不了解国家相关政策归为这种性质，则这类企业所占比例达到 19.11%。另外，在选择"其他"原因中，主要有注明"不允许"，可能是主管部门或股东不允许，表明战略定位在国内，这与另一注明"国内运营"性质相同；"企业发展初期"和"时机未成熟"这两项注明，其实质是尚没有能

力和条件进行跨国投资；还有处在"正在尝试"阶段，表明企业正在进入跨国投资过程。

这部分企业对自己将来对外直接投资的时间安排是如表7.10所示：

表7.10　受调查企业对外直接投资的时间安排

	3年之内	3—5年	5年以后	暂不考虑
百分比（%）	4.71	7.06	15.29	72.94

从调查结果看，中国的企业计划对外直接投资的数量尽管不多，但是在逐渐增加，在5年之后将会不断增多，但调查也表明企业有长期计划的不多。

未对外直接投资的企业认为所缺乏的条件和能力如表7.11所示：

表7.11　企业对外直接投资所缺乏的条件状况

	1. 核心技术	2. 有竞争力的产品	3. 跨国经营人才	4. 知名品牌	5. 资本	6. 国际市场信息	7. 其他
百分比（%）	34.09	29.55	44.32	39.77	35.23	18.18	13.66

可见，企业普遍认为最缺乏的是跨国经营人才，选择该项的企业比例为44.32%，其次有39.77%的企业认为是缺乏知名品牌，此外就是缺乏资本（35.23%）和核心技术（34.09%），这四项确实是中国企业跨国发展过程中的最重要的弱点，也是构成企业竞争力的基本要素。我国企业真正懂得管理，善于管理的人才不多，不少管理者是凭经验和热情经营管理企业，严重地影响企业生存和发展。优秀的管理者必须是知识、人品、个性、经验等的完美组合，对于跨国经营管理者则更要求有全球视野和思

维，以及创新、开拓等精神。我国企业缺乏知名品牌是一个严峻的现实，以至于企业虽然具有很强的制造加工能力，产品质量也很高，却只能挣得加工费，更多的利润被国外的品牌拥有者赚走。充足的资本是企业跨出国门的首要条件，而核心技术决定企业的投资方向以及投资后在国外市场上的稳定发展经营，是竞争优势的核心因素。企业认为自己缺乏知名品牌、资本和核心技术作为首选项目的分别占前三位。此外，在选择"其他"一项中，有的认为国内市场足够大，即目前满足于国内市场的经营，有的认为是国家政策限制或影响了企业的对外直接投资。

中国企业对目前中国跨国公司发展水平的判断如表 7.12 所示：

表 7.12　对中国目前跨国公司发展水平的认识

	1. 非常高	2. 很高	3. 比较高	4. 一般	5. 比较低	6. 很低	7. 无选
百分比（%）	0	2.5	6.7	37.8	38.7	6.9	8.4

有 76.5% 的企业认为目前中国跨国公司的发展处在比较低或一般的水平，这个判断符合中国的实际情况，有极少数认为处于很高的水平，也有 6.9% 的企业认为目前中国的跨国公司发展水平很低。

被调查企业认为，在跨国公司成长方面，中国企业与发达国家企业的差距如表 7.13 所示：

表 7.13　中国企业与发达国家企业的差距认识

	1. 技术方面	2. 管理方面	3. 产品质量方面	4. 营销手段和渠道	5. 品牌方面	6. 人才方面	7. 成本方面	8. 信用方面	9. 其他
百分比（%）	49.6	74.8	22.5	29.7	67.6	50.5	7.2	22.5	1.8

被调查企业认为，中国企业要成长为跨国公司，目前差距最大的是管理和品牌方面，跨国公司的管理确实比国内企业的管理要复杂得多，涉及建立符合国际生产运营的组织架构，高度运用信息手段的管理模式，还涉及复杂多样的文化差异；而品牌也是中国企业的明显弱点；其次，差异非常明显的是人才和技术，这涉及企业的经营效率和长期的竞争优势。

被调查企业对在5—10年之内中国跨国公司的发展作了预期，见表7.14。

表 7.14　对 5—10 年之内中国跨国公司发展的预期

	1. 迅速成长	2. 较快成长	3. 一般成长	4. 很难成长	5. 不会成长
百分比（%）	15.32	52.25	26.13	5.41	0.09

整体看，被调查企业对中国跨国公司的成长发展充满了信心，有67.57%的企业认为5—10年之内中国跨国公司有较快成长和迅速成长，明显没有信心的企业只有5.5%。可见中国跨国公司将会快速成长是中国企业的共识。

基本结论：（1）中国企业对跨国公司的认知比较普遍，半数以上的企业对跨国公司有基本的了解，有1/3以上的企业是了解和非常了解跨国公司的，而完全不了解的只是极少数。这是中国跨国公司成长发展的良好基础。（2）对已经成长为跨国公司的企业，其优势主要体现在成本、产品和营销等方面，而较为核心的技术、管理和规模经济优势不明显，这非常符合发展中国家的中小企业跨国直接投资的特点，利用自己适合小规模市场的产品，运用低成本的营销战略，占据利基市场，威尔斯（Wells）的小规模技术生产理论得到充分解释。另外，中国的对外直接投资企业除了动机是占领海外市场，获取先进技术这些基本要素之外，更多的是出于企业的发展战略需要，这是一种更高层次的目标追求。（3）对尚未跨国直接投资的企业，首要的原因是没有能力和条件进行对外直接投资，也有多数企业认为国内市场足够大，而不考虑跨国投资。但国家对企业跨国直接投资的政策支持力度不够，且手续烦琐而导致企业不进行对外直接投资也是一个不可忽视的原因。企业对外直接投资的能力和条件不足主要表现在跨国经营人才缺乏，知名品牌和核心技术不具备，资本不充足。调查的结果显示，中国企业与发达国家企业的差距也主要体现在管理、品牌、人才和技术等方面，这些作为构成企业竞争优势的核心部分，正是我国企业今后努力的方向。（4）整体地看，中国的跨国公司目前的发展处在初级的阶段，但大部分企业对中国企业成长为跨国公司充满信心。

7.3.3 中国企业跨国能力分析

中国企业的跨国能力到底如何，企业自己的判断最有说服力。

表 7.15 对中国企业跨国投资能力的判断

	1. 已经具备很强的能力	2. 已经具备基本能力	3. 勉强具备投资能力	4. 不具备投资能力
百分比（%）	12.28	22.81	24.57	40.54

就被调查企业进行跨国直接投资能力看：有 65% 的企业不具备和勉强具备对外投资能力，35% 的企业已经具备和具有很强的对外直接投资能力。可见，大部分企业的实力还很弱，没有能力进行跨国直接投资。另一方面，已经具备跨国直接投资的企业比例也不低，但是未必就能实现对外直接投资，因为还有自身动力和外部机制等原因影响它跨国直接投资的最终实现，这可以解释目前我国只有少量企业对外实现直接投资的现象。同时还应看

到，我国具备对外直接投资能力的企业比例并不低，预示着只要其他条件成熟，中国准会有一批自己的跨国公司出现。

被调查企业的生产成本与国际、国内同行比较见表7.16：

表7.16 企业生产成本优势的国内外同行比较

	1. 具有很强的竞争优势	2. 具有较强的竞争优势	3. 具有一定的竞争优势	4. 不具竞争优势
国内（%）	17.20	43.10	36.20	3.40
国外（%）	19.30	31.58	35.09	14.04

从生产成本与同行的比较看，国内、国际的比较结果基本一致，半数以上的企业都认为自己具有较强或很强的成本优势，而不具备成本优势的只是少数。成本优势显然是中国企业的最主要优势，虽然要素的价格对成本有重要的影响，但是，决定成本优势的还有其他更广泛的内容，技术手段、管理状况和工艺过程等都会影响成本，所以成本的竞争优势也同时可以反映这些方面的状况。

从被调查企业的技术水平与国际同行的比较看（在同行中所处的地位）：中国企业的技术水平在国际上比较有较大的差距，近50%的企业处于中游水平，而处于领先水平的只有极少数（不到4%），而处于下游水平的为16%左右，整体的技术水平差距明显，但也有32%的企业技术水平在国际上处于上游水平，这部分企业是赶上领先的希望，也是我国企业跨国直接投资的主力后备军。

表7.17 企业技术水平与国外同行比较

	领先水平	上游水平	中游水平	下游水平
百分比（%）	3.57	32.14	48.21	16.08

被调查企业的技术来源分布如表 7.18 所示：

表 7.18 中国企业的技术来源

	1. 自主开发	2. 购买引进	3. 革新改造	4. 使用成熟的技术
百分比（％）	37.50	35.71	19.64	7.14

有 38％左右的企业是通过自主开发获得技术，这是一个不小的比例，自主开发技术是一种创新行为，而且其获得的技术具有知识产权，是企业在跨国直接投资中重要的所有权优势。有 36％左右的企业通过购买获得技术，这是运用后发优势的重要方面，用较低的成本所得到自己需要的技术，但这些技术往往不是最先进的技术。有 20％左右的企业通过革新改造获得技术，这些技术也有重要作用，但一般不具有战略意义。

就企业自有技术的重要来源看，在同行中的研发能力比较如表 7.19 所示：

表 7.19 企业研发能力的同行比较

	很强	较强	一般	很弱
百分比（％）	12.28	29.82	54.39	3.51

虽然认为研发能力是"一般"的企业占到 54.39％，但是有 42.1％的企业认为自己的研发能力较强和很强，尤其是具有很强研发能力的企业达到 12.28％，这是一个不小的比例，尽管这种判断具有主观性，而且与其他来源的信息对照表明该问题的判断有一定差距，但是仍然在一定程度上说明问题。要注意的是，这里仅仅是在国内同行比较的结果，如果放在国际上与发达国家的企业比较，则本国企业的研发能力便会有较大的差距。

被调查企业产品品牌在国际上的知名度的判断如表 7.20 所示：

表 7.20　中国企业产品品牌的国际知名度

	很知名	比较知名	有一定影响	不知名
百分比（%）	3.51	24.56	33.33	38.60

可见，中国企业产品品牌在国际上的知名度非常有限，不知名的品牌将近 40%，有一定影响的为 33%，而很知名的是极少数，只占 3.51%，但比较有名的品牌为 25% 左右，这部分企业是中国产品品牌在国际上打出知名度的主力军，但这是一个较长时期的积累过程。

被调查企业产品品牌知名度所处的状态如表 7.21 所示：

表 7.21　中国企业产品品牌知名度所处状态

	快速上升期	在形成过程	徘徊不定	艰难时期
百分比（%）	28.57	60.72	7.14	3.57

可见，中国企业产品品牌处在形成过程的是大部分，占 60% 左右，而且有 30% 的处在快速上升期，可以期待着中国产品品牌尽快形成，走向世界，为中国企业的跨国发展提供有力的武器。

被调查企业跨国直接投资的资金情况如表 7.22 所示：

表 7.22　中国企业对外直接投资的资金实力状况

	很强	强	一般	无优势
百分比（%）	10.30	17.20	55.20	17.30

表 7.23　中国企业的融资能力判断

	很强	强	一般	弱
百分比（%）	5.20	17.20	50.00	27.60

被调查企业中资金实力一般和无优势的达到 77.25%，相应的融资能力一般和难以融到资金的为 77.6%，这显然对中国企业跨国直接投资产生重要影响，因为资本是跨国直接投资的基础条件。

被调查企业的管理能力的表现如表 7.24 所示：

表 7.24　中国企业管理能力判断

	很强	强	比较强	一般
百分比（%）	13.80	19.00	34.50	32.80

企业的管理能力表现得相对较强和能力一般的达到 67.3%，表明中国企业整体的管理能力不强，难以适应企业跨国化的经营。管理能力表现很强的仅为 13.8%。但被调查企业大都愿意接受先进的管理理念和方法。

被调查企业对先进的管理理念和方法的态度如表 7.25 所示：

表 7.25　中国企业对先进的管理理念和方法的态度分布

	乐意积极接受	愿意接受	不反对但迟疑	常怀疑
百分比（%）	48.30	48.30	3.40	0

这个比例分布表明了中国企业全球学习的意愿和能力。完全可以相信，随着进一步的开放，中国的企业会很快接受和运用先进的管理方法，不断提高自己的管理能力。

就企业的体制结构对跨国经营的适应性判断，结果如表 7.26 所示：

表 7.26　中国企业体制结构对跨国经营适应的性判断

	非常适应	适应	基本适应	不适应
百分比（%）	8.60	22.40	48.30	20.70

有70%左右的企业认为体制结构（包括产资结构、经营结构等）勉强适应（或基本适应）和不适应跨国经营的需要。这一点正好与企业跨国程度与跨国准备评估测定的结果一致。体制结构的完善，是保证企业跨国经营效率，防止资产流失的关键所在。

7.4 基本结论

第一，目前中国企业跨国直接投资处在初级阶段的中后期，处在"跨国状态"，接近"多国状态"，即有更多的企业即将进行跨国直接投资。在这一阶段的基本特点是注重全球学习，通过学习来提高自己的竞争能力，同时重视国际经营人才的获取，但在其他方面仍存在着差距。整体地看，中国企业的跨国直接投资目前准备不是很充分，但是已有一定的准备。

第二，我国已经进行跨国直接投资的企业整体情况是，重视就近投资（主要在亚洲）和市场成熟且基础设施齐全、局势稳定的国家和地区（欧洲和北美洲）；企业跨国直接投资的主要动机是企业自身发展战略的需要，获取先进技术和占领海外市场，显示出战略意图与现实利益的统一。跨国直接投资的主要优势体现在产品、营销和成本方面，而更为关键和具有长效作用的因素，技术、管理和人才尚未成为目前中国企业跨国直接投资的优势，这是一个致命的弱点，当然企业已有普遍认识。

第三，大多数没有进行跨国直接投资的企业，其主要原因是没有能力和条件，或满足于国内市场。不具备条件和能力主要体现在缺乏跨国经营人才、不拥有知名品牌和核心技术以及资本不充足，这几个方面都是企业竞争能力的核心构件；满足于国内市场，一方面是企业规避风险的本能，另一方面是尚未较大范围出现边际产业，企业在国内经营仍有盈利的空间。所以，绝大部分企业目前暂不考虑进行跨国直接投资。但是，在 5 年之后，中国将会有许多企业开始对外进行直接投资，那时中国将成长起一批自己的跨国公司，而 5 年相对于企业成长发展而言，并不是一个很长的时期。

第四，中国企业就跨国能力而言，与发达国家企业相比差距较大的是品牌、技术、管理、人才和资本，优势是生产成本、产品及其质量。但同时中国企业的产品品牌正在形成过程，有的还处于快速的上升期，技术的自主开发有一定的能力，随着政府倡导自主创新，并形成一个整体的氛围和予以政策的支持，中国企业的技术进步将会是指日可待。在管理方面中国的企业绝大部分都愿意接受国外先进的管理理念和方法，将这些先进的理念和方法与本企业的情况有机融合，必将创新出有效的管理模式。

第五，资本和人才的获得是中国企业面临的现实困难，且一时难以解决。资本的形成靠积累，而融资靠信誉和实力，这需要一个过程。人才本来就是一种稀缺资源，因而成为中国企业普遍面临的困难，通常对大型企业和有实力的企业而言会是一种良性的关系，但对大多数企业而言，引进和培养人才都需要极高的成本，有的甚至没有渠道获得人才。

政策是重要性的，中国企业的跨国直接投资，从投资行为的实现到投资能力的形成和培养，都需要政府政策的扶持。

8 研究结论

在经济全球化和中国经济快速发展的大背景下，研究中国跨国公司的发展具有紧迫的现实意义，同时又具有完善和充实跨国公司理论的理论意义。

中国跨国公司的发展与其经济总量和规模不相适应，发展明显滞后，表现出规模小、数量少、竞争力弱等特点。目前，中国跨国公司的成长已经具备了较好的客观条件，具体表现为，经济全球化为中国跨国公司成长提供了舞台，各国的开放政策为跨国公司提供了进入条件和良好的经营条件，全球经济的好转为中国跨国公司的成长提供了行动条件，中国经济健康快速发展为中国跨国公司提供了支持条件。但从中国跨国公司成长的企业条件看，与国际强势企业比，在经营规模、技术、品牌、人才、资本实力等方面存在较明显的差距，而从对外直接投资本身看，中国的部分企业已经具备了条件和能力。

根据中国经济及企业的特点，中国跨国公司的成长点主要在以下几个方面：（1）大型企业及企业集团。这类企业具有非常明显的竞争优势，技术力量强，资金实力雄厚，生产规模大，以国有企业为主体，体现国家的战略意图和导向，是中国跨国公司的主要成长点。（2）企业集群。在我国经济发达地区，企业集群发展较快，企业集群特有的优势和中国文化的特点使其成为中国跨国公司的一个新的成长点。（3）有特色的中小型企业。在中国，中小型企业在数量上占主体，其特有的技术、低成本的营销和灵活的经营，使其在跨国经营中拥有特定的竞争优势，是中国跨国公司重要的成长点。（4）国内市场产品饱和的企业。这实质上是边际企业，他们在国内市场的竞争和发展的空间有限，但拥有的技术相对先进且成熟，产品质量过硬，因而他们会积极寻求对外直接投资，这是中国跨国公司的现实成长点。

跨国公司理论是对跨国公司现象所作的抽象和概括，经典的跨国公司理论对跨国公司的成长和发展从不同的角度进行了较为全面的论述。但从理论的规范性角度看，有必要作进一步的充实和完善，其中基本的有：（1）跨国公司理论不可与 FDI 理论混为一谈，跨国公司理论主要研究跨国公司的成长、演化的过程，以及其特点和形式，FDI 理论则是一种投资理论，与间接（证券）投资理论相区别，但它构成跨国公司理论的重要组成部分。（2）跨国公司理论流派的划分，现有的跨国公司理论主要从宏观（与贸易相关的角度）和微观（与产业相关的角度）划分跨国公司理论，但这种划分不尽全面和完整，看不出理论的特征，可从动因、能力、产业调整、发展阶段等方面划分跨国公司理论的流派，事实上这些角度都有较系统的理论。（3）内部化和内部化优势理论，应解决内部化程度问题和内部化方向问题。本书的结论是，所有权优势越强，一般内部化程度越高。内部化方向有正向内部化和逆向内部化两种形式。在 OIL 范式中，内部化优势不是企业进行 FDI 的条件，而是 FDI 的结果。（4）关于 FDI 的定义，不应强调对投资对象的"控制"、投资所占比例和"获得长期利益"，而应强调投资的目的，凡以为获得生产经营利润为目的的投资即为 FDI，否则必然会导致 FDI 统计的不完整和不可比。

对中国跨国公司的研究无疑会充实和完善现有的跨国公司理论。中国的对外直接投资不是产业结构调整的手段，在类似于中国、印度这样的发展中国家必然会发生产业转移极限现象——产业转移极限论，因此，中国必须面对第二产业比重较高的现实；中国跨国公司的成长存在后发优势，即可以低成本地进行制度学习和技术学习，并进行吸收和创新，在较短的时间内缩短与发达国家的差距；在 OIL 范式中，应加上"制度优势"（Institution Advantage），至少，在中国跨国公司的成长中制度是重要的，具体体现在政策引导和影响机制、法律保障机制、金融支持机制、财税扶持机制、保险风险处理机制等宏观方面，和企业体制等微观方面。

实证的研究表明，中国跨国公司在发展所处的阶段方面，与发达国家相比，目前中国经济总量相当于其 20 世纪 70 年代的水平，人均 GDP 相当于其 20 世纪 60 年代的水平，制造业规模相当于其 20 世纪 80 年代中期水平，而目前中国 FDI 流出量相当于发达国家 20 世纪 70 年代的水平，FDI 流出存量相当于其 20 世纪 80 年代的水平，FDI 流出量占固定资产形成总额的比重相当于其 20 世纪 60 年代的水平。中国的对外直接投资（FDI）与 GDP、出口规模、FDI 流出存量、固定资本形成总额、外汇储备等宏观经济指标相互影响，但是与 GDP、FDI 流出量存量、固定资本形成总额和出口水平相互影响较大，与外汇储备相互影响相对较弱。中国企业的跨国经营必须重视文化的适应性，一方面，中国的企业要调适自己的文化习惯和思维，以适应东道国的文化环境；另一方面，要建立既适合当地文化又有自己特色的企业文化。实际的调查显示，目前中国跨国公司的对外直接投资遵循由近及远的一般规则，重视基础设施的完备和政局稳定的投资区位。中国企业对跨国公司现象有一个基本的认识，整体看中国跨国公司的发展处在初级阶段的中后期，即将有更多的企业进行对外直接投资，成长为跨国公司。现有的大多数未对外直接投资企业的主要原因是不具备条件和能力，但也有不少企业只满足于国内市场；国内企业与国外企业差距较大的是品牌、技术、人才和资本，而其优势是生产成本、产品生产能力及其质量；政策对中国跨国公司的成长是重要的因素。

本书研究中国跨国公司的成长问题，而目前这个领域的系统成果不多。本书的基本特点和创造性的工作主要体现在：（1）占有较全面的资料。关于中国跨国公司的资料比较缺乏且不系统，笔者通过广泛的检索和阅读，并应用自己的专业特长，对所能获得的资料进行综合、计算和整理，使资料基本能满足本书的研究需要，但这个过程的工作量极大。（2）研究方法是实证研究与理论抽象相结合，定性研究与定量研究相结合。本书的实证研究较重要的方面主要表现在建立了一个具有 6 个变量的 VAR 模型并进行结构分析，和搜集了一个具有 120 个样本单位的样本资料（3 份问卷，涉及 79 个变量，约 4 万个左右的变量取值）。在这个领域这种规模的定量研究十分少见。（3）研究的内容具体而深入。本书没有对中国跨国公司的发展战略和跨国模式进行研究，但对中国跨国公司成长的有关问题的研究深入而全面，涉及中国跨国公司的发展过程、实际所处的发展阶段、成长的宏微观条件、成长的客观环境、成长的影响机制等。（4）研究的基础较为扎实。在本书的写作期间，笔者完成了两个相关的省部级课题，发表了相关论文 5 篇，这为本书的写作做了充分的积累。

　　本书取得了一些创新性的成果，在该领域处于相对领先的水平。但是，由于篇幅和内容的限制，许多问题还可以进一步研究，笔者打算在本成果的基础上，对 OIL 范式的制度优势问题、企业集群跨国问题、产业转移极限论的思想、内部化理论的解释范围及内部化的强度与方向等问题做进一步的研究。

附　录

附录 1 企业跨国程度与跨国 准备评估表

尊敬的企业领导：

下表对您的企业从不同方面作出了陈述。仔细阅读每一条陈述，确定它事实上在何种程度与您的企业相吻合。按以下标准在每一陈述后的括号中填入分值。

4＝完全吻合 　　　2＝中等范围的吻合

3＝较大范围的吻合 　　1＝极少或根本不合

1. 全球人力资源

（1）本企业管理人员和非管理人员都认同"全球的"竞争力。（ 　 ）

（2）本企业在全世界招聘最好的人员。（ 　 ）

（3）本企业培训项目常常包括跨文化沟通、全球问题和多种语言。（ 　 ）

（4）本企业经常有全球活动并在公司会议和出版物中被强调和突出宣传。（ 　 ）

（5）职工的海外经历得到重视并有对应项目支持。（ 　 ）

（6）作为全球职业道路的一部分，未来企业领导人必须接受全球任务委派。（ 　 ）

（7）本企业业绩和奖励系统既结合地方情况修改，又是全球标准化的。（　　　）

2. 全球战略

（1）本企业有建立在全球价值观和规范基础上的全球使命。（　　　）

（2）本企业对全球性机会和威胁进行系统的分析。（　　　）

（3）本企业确立了具体的全球目标和业绩目标。（　　　）

（4）本企业具有全球的可选择办法，并且在全世界范围内作战略选择。

（5）本企业开发了全球市场，并充分考虑了可能的风险和进行战略联盟。（　　　）

（6）本企业全球战略的执行是通过联盟和整合各单位的资源来完成的。（　　　）

（7）本企业不断地评估、修正和重新应用自己的全球战略。（　　　）

3. 全球运营

（1）本企业的研究与开发集中在世界级的研究地带附近。（　　　）

（2）本企业的柔性制造系统允许我们整合全球生产。（　　　）

（3）本企业的产品开发战略要适应多样性、创新、产品范围和设计。（　　　）

（4）本企业的服务和产品质量要根据全球标准来衡量。（　　　）

（5）本企业的财务计划要建立在全世界的基础上，以便获得资本、优惠的税额、柔性和速度。（　　　）

（6）宣传和销售全球产品和服务，都是通过定制化来满足地区文化的要求。（　　　）

（7）本企业将全球分销系统和地区分销系统巧妙地结合起来。（　　）

（8）全球销售要包括客户教育和世界级的顾客服务。（　　）

（9）本企业有标准化的全球通信系统来搜集、处理和传播信息。（　　）

4. 全球结构

（1）本企业在全世界的基础上对职能部门和运营进行全球整合。（　　）

（2）本企业大量的项目通过全球项目团队来完成。（　　）

（3）本企业知识的获取、存储和传播得到全球的重视。（　　）

（4）本企业的组织结构是无边界的、精简的和整体的。（　　）

（5）本企业工厂设施是根据文化、成本、劳动力质量和市场来定位和布局。（　　）

5. 全球学习

（1）本企业无论是个人还是组织的学习都得到鼓励和奖励。（　　）

（2）本企业把学习融进所有的全球业务目标和运营中。（　　）

（3）本企业利用技术来加强组织在全世界雇员的学习和知识管理。（　　）

（4）本企业包容外来文化，将自己的培训项目的设计、传播和评估予以全球化。（　　）

（5）本企业学习材料（含视频和软件等）都根据其在不同文化情境中的有效性来进行开发。（　　）

6. 全球文化

（1）本企业高层领导和职工共享一个全球愿景。（　　）

（2）本企业有一个全球思维倾向，并且认识到这个世界既无

国界也无文化偏见。（　　）

（3）本企业对文化敏感性、定制化和工作生活质量等全球观念得到重视。（　　）

（4）本企业定期参加全球会议并阅读全球出版物。（　　）

（5）本企业在全世界范围内寻求发现全球最佳的实践经验。（　　）

（6）本企业通过政策和程序增强了全球思维和全球行动。（　　）

（7）本企业精英和领导人共享全球经验和典型全球行为。（　　）

附录 2 中国跨国公司发展及跨国意向问卷

尊敬的企业领导：

为研究我国跨国公司发展的需要，特组织了这次调查，真诚地希望能得到您的支持。由于是匿名调查，最终也是做整体分析，所以，您提供的任何信息都将不会对外泄露。

谢谢您的支持！

1. 您企业的经济类型（不含外资及港澳台资企业）

  （1）国有企业   （2）国有控股企业

  （3）集体企业   （4）民营企业

2. 您的企业所属行业

  （1）电子信息   （2）电气机械及专用设备

  （3）石油及化学   （4）纺织服装

  （5）食品饮料   （6）建筑材料

  （7）森林造纸   （8）医药

  （9）汽车   （10）煤、矿采选业

  （11）金属冶炼及加工业 （12）其他

3. 您企业的规模

  （1）职工人数

    ①2000 人以上   ②1000—2000 人

③300—1000 人　　　④100—300 人

⑤100 以下

(2) 销售额

①3 亿元以上　　　②1 亿—3 亿元

③3000 万—1 亿元　④100 万—3000 万元

⑤100 万元以下

(3) 资产总额

①4 亿元以上　　　②1 亿—4 亿元

③4000 万元—1 亿元　④1000 万—4000 万元

⑤1000 万元以下

4. 您对跨国公司的了解程度

(1) 非常了解　　　(2) 了解

(3) 一般了解　　　(4) 不太了解

(5) 不了解

5. 您的企业是否是跨国公司?

(1) 是　　　(2) 否(请转从第 13 题起回答)

6. 您的企业跨国直接投资的时间

(1) 1991 年以前　　　(2) 1991—1998 年

(3) 1998—2003 年　　　(4) 2003 年以后

7. 您的企业海外子公司数

(1) 1 个　　(2) 2 个　　(3) 3 个　　　(4) 4 个

(5) 5 个　　(6) 6 个　　(7) 6 个以上

8. 您的企业跨国直接投资总规模

(1) 5000 万美元以上　　　(2) 1000 万—5000 万美元

(3) 500 万—1000 万美元　(4) 100 万—500 万美元

（5）50 万—100 万美元　　（6）50 万美元以下

9. 您的企业跨国直接投资的国家和地区是

（1）　　　　　　　　　　（2）

（3）　　　　　　　　　　（4）

10. 您的企业能进行跨国直接投资的优势是（可多选，请注明第一优势）

（1）技术　　　　　　　　（2）产品

（3）营销网络　　　　　　（4）优秀人才

（5）管理水平　　　　　　（6）规模经营

（7）成本　　　　　　　　（8）其他（请注明）

11. 您的企业进行跨国直接投资的动因是（可多选，请注明首选动因）

（1）占领海外市场　　　　（2）获取先进技术

（3）利用海外资源　　　　（4）国内市场竞争激烈

（5）东道国投资环境较好　（6）国家政策鼓励

（7）企业发展战略的需要　（8）其他（请注明）

12. 您的企业进行跨国投资的首选目标是

（1）税收优惠　　　　　　（2）市场规模大有发展潜力

（3）政治、经济局势稳定　（4）易于开拓的市场

（5）销售渠道稳定　　　　（6）基础设施良好

（7）其他（请注明）

【请继续回答第 17 至 20 题】

13. 您的企业暂时还不是跨国公司的原因是（可多选，请注明首选原因）

（1）没有能力和条件

（2）国内市场足够大，不用跨国投资

（3）不了解国家相关政策

（4）不了解跨国投资渠道

（5）国家相关政策支持力度不大且烦琐

（6）其他（请注明）

14. 您的企业打算进行跨国直接投资的时间是

（1）3 年之内 　　　　　（2）3—5 年

（3）5 年以后 　　　　　（4）暂不考虑

15. 您的企业不进行跨国直接投资主要缺乏哪方面的能力和条件

（可多选，请注明首选）

（1）核心技术 　　　　　（2）有竞争力的产品

（3）跨国经营人才 　　　（4）知名品牌

（5）资本 　　　　　　　（6）国际市场信息

（7）其他（请注明）

16. 如果您的企业进行跨国直接投资则选择目标是（请按顺序选

择 3 个）

（1）税收优惠 　　　　　（2）市场规模大有发展潜力

（3）政治、经济局势稳定 （4）易于开拓的市场

（5）销售渠道稳定 　　　（6）基础设施良好

（7）其他（请注明）

17. 您认为目前中国跨国公司的发展水平

（1）非常高 　　　　　　（2）很高

（3）比较高 　　　　　　（4）一般

（5）比较低 　　　　　　（6）很低

18. 您认为中国跨国公司在 5—10 年之内会

（1）迅速成长 　　　　　（2）较快成长

（3）一般成长　　　　（4）很难成长

（5）不会成长

19. 您认为中国企业要成长为跨国公司与发达国家企业比差距主要在（可多选，请注明前两位的差距）

（1）技术方面　　　　（2）管理方面

（3）产品质量方面　　（4）营销手段和渠道

（5）品牌方面　　　　（6）人才方面

（7）成本方面　　　　（8）信用方面

（9）其他（请注明）

20. 请简单谈谈您对中国企业成长为跨国公司的基本看法（包括是否有信心，是否有必要，最大的问题是什么，如何才能尽快成长发展起来，有什么建议等等）。

附录3 中国企业跨国能力评估问卷

尊敬的企业领导：

为研究我国跨国公司发展的需要，特组织了这次调查，真诚地希望能得到您的支持。由于是匿名调查，最终也是做整体分析，所以，您提供的任何信息都将不会对外泄露。

谢谢您的支持！

1. 您企业的经济类型（不含外资及港澳台资企业）

    （1）国有企业　　　　　（2）国有控股企业

    （3）集体企业　　　　　（4）民营企业

2. 您的企业所属行业

    （1）电子信息　　　　　（2）电气机械及专用设备

    （3）石油及化学　　　　（4）纺织服装

    （5）食品饮料　　　　　（6）建筑材料

    （7）森林造纸　　　　　（8）医药

    （9）汽车　　　　　　　（10）煤、矿采选业

    （11）金属冶炼及加工业　（12）其他

3. 您企业的规模

    （1）职工人数

        ①2000 人以上　　　　②1000—2000 人

③300—1000 人　　　④100—300 人

⑤100 以下

（2）销售额

①3 亿元以上　　　②1 亿—3 亿元

③3000 万元—1 亿元　④100 万—3000 万元

⑤100 万元以下

（3）资产总额

①4 亿元以上　　　②1 亿—4 亿元

③4000 万元—1 亿元　④1000—4000 万元

⑤1000 万元以下

4. 您的企业整体看在跨国直接投资方面

（1）已经具备了很强的投资能力

（2）已经具备了基本的投资能力

（3）勉强具备投资能力

（4）上不具备投资能力

5. 您的企业生产规模在国内同行中属于

（1）大规模　　　　　（2）中等规模

（3）小规模　　　　　（4）不了解

6. 您的企业生产规模在国际同行中属于

（1）大规模　　　　　（2）中等规模

（3）小规模　　　　　（4）不了解

7. 您的企业生产成本在国内同行中

（1）具有很强的竞争优势　（2）具有较强的竞争优势

（3）具备一般的竞争优势　（4）不具备竞争优势

8. 您的企业生产成本在国际同行中

（1）具有很强的竞争优势　（2）具有较强的竞争优势

（3）具备一般的竞争优势　（4）不具备竞争优势

9. 您的企业的技术水平在国内同行中处于

（1）领先水平　　　　　　（2）上游水平

（3）中游水平　　　　　　（4）下游水平

10. 您的企业的技术水平在国际同行中处于

（1）领先水平　　　　　　（2）上游水平

（3）中游水平　　　　　　（4）下游水平

11. 您的企业的主要技术是

（1）自主开发拥有　　　　（2）购买引进的先进技术

（3）革新改进的技术　　　（4）成书的标准技术

12. 您的企业的研究开发（R&D）能力在国内同行中

（1）很强　　　　　　　　（2）较强

（3）一般　　　　　　　　（4）很弱

13. 您企业的产品（品牌）在国际市场上的知名度

（1）很知名　　　　　　　（2）比较知名

（3）有一定影响　　　　　（4）不知名

14. 您企业的品牌知名度处在

（1）快速上升期　　　　　（2）在形成过程

（3）徘徊不定　　　　　　（4）艰难时期

15. 您的企业资金实力

（1）很强　　　　　　　　（2）强

（3）较强　　　　　　　　（4）无优势

16. 您的企业融资能力

（1）很强　　　　　　　　（2）强

（3）较强　　　　　　　　（4）弱（难以融到资金）

17. 从资金实力看，您企业的跨国投资能力

（1）完全具备　　　　　（2）具备

（3）基本具备　　　　　（4）不具备

18. 您的企业管理能力整体看

（1）很强　　　　　　　（2）强

（3）比较强　　　　　　（4）一般

19. 您的企业管理上层对先进的管理理念和方法

（1）乐意积极接受　　　（2）愿意接受

（3）不反对但迟疑　　　（4）常怀疑

20. 您企业的体制结构（或治理结构）对跨国经营方式

（1）非常适应　　　　　（2）适应

（3）基本适应　　　　　（4）不适应

21. 您企业的若是国际性企业从管理能力和条件看是

（1）完全适应　　　　　（2）可以适应

（3）基本适应　　　　　（4）不能适应

22. 请对您的企业在跨国能力方面作一个简单评价（如主要的优势或主要差距）

参 考 文 献

［1］ Ping Deng, May-June, 2004, "Outward Investment by Chinese MNCs：Motivations and implications" , *Business Horizons* , pp. 8-16.

［2］ Arnaldo Camuffo, 2003, "Transforming Industrial districts： Large firms and Small Business in the Italian Eyewear Industry", *Industry and Innovation* , vol. 10. No. pp. 377-401.

［3］ P. E. Tolentino, 2002, "Hierarchical Pyramids and Heterarchical Networks：Organizational Strategies and its Impact on Word Development", *Political Economy* , vol. 21, pp. 69-89.

［4］ K. D. Brouthers, 2002, "Institutional, Cultural and Transaction Cost Influences on Entry Mode Choice and Performance", *Journal of International Business Studies* , 33（2）, pp. 203-221.

［5］ N. Papadopoulos, Hongbin Chen and D. R. Thomas, 2002, "Toward a Tradeoff Model for International Market Selection", *International Business Review* , 11, pp. 165-192.

［6］ R. Fletcher, 2001, "A Holistic Approach to Internationlization", *International Business Review*, 10(1), pp. 25-29.

[7] Rajneesh Narula and John J. Dunning, 2000, *Industrial Development, Globalization and Multinational Enterprises: New Realities for developing Countries*, Oxford Development Studies, Vol. 28, No. 2.

[8] J. H. Dunning, 2000, "The Eclectic Paradigm as an Envelope for Economic and Business Theories of MNE Activity", *International Business Review*, 9, pp. 163-190.

[9] J. H. Dunning, 2000, "The Eclectic Paradigm as an Envelope for Economic and Business Theories of MNE Activity", *International Business Review*, 9, pp. 163-190.

[10] R. Narula and J. , 1999, "Hagedoorn, Innovating through Strategic Alliances: Moving Towards Inlernational Partnerships and Contractual Agreements", *Technovation*, 19, pp. 283-294.

[11] OECD, 1999, *Benchmark Definition of Foreign Direct Investment*, Third Edition, Organisation for Economic Co-operation and Development. Reprinted p. 7.

[12] A. Delio and P. W. Beamish, 1999, "Ownership Strategy of Japanese Firms: Transactional, institutional, and Experience Influence", *Strategic Management Journal*, 20, pp. 915-933.

[13] Walter Kuemmerle, 1999, "The Drivers Foreign Direct Investment into Research Development: An Empirical Investigations", *Journal of International Business Studies*, 30(1), pp. 1-24.

[14] G. B. Richarson, 1998, *Economic Organization, Capabilities*

and Co-ordination, 19 Mar,Roultedge(UK).

[15] J. H. Dunning, 1998, " Location and the Multinational Enterprise:A Neglected Factor?", *Journal of International Business Studies*,29(1),pp. 45-66.

[16] D. J. Teece,G. Pisano, A. Shuen,1997, "Dynamic Capabilities Strategic Management", *Strategic Management*, 18 (7),pp. 23-36.

[17] Richard Florida,1997, "The Globalization of R&D:Result of a Survey of foreign-filleted R&D Laboratories in the USA", *Research Policy*,26(1),pp. 85-103.

[18] Sanchez R. , Heene A. , 1997, *Managing Articulated Knowledge in Competence Based Competition*,Chichester: John Wiley and Sons.

[19] P. Rivoli and E. Salorio,1996, "Foreign Direct Investment and Investment Under Uncertainty", *Journal of International Business Studies*,Second Quarter,pp. 335-357.

[20] Collis D. J, Dynthis M. , 1995, "Competing on Resource Strategy in the 1990s", *Harward Business Review*,7(8), pp. 26-36.

[21] Sierra,M. Cauley de la,1995,*Managing Global Alliances: Key Steps for Successful Collaboration*, England: Addison-Wesley.

[22] J. H. Dunning,1995, "Reappraising the Eclectic Paradigm in the Age of Alliance Capitalism", *Journal of International Business Studies*,26(3),pp. 31-43.

[23] B. Kogut and N. Kulatilaka,1994, "Options Thinking and

Platform Investments: Investing in Opprotunity", *California Management Review*, Vol. 36(2), pp. 52-67.

[24] E. H. Bowman and D. Hurry, 1993, " Strategy through the Option Lens: An Intergrated View of Resource Investments and the Incremental-Choice Process", *Academy of Management Review*, 18(4), pp. 760-782.

[25] J. H. Dunning, 1993, *Multinational Enterprises and the Global Economy*, Addison-wesley Publishing.

[26] E. Brezis, P. Krugman, D. Tsiddom, 1993, "Leap-frogging in International Competition: A Theory of Cycles in National Technological Leadership", *The American Economic Review*, 83(5), Dec. pp. 1211-1219.

[27] J. R. Markusen, 1991, *The Theory of the Multinational Enterprise: a Common Analysis Framework*, Westview Press.

[28] J. B. Barney, 1991, " Firm Resources and Sustained Competitive Advantage", *Journal of Management*, p. 17, pp. 99-120.

[29] Cantwell, John & Toletino, Paz Estrella E. 1990, "Technological Accumulation and Third World Multinationals" Discussion Paper in *International Investment and Business Studies*, No. 139, p. 24, University of Reading.

[30] C. K. Prahald, and G. Humel, 1990, "The Core Competence of the Corporation", *Harward Business Review* 5(6), pp. 89-98.

[31] J. Cantwell, 1989, *Technological Innovation and Multinational Corporations*, New York: Basil Blackwell Publishers.

[32] M. Abramoitz, 1989, *Thinking about Growth*, Cambridge University Press.

[33] C. Antonelli, 1989, *The Microdynamics for Technological Change*. Routledge, London.

[34] T. T. Tyebijee, 1988, " A Typology of Joint Ventures: Japanese Strategies in the United States", *California Management Review*, 3(11), pp. 75-86.

[35] Matthews, R. C. O, 1986, "The Economics of Institution and the Sources of Growth", *Economic Journal*, vol. 96, Dec. , pp. 903-918.

[36] J. H. Dunning, and A. M. Rugman, 1985, "The Influence of Hymer's Dissertation on the Theory of FDI", *American Economic Review*, vol. 75, pp. 228-232.

[37] B. Wernerfelt, 1984, "A Resource-based View of the Firm", *Strategic Management Journal*, 12(5), pp. 89-96.

[38] Sanjaya Lall, 1983, *The New Multinational*, New York: Chichester and New York, John Wiley.

[39] D. Teece, 1982, " Towards an Economic Theory of the Multi-product firm". *Journal of Economic Behavior and Organisation*, 3, p. 153.

[40] A. M. Rugman, 1981, *Inside the Multinationals: the Economics of International Markets*, Croom Helen Ltd, p. 28.

[41] J. Dunning, 1981, *International Production and the Multinational Enterprise*, George Allen and Vnwin Ltd.

[42] A. M. Rugman, 1980, "Internalization as a General Theory of Foreign Direct Investment: A Re-Appraisal of the litera-

ture", *Welteirtschaftliches*, 116(2), p. 368.

[43] O. E. Williamson, 1979, "Transaction-Cost Economics: The Governance of Contractual Relations", *Journal of Law and Economics*, vol. 22(2), oct., pp. 233-261.

[44] W. G. Shepherd, 1979, *Economics of Industrial Orgnization*, USA, Prentice-Hall.

[45] Peffer J. and Salancik G. R., 1978, *The External Control of Organizations: A Resource Dependence Perspective*, Harper & Row: New York.

[46] K. Kojima, 1978, *Direct Foreign Investment: A Japanese Modal of Multination Business Operations*, London, Groon Helm.

[47] P. J. Buckley and M. Casson, 1978, *A Theory of International Operation*, North-Holland, Asterdam, p. 69.

[48] John H. Dunning, 1977, "*Trade, Location of Economic Activities, and the MNE: A Search for an Ecletic Approch*", in B. Ohlin ed. *International Allocation of Economic Activity*, Holms&Meier.

[49] J. Johanson and J. E. Vahlne, 1977, "The Internationlization Process of the Firms—A Model of Knowledge Development and Increasing Market Commitment", *Journal of International Business Studies*, vol. 8(2), pp. 23-32.

[50] P. J. Buckley and M. Casson, 1976, *The Future of Multinational Enterprise*, The Macmillan Press Ltd. London and Basingstoke, p. 113, p. 45.

[51] S. H. Hymer, 1976, *The International Operations of National Firms: A Study of Direct Foreign Investment*,

The MIT Press. p. 1.

[52] Louis T. Wells, 1976, "The Internalization of Firm from the Developing Countries", in Tamir Agmon and C. P. Kindleberger ed. , *Multinationls from Small Countries*, Cambridge Mass, MIT Press, p. 35.

[53] E. M. Graham, 1975, *Oligopolistic Imitation and European Direct Investment*, ph. D. Dissertation, Harvard Graduate School of Business Administration.

[54] R. Vernon, 1974, *The Location of Economic Activities, Economic Analysis and Multinational Enterprises*, London, George Allen & Unwin.

[55] R. E. Caves, 1974, "Multinational Firms, Competition, and Productivity in Host Country Industries", *Economica*, 41 (May), pp. 176-193.

[56] H. Demsetz, 1973, "Industrial Structure, Market Rivalry, and Public ", *Journal of Law & Economics*, vol. 6.

[57] Frederick T. Knickerbocker, 1973, *Oligopolistic Reaction and the Multinational Enterprise*, Harvard University Press.

[58] R. E. Caves, 1971, "International Corporations: The Industrial Economics of Foreign Investment". *Economica*, February, pp. 1-27.

[59] H. G. Johnson, 1970, "The Efficiency and Welfare Implication of the International Corporation", in C. P. Kindleberger ed. , *The International Corporation: A Symposium*, Cambridge, *Massachusetts*: MIT Press.

[60] Aliber. R. Z. ,1970," A Theory of Foreign Direct Investment",in C. P. Kindleberger, ed. , *The International Corporation*. Cambrige,pp. 97-112.

[61] C. P. Kindleberger,1969, *American Business Abroad : Six Lectures on Direct Investment* ,New Haven, Yale University Press.

[62] J. S. Bain,1968, *Industrial Orgnization* , New York: Wiley.

[63] W. Grube, D. Mehta and Vernon, 1967, "The R&D Factor in International Trade and International Investment of United States", *Journal of Political Economy*, Vol, 75, No. 1,Feb. ,pp. 20-37.

[64] R. Vernon,1966, "International Investment AND International Trade in the Product Cycle", *Quarterly Journal of Economics* ,80,pp. 190-207.

[65] M. Levy,1966, *Modernization and the Structure of Societies: A Selling for International Relations* , New Jersey: Princeton University Press.

[66] H. Igor Ansoff,1965, *Corporate Strategy* ,New York: Mc Graw-Hill.

[67] G. Alexander, 1962, *Economic Backwardness Historical Perspective* , New York: Harvard University Press.

[68] C. H. Fei & G. Ranis,1961,"A Theory of Economic Development", *The American Economic Review*, vol. 51 (4), Sep. ,pp. 533-565.

[69] S. Hymer, 1960, "International Operations of National Firms: A Study of Direct Foreign Investment", *Doctoral*

Dissertation, Massachusetts Institute of Technology.

[70] E. Penrose, 1959, *The Theory of the Growth of the Firm*, New York: Wiley.

[71] C. G. Clark, 1957, *Condition of Economic Progress*, 3reded Macmillan.

[72] Chanberlin Edward H. , 1933, *The Theory of Monopolistic Competition*, Cambridge: Harvard University Press.

[73] A. Marshall, 1925, *Principle of Economies*, London: Macmillan.

[74] 《中华人民共和国中小企业促进法》，法律出版社 2006 年版。

[75] 盛亚、单航英：《中国企业跨国成长战略研究》，载《甘肃社会科学》2006 年第 1 期，第 48—52 页。

[76] 胡峰、殷德生：《论中国企业海外并购中的风险控制》，载《甘肃社会科学》2006 年第 1 期，第 52—56 页。

[77] Marshars：《中国企业海外并购时机成熟》，载《国际融资》2006 年第 2 期，第 40—43 页。

[78] 洪朝辉：《全球化——跨世纪显示》，载《国际经济评论》2006 年第 6 期，第 18—22 页。

[79] 康荣平、柯银斌：《中国企业海外扩张模式比较》，《环球企业家》2005 年版。

[80] 邵祥林：《"走出去"跨国经营——中国经贸强国之路》，中国经济出版社 2005 年版。

[81] 张笑宇：《跨国公司秘笈》，中国商务出版社 2005 年版。

[82] 张映红：《公司创业战略——基于中国经济环境的研究》，清华大学出版社 2005 年版。

[83] 项本武:《中国对外直接投资:决定因素与经济效应的实证研究》,社会科学文献出版社 2005 年版。

[84] 高敏雪等:《对外直接投资统计基础读本》,经济科学出版社 2005 年版。

[85] 李向阳:《2004—2005 年世界经济形势回顾与展望》,载《经济世界》2005 年第 3 期,第 85—88 页。

[86] 李静萍、高敏雪:《中国外国直接投资的现状、差距与潜力》,载《经济理论与经济管理》2005 年第 7 期,第 16—19 页。

[87] 胡景岩、王晓红:《新形势下的中国企业对外直接投资》,载《宏观经济研究》2005 年第 7 期,第 3—8 页。

[88] 魏东、王璟珉:《中国对外直接投资动因分析》,载《东岳论丛》2005 年第 5 期,第 33—35 页。

[89] 徐卫武、王河流:《中国高新技术企业对外直接投资的动因分析》,载《经济与管理》2005 年第 2 期,第 69—72 页。

[90] 章玉贵:《中国跨国公司对国家经济发展的战略意义》,载《商业时代》2005 年第 3 期,第 56—59 页。

[91] 许海峰:《中国对外直接投资与美国、日本比较》,载《黑龙江对外经贸》2005 年第 4 期,第 7—8 页。

[92] 宋伟良:《论中国对外直接投资的产业选择》,载《经济社会体制比较》2005 年第 3 期,第 50—53 页。

[93] 项本武:《中国对外直接投资的贸易效应》,载《统计与决策》2005 年第 24 期,第 42—44 页。

[94] 钟根、唐振龙:《开放经济下资金供求非均衡与中国对外直接投资》,载《中央财经大学学报》2005 年第 3 期,第

33—37 页。

[95] 张如庆：《中国对外直接与对外贸易的关系分析》，载《世界经济研究》2005 年第 3 期，第 23—27 页。

[96] 邱立成、于李娜：《中国对外直接投资：理论分析与实证检验》，载《南开学报（社会科学版）》2005 年第 2 期，第 72—77 页。

[97] 周伟：《论美国企业技术寻求型 FDI 的内部化》，载《科学管理》2005 年第 2 期，第 30—33 页。

[98] 王志乐：《走向世界的中国跨国公司》，中国商业出版社 2004 年版。

[99] 邓洪波：《中国企业"走出去"的产业分析》，人民出版社 2004 年版。

[100] 赵伟：《中国企业"走出去"——政府政策取向与典型案例分析》，经济科学出版社 2004 年版。

[101] 程惠芳：《中国民营企业对外直接投资发展战略》，中国社会科学出版社 2004 年版。

[102] 彭迪云、甘筱青：《跨国公司发展论》，经济科学出版社 2004 年版。

[103] 熊小奇：《海外直接投资风险防范》，经济科学出版社 2004 年版。

[104] 商务部、国家统计局：《中国对外直接投资统计制度》，2004 年版。

[105] 熊性美、戴金平：《当代国际经济与国际经济学主流》，东北财经大学出版社 2004 年版。

[106] 约瑟夫·E. 斯蒂格利茨著、夏业良译：《全球化及其不满》，机械工业出版社 2004 年版。

[107] 朱静芬、史占中：《企业集群现象的经济学分析》，载《商业研究》2004 的第 11 期，第 34－37 页。

[108] 王君、王峥：《产业集群与企业成长》，载《中山大学学报（社会科学版）》2004 年第 6 期，第 229－237 页。

[109] 冯邦彦、王鹤：《企业集群生成机理模型初探——兼论珠三角地区企业集群的形成》，载《生产力研究》2004 年第 6 期，第 89－91 页。

[110] 高敏雪：《对外直接直接发展阶段的实证分析——国际经验与中国现状的探讨》，载《管理世界》2004 年第 1 期，第 55－60 页。

[111] 林谧：《中国大陆对外直接投资与跨国企业发展状况的实证分析》，载《中共福建省委党校学报》2004 年第 8 期，第 26－29 页。

[112] 兰天：《中国跨国公司成长战略研究》，载《学术探索》2004 年第 4 期，第 75－79 页。

[113] 杨清、王玉荣：《中国跨国公司成长的企业条件分析》，载《宏观经济研究》2004 年第 12 期，第 43－49 页。

[114] 蒋兰陵：《跨国并购——中国对外直接投资新的实现途径》，载《商业研究》2004 年第 17 期，第 62－63 页。

[115] 张凤玲、席大伟：《中国对外直接投资行业分布的贸易效应》，载《北方经贸》2004 年第 12 期，第 65－67 页。

[116] 鹿朋：《论中国对外直接投资与国际贸易的关系》，载《合肥学院学报（自然科学版）》2004 年第 6 期，第 62－65 页。

[117] 程惠芳、阮翔：《用引力模型分析中国对外直接投资的区位选择》，载《世界经济》2004 年第 11 期，第 23－30 页。

[118] 李优树：《中国对外直接投资的利益分析》，载《生产力

研究》2004 年第 4 期，第 66—67 页。

[119]　刘志国：《小企业集群——培育我国企业竞争力的有效途径》，载《生产力研究》2004 年第 5 期，第 152—153 页。

[120]　鲁桐：《中国企业跨国经营战略》，经济管理出版社 2003 年版。

[121]　吴先明：《中国企业对外直接投资论》，经济科学出版社 2003 年版。

[122]　司岩：《中国企业跨国经营实证与战略，企业管理出版社》2003 年版。

[123]　卢馨：《构建竞争优势——中国企业跨国经营方略》，经济管理出版社 2003 年版。

[124]　谈萧：《中国"走出去"发展战略》，中国社会出版社 2003 年版。

[125]　迈克尔·波特：《竞争论》，中信出版社 2003 年版，第 226 页。

[126]　联合国工业发展组织：《工业发展报告 2002/2003：通过创新和学习参与竞争》，中国财政经济出版社 2003 年版。

[127]　联合国贸发会议：《2003 年世界投资报告——以发展为目标的 FDI 政策：国家与国际视角》，2003.8，第 17 页。

[128]　杨清、刘思峰：《中国跨国公司成长的客观条件分析》，载《中国软科学》2003 年第 9 期，第 80—83 页。

[129]　薛知求、任胜钢：《论跨国公司与集群区域的互动关系》，载《学术月刊》2003 年第 5 期，第 43—49 页。

[130]　朱静芬、史占中：《中小企业集群发展理论综述》，载《经济纵横》2003 年第 9 期，第 11—29 页。

[131] 迈克尔·波特:《国家竞争优势》,华夏出版社 2002 年版。

[132] 李东阳:《国际直接投资与经济发展》,经济科学出版社 2002 年版。

[133] 刘文钢等:《中国企业"走出去"战略,北京》,中共中央党校出版社 2002 年版。

[134] 李雪欣:《中国跨国公司论》,辽宁大学出版社 2002 年版。

[135] 中汉经济研究所跨国企业研究部:《中国企业跨国发展研究报告》,中国社会科学出版社 2002 年版。

[136] 郭铁民、王永龙、俞娜:《中国企业跨国经营》,中国发展出版社 2002 年版。

[137] 联合国贸发会议:《2002 年世界投资报告——跨国公司和出口竞争力(概述)》,2002 年 9 月,第 7—13 页。

[138] 杨小凯:《后发优势》,2002 年 4 月。

[139] 江小涓:《我国对外投资和中国跨国公司的成长》,载《经济研究参考》2002 年第 73 期,第 19—31 页。

[140] 邬爱其、贾生华、《国外企业成长理论研究框架探析》,载《国外经济与管理》2002 年第 12 期,第 2—5 页。

[141] 俞进:《论外汇对国际直接投资的传导效应》,载《亚太经济》2002 年第 1 期,第 80—82 页。

[142] 王远鸿:《我国公司治理结构状况分析》,中经网(www.cei.gor.cn),2002 年 12 月 23 日。

[143] 符正平:《论企业集群的产生条件与形成机制》,载《中国工业经济》2002 年第 10 期,第 20—26 页。

[144] 宋亚非:《中国企业跨国直接投资研究》,东北财经大学

出版社 2001 年版。

[145]　李尔华：《跨国公司经营与管理》，首都经济贸易大学出版社 2001 年版。

[146]　刘海云：《跨国公司经营优势变迁》，中国发展出版社 2001 年版。

[147]　联合国开发计划属：《2001 年人类发展报告》，中国财政经济出版社 2001 年版。

[148]　青木昌彦：《比较制度分析》，上海远东出版社 2001 年版。

[149]　王缉慈等：《创新的空间——企业集群与区域发展》，北京大学出版 2001 年版。

[150]　陈佳贵、黄群慧：《我国不同所有制企业治理结构的比较与改善》，载《中国工业经济》2001 年第 7 期，第 23—30 页。

[151]　吴永林：《缔造强者——中国跨国公司成长的现实选择》，经济管理出版社 2000 年版。

[152]　杨先明：《发展阶段与国际直接投资》，商务印书馆 2000 年版。

[153]　鲁桐：《WTO 与中国企业国际化》，中共中央党校出版社 2000 年版。

[154]　吴文武：《跨国公司新论》，北京大学出版社 2000 年版。

[155]　钱颖一：《市场与法治》，载《经济社会体制比较》2000 年第 3 期，第 1—11 页。

[156]　秦斌：《一体化国际经营：关于跨国公司行为的分析》，中国发展出版社 1999 年版。

[157]　李新春：《企业战略网络的生成发展与市场转型》，载

《经济研究》1998年第4期，第70—78页。

[158]　保罗·克鲁格曼、芳瑞斯·奥伯斯法尔德：《国际经济学》，中国人民大学出版社1998年版。

[159]　国际货币基金组织：《世界经济展望》，中国金融出版社1997年版。

[160]　罗纳德·科斯：《论生产的制度结构》，上海三联书店出版1994年版。

[161]　张曙光：《论制度均衡与制度变革》，载《经济研究》1992年第6期，第30—36页。

[162]　道格拉斯·诺斯著，陈郁等译：《经济史中的结构与变迁》，上海三联书店1991年版。

[163]　滕维藻、陈荫枋：《跨国公司概论》，人民出版社1991年版。

[164]　尼尔·胡德、斯蒂芬·杨：《跨国企业经济学》，经济科学出版社1990年版。

[165]　理查德·罗宾逊著，马春光等译：《企业国际化导论》，对外贸易教育出版社1989年版。

[166]　小岛清：《对外贸易论》，南开大学出版社1987年版。

[167]　刘易斯·威尔斯：《第三世界跨国公司》，上海翻译出版公司1986年版。

[168]　联合国跨国公司中心：《再论世界发展中的跨国公司》，商务印书馆1982年版。

[169]　约翰·H. 邓宁：《多国企业》，商务印书馆1971年版。

　★本书还参阅了张小济主持的《大企业"走出去"政策研究》，以及许多专家学者的成果和思想，在此不作一一列出，特此说明。

后　记

　　本书是在我的博士论文基础上形成的。后续的教学和研究的心得对本书作了适当的补充。该领域的研究，对中国跨国公司的成长和发展进而对中国经济实力的壮大和国际竞争力的加强具有非常现实的意义。同时，作为一个发展中大国的跨国公司的成长，其特殊性对跨国公司理论的完善和创新也具有重要的理论意义。另一方面，该领域的研究有其特殊的困难，这也是对理论工作者的一个挑战。

　　感谢人民出版社编辑及其他工作人员为本书的出版提供了机会和付出的劳动；感谢为本书的形成表示关心和作出贡献的朋友和同事；感谢前期在该领域取得成果的学者，这些成果是本书的研究基础。

作者

2009.6.11

责任编辑:陈　登

图书在版编目(CIP)数据

中国跨国公司成长研究/杨清 著. -北京:人民出版社,2009.9
ISBN 978－7－01－008272－1

Ⅰ. 中… Ⅱ. 杨… Ⅲ. 跨国公司-经济发展-研究-中国
Ⅳ. F279.247

中国版本图书馆 CIP 数据核字(2009)第 167768 号

中国跨国公司成长研究

ZHONGGUO KUAGUO GONGSI CHENGZHANG YANJIU

杨　清　著

人民出版社 出版发行

(100706　北京朝阳门内大街 166 号)

北京龙之冉印务有限公司印刷　新华书店经销

2009 年 9 月第 1 版　2009 年 9 月北京第 1 次印刷
开本:880 毫米×1230 毫米 1/32　印张:10.125
字数:234 千字　印数:0,001－3,000 册

ISBN 978－7－01－008272－1　　定价:24.00 元

邮购地址 100706　北京朝阳门内大街 166 号
人民东方图书销售中心　电话 (010)65250042　65289539